제2권

서정주 학파

윤재웅 지음

동국대학교출판부

서정주 학파

제2권

동국대학교출판부

서문

　미당 서정주 시인에 대한 글을 여러 편 썼다. 저서, 논문, 평론, 해설, 에세이 등 종류도 다양하다. 대학 입학 후 40여 년 세월 미당 공부 열심히 한 편이다. 미당은 이 땅에서 86년을 살다 갔다. 창작 기간만 70년에 이른다. 1천 편이 넘는 시 외에 다양한 장르의 글을 남겼다. 그의 문학 속에는 10대부터 80대까지 인생의 다채로운 면모가 있고, 심오하고 내밀한 생의 탐색이 있으며, 시간적으로 장구하고 공간적으로 광활한 스펙트럼이 펼쳐진다.

　'꾀꼬릿빛의 햇볕'(「줄포」)… '노루 우는 달빛에 기인 댕기를'(「가시내」)… '목숨이 가다 가다 농울쳐 휘여드는'(「무등을 보며」)… '사랑 사랑의 석류꽃 낭기 낭기'(「입맞춤」)… '이 다수굿이 흔들리는 수양버들 나무와/벼갯모에 뇌이듯한 풀꽃데미로부터,/자잘한 나비 새끼 꾀꼬리들로부터/아조 내어밀듯이, 향단아'(「추천사」)… 우리말의 정겨운 목록과 농익은 향기는 언어도 무형 문화유산이 될 수 있다는 믿음을 준다.

　어느 계절이라도 좋다. 한 시절 밤새워 미당을 읽어보라. 서정주의 문학적 성취는 그 자체로 국가 문화유산이다. 모국어의 섬세함과 황홀함을 경험하고 싶으면 서정주를 읽어야 하고, 생의 심오하고 풍요로운 경지를 엿보고 싶으면 미당 학교에 가보아야 한다. 독자—학생이 많아질수록 서정주의 소프트파워는 커지고 애호가와 연구자가 늘어날 것이다.

나는 미당의 제자이자 후배이며 전문 연구자이기도 하다. 무슨 인연인지 미당 만년에 자택에서 함께 기거하는 행운을 얻었다. 나는 부인과 사별한 스승의 슬픔을 달래드리기 위해 '말벗동자' 소임을 맡게 되었다. 이상, 김영랑, 최재서, 김기림, 정지용, 박용철, 오장환, 이용악, 함형수에 대한 이야기들을 여러 날 들었다. 문학적 추임새를 잘 넣어야 했다. "지금 경복궁 근처 보안여관 자리가 함형수 시인이 가정교사를 하던 집이었지요? 거기서『시인부락』동인지를 만드셨구요?" 그러면 그는 모란꽃이 막 피려는 표정으로 벙글거리며 좋아했다. "우린 가난했지만 치열했어. 가만있자, 나이가 이슥하기도 전인디, 아마 스무 살이나 솔찬히 넘겼을 때재……"

추억의 시간은 스무 살 청년, 현실의 시간은 여든여섯 노인이었다. 부인 먼저 '어려운 주소'로 보내고 두 달 반 뒤 그도 운명했다. 2000년 12월 24일 밤 수도권 전역에 폭설이 내렸다. 그의 시 「내리는 눈발 속에서는」의 배경이 지상에 펼쳐지는 듯했다. '수부룩이 내려오는 눈발 속에서는 까투리 매추래기 새끼들도 깃들이어 오는 소리.……', '울고 웃고 수구리고 새파라니 얼어서 운명들이 모두 다 안끼어 드는 소리.……', '괜찮타,…… 괜찮타,…… 괜찬타,…… 괜찮타,……' 등단 전 그의 첫 투고 작품인 「그 어머니의 부탁」이 동아일보에 수록된 날이 1933년 12월 24일. 첫 시가 세상에 발표된 날과 그가 지상을 떠난 날이 같다. 미당의 시대는 그렇게 마감됐다.

나는 시인의 일거수일투족을 놓치고 싶지 않았다. 유품들을 정리해 동국대학교 도서관과 고창군 미당시문학관과 남현동 자택에 나눠서 보관했고, 탄생 100주년을 기념해 전집 스무 권을 새로 출간했다. 미당기념사업회를 만들어 고창의 미당시문학관에서 20년 가까이 문학 행사를 열어 왔다.

모교 총장이 되자 독지가 한 분이 미당 연구에 써달라며 거액을 기부, 동국대학교에 미당연구소를 신설했다. 내친김에 고창군 미당시문학관도 동국대학교가 위탁 운영할 수 있도록 도왔다. 지난 25년간 지자체에서 운영하던 것을 이어받아 좋은 결과를 만들고 싶었다. 개인 연구 외에 미당에 대한 제도적 지원도 중요하다고 판단했다.

나는 미당학의 새로운 출발을 꿈꾼다. 언젠가 이 땅에 서정주학파가 탄생하기를 간절히 원하는 마음이다. 작은 씨앗을 심는 심정으로 학술 논문들을 한자리에 모았다. 젊은 날의 치기 어린 목소리도 가감 없이 소개하기로 했다. 다른 시인들과 비교하는 글들은 '동국문풍'이라는 이름으로 따로 출판하려고 한다. 교정에 도움을 준 노홍주 박사에게 고마움을 전한다. 스승과, 스승의 스승을 위하는 그녀의 노고를 잊을 수 없다. 미래의 서정주 전문 연구가로 성장하길 바란다.

> 찬란히 티워 오는 어느 아침에도
> 이마 우에 얹힌 시의 이슬에는
> 몇 방울의 피가 언제나 섞여 있어
> 볕이거나 그늘이거나 혓바닥 늘어트린
> 병든 숫개마냥 헐떡어리며 나는 왔다.

시인은 스물세 살 때 「자화상」에서 이렇게 노래했다. 한 편의 좋은 시를 위해 분투노력하겠다는 태도다. 매혹적인 연구 대상을 위한 연구자의 자세 또한 다르지 않다. 그리고 때가 되면, 아무도 가지 않는 길을 가야만 한다. 힘들고 어려운 길일수록 먼저 출발하는 게 중요하다. 앞서가는 자, 나는 그들의 이름을 이렇게 부른다. 서정주학파.

2024년 초가을
윤재웅 씀.

Contents

종합 읽기 Orchestra

12장 바람과 풍류 　　　　　　　　　　　　　　　　　011

13장 지방색 문제 　　　　　　　　　　　　　　　　　041

14장 삶과 죽음의 문제 　　　　　　　　　　　　　　069

15장 『질마재 신화』에 나타나는 액션의 미학 　　　　099

16장 「해동사화초」 교감 　　　　　　　　　　　　　　129

17장 『미당 서정주 전집』 정본 확정의 원칙과 과정 　159

18장 『세계민화집』에 나타난 몽골 민화의 각색 양상 　195

19장 생태 에너지 순환과 윤회전생 사유의 유사성 　　237

20장 윌리엄 포크너의 〈헨리〉에 헌정된 「동천」과 동아시아의 시 　275

21장 에코뮤지엄으로서의 미당시문학관의 발전 가능성 　303

참고문헌 　　　　　　　　　　　　　　　　　　　　326

Orchestra

종합 읽기

12장 바람과 풍류

13장 지방색 문제

14장 삶과 죽음의 문제

15장 『질마재 신화』에 나타나는 액션의 미학

16장 「해동사화초」 교감

17장 『미당 서정주 전집』 정본 확정의 원칙과 과정

18장 『세계민화집』에 나타난 몽골 민화의 각색 양상

19장 생태 에너지 순환과 윤회전생 사유의 유사성

20장 윌리엄 포크너의 〈헨리〉에 헌정된 「동천」과 동아시아의 시

21장 에코뮤지엄으로서의 미당시문학관의 발전 가능성

12장   바람과 풍류

바람과 풍류: 서정주 시의 지속과 변화,
『한국문학연구』 17, 동국대학교 한국문학연구소, 1995.

01 ─ 생명의 탐구와 영원성의 지향

미당 서정주 시의 주요한 두 테제는 생명의 탐구와 영원성의 지향이다. 이 두 가지 문제는 서정주 시의 변화와 지속의 원리를 이끌어 가는 역동적 상상력의 원천임과 동시에 가장 서정주적인 미학 강령이다. 그러나 서정주 시의 생명과 영원성의 문제는 단순히 서정주라는 한 시인의 자기 탐구의 산물에 그치지 않는다. 그것은 존재와 역사 속에 내재하는 무수한 상호모순들에 대한 본원적이고 궁극적인 회의라는 점에서 인류의 자기정체성에 대한 불가피한 물음이다. 이와 같은 물음이 서정주에게 특히 문제시되는 것은 그가 이 근원적인 문제를 오랜 기간 지속적으로 다루고 있다는 사실에 있는 것이 아니라, 오히려 그 문제를 바라보고 있는 사람들에게 환기되는 양가적인 태도에 있다. 생명과 영원성의 문제는 역사의 현실 속에서 일탈해 버린 이상주의자의 자기도취적 최면임과 동시에 우주와 문명에 대한 치열하고 웅장한 해석일 수 있다. 마찬가지로 그의 장엄한 테제가 20세기 한국시의 시대착오적 방향 상실일 수도 있고 무한한 가능성에 대한 모색일 수도 있다.

미당이 자신의 테제를 지속적으로 천착해 온 일련의 과정과 관련하여 연구자들에게 가장 논란이 되고 있는 문제는 초기 시와 후기 시 사이의 성격 차이에 대한 해석학적 입장의 상반된 태도일 것이다. 예컨대 『화사집』(1941)에서 보이는 갈등의 미학이 『신라초』(1961)나 『동천』(1968)에서는 "고통의 자각에의 정도가 점점 희박해"[1] 가는 정태적 관념주의에 빠진다고 진단함으

---

1 김인환, 「서정주의 시적 여정」, 『문학과 지성』, 문학과지성사, 1972, 332쪽.

로써 서정주의 시적 진보에 대하여 회의를 가지는 관점과, 그의 시를 발생론적 진화 과정을 내장한 유기체적 구조로 파악하면서 이른바 "지옥에서 열반으로"[2] 가는 미학적 완성의 개념으로 이해하려는 관점 사이의 화해할 수 없는 거리가 그것이다.

문제의 핵심은 과연 미당의 시는 미학적으로 진보하고 있는가에 대한 물음인 셈이다. 서정주가 자신의 내력과 현실과 역사와 자연에 대한 인식을 광범위하게 펼쳐 보이면서 고집스러우리만치 추구해 온 생명과 영원성의 문제는 '진보'와 '퇴행' 사이에서 여전히 떠돌고 있다.

그러나 또한 이 테제의 미학적 해석에 대한 상반된 관점을 제시하는 것으로 문제가 끝나지는 않는다. 평범하면서도 독창적이고, 질박하면서 유려하며, 육체의 격정을 토로하면서도 정신의 달관을 노래하고, 비탄을 읊조리면서도 환희를 즐기는, 이 모든 양가적 요소들이 동시적으로 공존하는 그 언어의 마술성을 발견하면 문제는 한층 복잡해진다. 생명과 영원성을 심미적으로 형상화하는 서정주의 방식은 그것의 미학적 해석에 대한 상반된 관점이 상존하고 있음에도 불구하고 자신의 테제를 가능케 하는 한국어의 다양한 가능성을 동시적으로 보여주고 있다. 미당 시의 가장 뛰어난 매력 중의 하나가 논리적 설명이 좀처럼 다가서기 힘든 한국어의 무한한 확장력에 있다는 것은 논증을 필요로 하지 않는다. 설혹 논리적 설명이 가능할 때조차도 미당의 언어는 적층문화의 두터운 역사와 인간 실존의 어깨 위에 올라앉은 심미적 이성의 다양한 모습을 보여준다. 바로 그곳에, 확장과 용해가 지속적으로 이루어지는 자리에, 한국어의 마술적 가능성에 대한 시적 축복이 있다.

서정주적 테제의 개성과 보편성은 이 모든 가능성들을 그 자신의 장구한

---

2 천이두, 「지옥과 열반」, 『서정주 연구』, 동화출판공사, 1975, 198~260쪽.

시력詩歷 안에서 일관되게 포섭하려는 관성의 힘에서 찾을 수 있다. 모국어의 생기발랄한 장터를 방불케 하는 그의 시편들은 언제나 스스로의 테제를 향해서 소용돌이침으로써 단 한순간의 일탈도 허용하지 않으려는 희귀한 장인정신의 징표로 나타난다. 생명과 영원성을 휩싸고 도는 그 언어들이야말로 때로는 저주받은 시인 의식을 노래하거나 주체할 수 없는 광기를 발산하며, 때로는 천진과 능청을 가장하면서도 언제나 삶의 의미심장한 주제적 국면에 잇닿아 있는 것이다. 그리하여 20세기 한국어는 미당 서정주에 의해서 생명과 영원성의 의의를 보다 주체적이고 능동적으로 심화시키고 확산시킨다.

「꽃밭의 독백」이나 「국화 옆에서」를 통해서 독자들이 들을 수 있는 자기 내면의 감동적인 목소리는 서정주적 테제의 실존적·미학적 의의에 대한 스스로의 공명이다. 생명과 영원성의 문제가 세속과 신성, 육체와 영혼, 길과 문, 순환과 연기 등등의 근원적인 상징의 세목들을 거느리는 구체적인 이미지들에 의해서 환기됨으로써 독자들은 형이상학적 유희를 더듬기보다는 20세기 한국어가 가지는 보편성의 위력을 보다 더 생생하게 느낀다. 요컨대 생명과 영원성에 대한 서정주 특유의 심미적 반응과 부조浮彫는 테제 자체를 서정주 개인에 머물게 하지 않는다. 그런 점에서 생명과 영원성의 문제는 가장 서정주적인 테제임과 동시에 가장 보편적인 테제다.

강렬한 색채, 거친 호흡, 직정적 언어를 통하여 육체의 번민과 원초적 생명 의지를 표방하는 『화사집』(1941)으로부터 달관의 경지를 소박하고 천진스럽게 노래하는 『늙은 떠돌이의 시』(1993)에 이르기까지, 서정주가 일관되게 추구해 온 것은 생명과 영원성에 대한 탐구와 지향이었으며 그것은 곧 자연과 인간, 과거와 현재와 미래, 철학과 예술을 통섭하려는 문화사적 비전의 창출을 의미한다.

물론 이러한 언명의 배후에 서정주 시의 몰역사성과 반민중성 혹은 순응주의와 체념주의를 비판적으로 지적하는 정당한 논의들을 배제하자는 것은 아니다. 문제는 그 '정당함'의 판단 준거를 전회시킴으로써 서정주의 문화사적 비전을 정직하게 직시할 수 있는 해석학적 틀을 마련하는 데 있다.

『화사집』이 그 격렬한 관능과 광기 어린 생명 충동으로서 우리 시문학사에 충격적인 모습으로 나타났을 때조차도 파시즘의 압살에서 벗어나려는 30년대 휴머니즘 운동의 고육지책으로 이해해 버린다면 미당 시는 정치적 의미에서의 무책임한 관념론의 부산물에 지나지 않게 된다. 파시즘 치하에서의 "사람 그것 속의 탐구"[3]라는 테제 자체가 시대착오적인 발상일 수밖에 없는 것이다.

또한 인간 존재의 모순과 갈등의 미학적 의미를 현실이라는 물적 토대와의 상관성 위에서 철저하게 탐구하는 합리적 이성주의자들에게 『신라초』(1961)나 『동천』(1968)의 시들은 기껏해야 기만적인 "접신술"일 뿐이고 "일원적 감정주의로 후퇴"[4]하는 과정에 지나지 않는다. 더구나 『질마재 신화』(1975)나 『떠돌이의 시』(1976)에 나타나는 그의 환고향 의식과 구부러짐의 미학은 현실도피의 비판을 받기도 한다.

그리하여 '병든 숫개'가 '불타는 홀몸'의 변태과정을 거쳐 '우화등선'하는 일련의 과정 자체가 신비로운 '영통靈通'을 역사 속에 비벼 넣으려는 한 순응주의자의 자기 위안의 역사로 마감되고 만다면 미당의 시도 우리의 문화사도 전근대의 불행한 그늘에서 벗어날 수 없게 된다. 물론 미당의 시와 우리의 문화사를 관련지어 말할 때 근대와 전근대의 이분법적 기준에 의해서 평가하는 것 자체가 그리 유효하지는 않다.

문제는 다시 미당의 테제로 돌아간다. 생명과 영원성의 문제는 합리적 이성을 앞세우는 근대 계몽주의 혹은 역사진보론의 독특한 세계관에 의해서

---

3 서정주, 「현대조선시약사」, 『현대조선명시선』, 온문사, 1950, 266쪽.
4 김우창, 「한국시와 형이상」, 『궁핍한 시대의 시인』, 민음사, 1977, 67쪽.

만 해석될 이유가 없다. 그것은 문학 해석의 당위도 아니고 가장 진보적이고 효과적이라고 믿어지는 과학적 연구의 토대도 아니다.

미당은 『화사집』에서부터 자신의 사상적·미학적 자리를 크게 잡았다. 그것은 식민지 지식인 청년의 내면 풍경 속에서 일어나는 근대의 충격에 대한 일련의 반응들과 차원을 달리한다. 미당의 출발은 근대, 민족, 계급, 예술정신 등과 같이, 동시대 지식인들이 착목했던 분야들과는 정신적 요람이 다르다. 이른바 생명파의 출현은 옥쇄 직전에 처해진 식민지 예술청년들의 일종의 비상탈출구였고 그것은 당대 문화사의 총체적 욕구를 반영하기보다는 시문학사나 비평사의 지평을 스치고 지나가는 운석에 불과했다는 평가가 일반화된 시점에서 미당의 생명 탐구의 넓은 자리를 운위하는 것은 난센스일지 모르겠다.

그러나 미당은 식민지의 현실과 근대화의 혼란스러운 와중에서 생명의 화톳불을 켜들고 방랑의 길을 떠나 문학사의 하늘에 은하수를 뿌려놓은 금세기 초유의 시인이요, 그의 시를 애호하는 한 비평가의 말마따나 "이 나라 시인부락의 명실상부한 족장"[5]이 되었다. 다시 말해서 미당은 자신의 테제를 자신만의 방법으로 변화시키고 지속시켰으며 자신이 터 잡은 그 자리에서 인간의 근원적인 문제를 60년 이상 천착하는 문학사의 보기 드문 시인이 된 것이다.

미당의 초기 시에 표현된 생의 의지가 "쇼펜하우어의 맹목의지―단순히 살고자 하는 의지와 유사하다"[6]는 진단에는 동의할 수 있다. 그러나 미당은 "생명과 영속을 절실히 요구하는" 쇼펜하우어의 의지의 현상에 대한 통찰과 동일한 인식론적 토대에서 출발했지만, 전혀 다른 윤리적 면모를 보임으로써 생명과 의지와 영속에 대한 독특한 입지를 마련한다. 생을 부정하

---

5 유종호, 「소리 지향과 산문 지향」, 『작가세계』, 1994, 100쪽.
6 오세영, 「생명파와 그 시 세계」, 『20세기 한국시 연구』, 새문사, 1991, 220쪽.

는 쇼펜하우어와는 달리 생을 긍정하는 서정주에게 의지의 문제는 단순히 인식론의 문제가 아니라 윤리학의 문제로까지 확대된다.

그는 어떤 경우에도 생명 현상을 부정하지 않는다. 이와 같은 태도는 연대기적으로 발전해 온 그의 모든 시편들 속에서 쉽게 확인된다. 『화사집』이 표상하고 있는 삶의 갈등은 근본적으로 생을 부정하기 위한 괴로운 육체의 몸부림이 아니라 생을 긍정하기 위한 의지의 고투다. 이 의지의 고투는 변화하고 지속한다. 미당이 격변의 근대사를 헤쳐 나온 과정을 살펴보면 그가 현세긍정의 안락한 흔들의자에 앉기를 좋아했던 시인임을 부정하기 어렵지만, 그리하여 삶의 모순과 갈등을 희석시킨 채 아득한 고대의 시간으로 회귀함으로써 인간 실존의 참다운 의의에 대한 미학적 고투를 저버렸다는 비판이 가능하게도 되지만, 각도를 달리해서 보면 이러한 부정과 비판만이 오로지 문제의 핵심적 국면에 자리하지 않는다는 점을 제기할 수도 있다.

서정주의 모든 시편들은 생을 긍정하기 위해 고투하는 의지의 소산들이다. 그가 젊은 시절에 봉착했던 존재의 모순과 갈등의 문제들은 시간이 지남에 따라 쉽게 사라져 버리긴 하지만 그의 테제 자체는 근본적으로 그 모습을 바꾸지 않는다. 1천 편에 가까운 그의 시 목록들은 자신의 강령을 위해 스스로가 고안한 미학적 방편들이다. 고향과 역사, 신화와 전설, 영통과 혼교魂交 등의 미학적 고안물들은 어떠한 경우에도 미당의 테제를 위해 봉사한다. 그것들은 흡사 나무의 몸체를 치장하는 줄기나 이파리에 비유될 수 있는 것들이다. 그 줄기나 이파리들을 그것들의 주인인 나무와 관련시켜 논의하는 것은 당연한 요청이고 미당 시 60년을 통째로 설명할 수 있는 해석학적 입론이 될 수 있다.

이 글은 미당 서정주 시의 전체 모습을 변화와 지속의 측면에서 고려하려는 논의의 일부분이다. 미당 서정주의 시는 변화하고 또한 동시에 지속적 요소를 지니고 있다는 점에서 우주와 시간의 인식에 대한 문화사적 각성을 요한다. 그 각성을 불러일으키는 대표적인 이미지는 바로 바람이다. 『화사집』에서 『늙은 떠돌이의 시』에 이르기까지 미당 전체 텍스트가 웅변적으로 보여주고 있는 것처럼 생명 탐구와 영원성을 지향하는 미당 서정주의 시적 비전은 한바탕 바람처럼 금세기를 통째로 불어간다.

02 ___ 바람의 형이상학

    바람, 그것은 생명과 영원성의 상징이면서 미당 서정주 60년 시력의 우주적 파노라마다. 바람은 존재의 원리를 거부하고 생성의 원리를 따른다. 바람은 절대관념이나 본체를 인정하지 않는다. 바람의 미덕은 비전의 성취나 완성에 있지 않다. 시작과 끝의 추상抽象이 이 상징 속에는 없다. 바람은 끊임없이 역동할 뿐이며 안주하거나 정체하지 않는다. 끊임없는 역동성 속에서 영원의 얼굴은 자연스럽게 펄럭인다. 그것은 서정주를 만들어 낸 동양적 전통의 우주에 대한 순수한 사색의 산물이다.

    "아, 하늘의 생명이여! 아름답고 화목하며 끊임이 없도다!"
    維天之命, 於穆不已

—『시경詩經』

    "창조하고 갱생하는 것이야말로 만물의 본래적 성향이자 우주의 생동하는 변화인 역이다."
    生生之謂易

—「계사繫辭」 상전上傳

    "지극한 성실함에는 쉼이 없다."
    至誠無息

—『중용中庸』

우주를 끊임없이 변화하는 역동성의 원리로 이해하는 이러한 방식은 미당 스스로가 그것을 인식했는지의 여부와 상관없이 그 자신의 시 속에 광범위하게 편재해 있다. 그런 점에서 바람의 이미지는 서정주 시의 대표적인 상징이다.

바람은 변화하고 지속한다. 변화하면서 지속하는 것, 즉 변성하는 속성이 바람의 미덕과 비전인 동시에 서정주 시의 핵심적인 구성 원리다. 미당의 시에는 완성이 없다. 오로지 여로旅路만이, 창조와 갱생을 부단히 되풀이하는 '떠돌이의 시'만이 있을 뿐이다. 생명 탐구와 영원성의 지향이라는 미당 시의 테제는 바로 바람의 형이상학이며 생명 현상을 역동적으로 해석하려는 20세기 한국 문명사의 새로운 가능성이다.

미당 시의 전체 모습은 일목요연하지도, 명쾌하거나 단아하지도 않다. 광기와 격정, 천의무봉과 능청스러움, 순응과 달관, 직관과 논리, 역사와 현세, 가족사와 민족사, 자연과 우주, 신비와 초월, 율격과 파격, 서정과 서사, 그야말로 20세기 한국어가 도달할 수 있는 무한한 가능성에 "함부로 쏜 화살"처럼 거칠 것 없이 도달해 있다. 그의 60년 시적 여정은 한바탕 바람처럼 금세기를 휩쓸며 지나간다. 미당은 이 모든 문화의 세목들을 거느리고 가는 바람의 시인이고 역易의 우주를 노래하는 시인이다. 이것은 미당 서정주의 시 해석과 관련하여 새롭게 시도해 볼 수 있는 이론적 모델이면서, '진보'와 '퇴행' 사이에서 맴돌고 있는 논의들을 뛰어넘을 수 있는 해석학적 틀이다.

누군가 다 닳은 신발을 끌고
세계의 끝을 걸어가고 있다.
발바닥에 밟히는
모래 소리 들린다.

세계의 끝에서 죽지 아니하고

또 걸어가면서

버꾸기가 따라 울어

보라 등빛

칡꽃이 피고,

나도 걷기 시작한다.

세계의 끝으로

어쩔 수 없이……

―「칡꽃 위에 버꾸기 울 때」[7]

「칡꽃 위에 버꾸기 울 때」는 「자화상」만큼이나 미당 시의 운명을 적시하는 작품이다. "스물세 해 동안 나를 키운 건 팔할이 바람"이라는 미당의 선언은 여기에 오면 "어쩔 수 없이" 또 어디론가 가야만 하는 지칠 줄 모르는 역동의 의지로 드러나고 그 지향점은 '세계의 끝'으로 형상화된다. '끝'은 물리적 공간이 아닌 형이상의 공간이고 생명의 소멸이 없는―꽃 피고 새 울며 사람이 걸어가는―영생의 이데아다. 이 불멸의 언어가 내보이는 장관은 바로 바람의 길이 개척한 것이며 그것은 또한 변화와 지속의 우주론적 원리가 미당의 테제 속에 용해되는 과정에서 풍류의 형이상학으로 발전해 나가게 된다.

일찍이 천이두가 "서정주가 겪어온 모든 비극성의 근원은 바로 이 '바람'에서 연유된 것이며, 그 비극을 극복하기 위한 그의 피나는 투쟁의 원동력을 얻게 된 것도, 그리하여 마침내 '바람' 그 자체까지를 잠재우는 데 성공할 수 있게 된 것도 모두 이 '바람'의 힘에서 연유되는 것"[8]이라고 하면서 그 '바

---

7 서정주, 『미당 서정주 전집』 1(시), 은행나무, 2015, 305쪽.
8 천이두, 앞의 글, 앞의 책, 200쪽.

람'의 속성을 "지칠 줄 모르는 구도의 정신" 즉 미지를 향해 가는 '지향성'으로 파악한 것은 탁견이다.

그러나 그는 바람의 이미지에 유기체적 존재의 이미지를 제거하지 않음으로써 서정주 시의 해석에 있어서 미학적 완결성의 개념을 부여하려 하였다. 바람이 미당 시의 비극의 연원이지만 동시에 극복의 원동력이기도 하다는 주장은 시작과 끝, 혹은 불완전과 완전의 관념을 승인하지 않고는 성립할 수 없다. 서정주 시의 심미적 해석에 있어서 가장 탁월한 평문의 하나로 평가되는 그의 「지옥과 열반」은 그 섬세하고 정치한 수사에도 불구하고 미당의 시를 '존재'의 구조 속에 안주시키는 결과를 초래했다.

서정주의 시는 『화사집』부터 『동천』까지가 미학적 논의의 범주가 된다는 관점은 다분히 천이두식 발상에서 유래하는 것이다. 『동천』이 성취한 만월滿月의 비전은 그 자체로 유기체적 구조 내에서의 완성을 뜻한다. 즉 서정주 시의 진화의 완성이 마침내 이루어진다. 그렇다면 그 이후의 시집들은 고작해야 『동천』의 중언부언이거나, 역방향으로의 퇴행이거나, 아니면 아예 구조 속에서의 일탈로 설명할 수밖에 없다. 미당의 시는 과연 그런가? 미당의 바람은 과연 저주받은 시인의 피의 숙명으로부터 출발하여 '연꽃을 만나고 가듯이' 그렇게 순연하게 잠드는 것인가?

미당 시의 변모 과정에 바람의 물질적 상상력을 차용한다면 가능해 보일지도 모르는 이러한 논의는 발상을 전환하면 우문이 되기 십상이다. 이 글이 접근하고 있는 바람의 이미지는 물질로서의 존재성이 아니라 변화와 지속의 우주론을 반영하는 인식으로서의 생성성의 상징이다. 그러므로 바람은 완성도 정체도 거부하는 끊임없는 창조와 갱생, 즉 '역易'의 미학적 상징이 된다. 역이란 변화하고 지속하는 것이며, 곧 '뒤바뀜'과 '운동성'을 표상하는 것이며 시간과 공간의 일정한 단위를 거부하고 존재의 실체에 대한 모든 논의로부터 완벽하게 면역되는 것을 뜻한다.

"나를 키운 건 팔할이 바람"이라고 토로한 「자화상」 속의 바람의 시학은 저주받은 시인의 숙명에 대한 자기 인지 혹은 주체할 수 없는 광기와 열정을 표방하는 데 그치지 않는다. 미당의 바람은 그 자신이 이미 젊은 나이에 골몰했던 "사람 그것 속"을 탐구하려는 의지, 또는 "고열한 생명 상태의 표백"[9]을 위해 살아 있음의 모든 이유를 온몸으로 설명해 보려는 생물학적 노력에 가까운 것이다. 그것은 자신의 신체적 조건 속에 제한되어 있는 의지의 현상을 가장 강력하게 환기하는 방식이다. "나 바람나지 말라고"로 시작되는 「내 아내」의 경우에서 보듯이 미당의 바람은 성적인 금기에 대한 걷잡을 수 없는 충동의 상징이며 모든 문제는 여기에서 출발한다. 성적 충동이란 인간의 생명 속에 내재하는 바람의 가장 원초적인 모습이다.

바람이란 근원적으로 금제를 거부한다. 「자화상」에서 미당이 자신의 운명을 숙명적으로 깨달았던 그 바람은, 식민지 지식인 청년의 의식을 사로잡았던 암울하고 비극적인 삶의 전조前兆의 차원이 아닌, 모든 금제로부터 자유롭고자 했던 미당의 기질을 대변하는 상징이었던 것이다.

그렇다면 바람은 억누를 수 없는 성적 충동들을 발산시키려는 힘이고, "고열한 생명 상태의 표백"을 위해 육체의 감옥 속에 갇힌 자의식을 해방시키려는 힘이며, 나아가 일개 실존을 광대무변한 우주의 여로 속에 편입시키려는 고투하는 의지의 소산인 셈이다. 미당은 자신의 몸에 부과된 두터운 벽과 깊은 어둠 속을 "병든 숫개마냥 헐떡어리며" 왔지만 바람의 힘으로 이를 벗어났고, 자신의 자유를 하늘의 생명[天命]에까지 연계시키고자 노력했다. 이 점은 생명파로서의 미당의 출발에 중요한 논점을 제기한다.

문학사적 의미로 보자면 "정지용·씨류의 감각적 기교와 경향과의 이데올로기—어느 쪽에도 안착할 수 없는 심정의 필연한 발현"[10]이었던 『화사집』

---

9   서정주, 「현대조선시약사」, 앞의 책, 266쪽.
10 같은 곳.

의 출현은 이른바 생명파 시인의 독창성을 내세울 수 있는 소이가 되지만, 문화사의 측면에서 보자면 근대화 과정의 수많은 고투와 시행착오들로부터 미당은 벌써부터 벗어나고 있었다.

미당은 육당, 안서, 지용 등과는 다른 방식으로 '근대의 와중'을 뚫고 나왔다. 세 시인들의 '바다에서 산으로', 즉 '근대에서 반근대로' 되돌아오는 과정과는 달리 미당은 애초부터 서구의 위력에 주눅 들지도 않았고 서구문화가 제공하는 환영의 강물에 발을 담그지 않았다. 그가 잠시 경도했던 것은 '헬레니즘적 인간상'이었고 '초인 자라투스트라'의 의지였을 뿐이다. 미당 시의 해석에 근대와 반근대의 개념이 유효하지 않는 이유는 여기에서도 찾을 수 있다.

어쨌거나 미당 테제의 출발은 근대, 반근대의 개념적 틀과는 상관없는, 자신의 실존적 상황이 직면한 현실을 감각, 충동, 본능, 의지 등의 국면으로 탐구하려는 데에 있었고, 그것은 "병든 숫개"의 자의식 속에서 일어나는 강한 충동으로 형상화되었으며, 이후에 이 충동은 순화되긴 하지만 근본적으로 그 성향이 변하지 않는다는 사실이다. 끊임없이 지칠 줄 모르고 역동적으로 움직이는 자의식, 일순의 정체도 거부하는 영원한 파토스의 불꽃이야말로 미당 자신의 기질이자 역의 우주론이며 바로 풍류의 형이상학이 되는 것이다.

첫 창문 아래 와 섰을 때에는
피어린 모란의 꽃밭이었지만

둘째 창 아래 당도했을 땐
피가 아니라 피가 아니라
흘러내리는 물줄기더니,
바다가 되었다.

별아, 별아, 해, 달, 별아, 별들아,
바다들이 닳아서 하늘 가면은
차돌같이 닳아서 하늘 가면은
해와 달이 되는가. 별이 되는가.

셋째 창문 영창에 어리는 것은
바닷물이 닳아서 하늘로 가는
차돌같이 닳는 소리, 자지른 소리.
셋째 창문 영창에 어리는 것은
가마솥이 끓어서 새로 솟구는
하이얀 김, 푸른 김, 사랑 김의 때.

하지만 가기 싫네 또 몸 가지곤
가도 가도 안 끝나는 머나먼 여행.
뭉클리어 밀리는 머나먼 여행.

그리하여 사상思想만이 바람이 되어
흐르는 내 형제의 앞잡이로서
철 따라 꽃나무에 기별을 하고,
옛 애인의 창가에 기별을 하고,
날과 달을 에워싸고 돌아다닌다.
눈도 코도 김도 없는 바람이 되어
내 형제의 앞을 서서 돌아다닌다.

—「여수旅愁」[11]

---

11 서정주, 『미당 서정주 전집』 1(시), 은행나무, 2015, 225~226쪽.

「여수」는 바람의 형이상학의 실과 허를 여실하게 드러내는 작품으로서 미당 시의 변화 과정을 적절하게 암시하고 있다. 피의 세계로부터 출발한 미당의 테제는 물의 세계를 거쳐 하늘의 세계에 도달한다. 그 여행의 원동력은 바람이며 그것은 하얗고 푸른 김의 형태로 변전하여 솟구친다. 변화와 지속이 전제하고 있는 시간은 바닷물이 닳아서 하늘로 가는 억만 겁의 영원이다. 미당의 지칠 줄 모르는 행진은 생명의 탐구와 영원성의 지향이라는 미당 자신의 강령을 기본적으로 벗어나지 않는다.

그러나 이 시는 미당 스스로가 고백하고 있는 것처럼 테제의 한계를 정직하게 표출하고 있다. 자신의 몸을 가지고선 이 여행을 할 수 없다는 것이다. 가도 가도 안 끝나는 머나먼 여행이 싫다는 것이다. 이 말은 무엇인가? 우주의 변화와 기미를 역동의 지속으로 파악하면서 자신의 실존을 그 속에 투사하려 했던 미당의 강령이 그 실존을 떠받쳐주는 현실적 의미 맥락들로부터 일탈할 수밖에 없다는 것이다. 이 한 편의 시가 『신라초』가 가지는 문제점의 전범이 될 수 있는 소이가 여기에 있다.

미당 자신의 생명에 대한 생물학적·사회학적 탐구는 『신라초』에 오면 몰각된다. 벽과 어둠 속에 갇힌 자의식의 포효, 모든 금제의 옥방을 분쇄하려는 바람의 형이상학은 처참하고 혼란스런 전란의 숲을 헤쳐 나온 미당에게 현실을 타개하려는 용기를 주지 못했다. 새로운 것을 끊임없이 창조하고 갱생해 나가려는 미당의 기질은 '몸' 대신에 '사상'을 택한다. 그리하여 "사상만이 바람이 되어, 날과 달을 에워싸고 돌아다닌다." 바람의 형이상학은 말 그대로 실존의 조건들로부터 유리되어 신라의 하늘을 떠돌게 되는 것이다. 이것은 분명히 미당의 실패요 바람의 실패다.

그러나 또 한편에서 보면 이것은 미당 자신의 생물학적 현실에 대한 불가피한 수긍일 수도 있다. 영원을 지향하는 의지 자체가 일개인의 몸에 부여된 생물학적·사회적 현실을 초월하지 않고서는 근본적으로 불가능한 것이지만 그럼에도 불구하고 삶의 구체적 현실들에서 제기되는 모순과 갈등을 외면하지 않고서 영원의 형이상학을 추구하려는 노력은 미당에게서 철저하게 모색되지 않았다. 미당의 신라정신은 영원의 형이상학으로 우리의 문화사를 재구성하려는 미덕을 가지지만 본질적으로 사회적 현실을 파기하거나 초월해야만 하는 괴로움에 직면하지 않을 수 없었던 것이다. 그리하여 "유산으로서의 고전을 유산으로서의 역사로 이해하여 신라라는 괴물정신을 낳을 뿐"[12]이라는 비판이 가능하게 된다.

그러나 이 글이 지속시키고자 하는 관점은 이런 문제들에 대한 논란이 아니다. 위의 문제들이 중차대하지 않다는 뜻이 아니라 미당 시의 전체 텍스트를 변화와 지속의 관점으로 해석하는 데 있어서 일차적이지 않다는 의미다. 이 글은 미당 시의 핵심적 구성 원리의 미학적 의미를 문화사적 맥락에서 검토하는 글이다. 「여수」는 그 한복판에서 다시 읽을 수 있다.

미당 시에서 바람은 약동하는 생명력의 상징이자 미당 자신의 기질의 상징이기도 하다. 변전하고 지속하는 바람의 속성은 그것의 물질적 상상력으로부터 추론되는 것이 아니라 우주론적 해석에서 가능한 것이다. 여기서는 거듭해서 새로 만들어 내는 '과정의 연속'에 대한 인식이 중요한 것이지 '존재의 플롯'에 대한 인식이 중요하지 않다. 그러므로 바람의 우주론은 광범위하게 편재하게 마련이다.

　북녘 곰이 발바닥 핥다 돌이 되거던……
　남녘 곰도 발바닥 핥다 돌이 되거던……
　그 두 돌 다 바닷물에 가라앉거던……
　가라앉아 이얘기를 시작하거던……

12　김윤식, 「역사의 예술화」, 『현대문학』, 1963, 182~192쪽.

이얘기가 다 끝나서 말이 없거던……

말이 없어 굴딱지나 달라붙거던……

바다 말라 그 두 돌이 또 나오거던……

—「북녘 곰, 남녘 곰」[13]

이 시는 '과정의 무한한 연계'를 노래한다. 곰이 돌이 되고 돌이 바닷물에 가라앉고 바다가 말라서 다시 나오는 일련의 변화를 거치지만 그 시간만큼은 지속되고 있다는 영원의 시간관을 반영한다. 미당이 바라보는 시간과 공간, 미당이 바라보는 우주는 근대적 세계관이나 그것에 대한 반동으로서의 반근대적 성향과는 무관하다. 『화사집』의 세계가 디오니소스적 세계에 경도해 있다는 것은 사실이지만 이와 같은 현상이 곧 서구적이라는 도식적인 주장은 세심한 주의를 요한다.

『화사집』 속의 많은 시편들은 약동하는 생명의 절대가치를 표방하는 데 있어서 오히려 청년 미당을 지배해왔던 두터운 전통의 무게를 반영하고 있다. 「수대동 시」나 「봄」에서 보는 것처럼 과거, 현재, 미래의 상대적 시간 개념은 시인의 의식 속에서 중첩되고, 공간—하늘바람 우에 혼령 있는 하늘—은 생기生氣의 연장태로 인식된다. 이를 두고 훈련된 사색의 결과로 치부하는 것은 어색하다. 미당 자신의 생래적 선천성과 문화적 전통의 자연스러운 삼투현상이 아니면 『화사집』도 온당하게 설명하기 쉽지 않다.

생명과 영원성이라는 미당 시의 비전은 『화사집』에서부터 그 흔적을 찾을 수 있지만 당시의 미당이 이에 대해 주도면밀하게 대처했다고는 판단되지 않는다. 그러나 미당은 자신을 지배하고 있던 거부할 수 없는 바람의 운명을 인식하기 시작한다. 『귀촉도』와 『서정주시선』, 『신라초』와 『동천』과 『질

---

13 서정주, 『미당 서정주 전집』 2(시), 은행나무, 2015, 89쪽.

마재 신화』를 위시한 이후의 시집들은 모두 바람의 미학의 산물이라 해도 과언이 아니다. 그 누구보다도 강렬한 개성을 갈망했고 어떤 성취에도 안주하기를 거부했던 미당의 기질은 마침내 자신의 바람으로부터 나그네의 고독과 우수를 발견한다.

「여수」가 가지는 역설의 미학은 바로 이것이다. "흐르는 내 형제의 앞잡이로서", "날과 달을 에워싸고" 돌아다닐 수밖에 없는 바람의 숙명은 미당 자신의 처절한 의식의 방황을 투영한다. 바람, 그 영원의 얼굴 속에는 관념론자의 맹목적 환희와 찬사의 표정이 스치는 것이 아니라 생명 탐구를 위해 줄기차게 노력해 온 미당 자신의 인간적 고뇌와 체취가 얼비친다. 그의 무한정 떠돌아다니는 의식 속에는 영생의 허구성을 노정하는 공허한 목소리가 아닌, 영생을 갈망할 수밖에 없는 고독한 20세기 한국인의 초상이 끝없이 펄럭이고 있는 것이다. 이 고독의 사나이가 우리 문화의 깊숙한 창고에서 풍류정신을 찾아낸 것은 흥미로운 사건으로 기억될 만하다.

03 ____ 풍류의 형이상학

　서정주의 시적 여정이 변성의 우주론에 입각해 있다면 바람은 이 우주론을 구성하는 가장 명징한 이미지다. 미당에게 바람은 저주받은 운명의 연원임과 동시에 강렬한 생명 충동의 표상이었고 창조와 갱생을 되풀이함으로써 모든 금제의 옥방을 분쇄하려는 의지의 날개와 같은 것이었다.
　미당은 바람의 지칠 줄 모르는 역동력에서 "사람을 바로 살리려는 첫째 본질"을 보았으며 그 쉼이 없는 웅장한 지속의 날개에서 영원의 표징을 찾고자 하였다. 그것은 마치 『장자』의 서두를 장식하는 '소요'의 정신을 방불케 한다. 구만 리 창공을 날아오르는 대붕大鵬은 곧 바람의 현현이며, 정처 없이 지속하는 영원의 신전을 상징한다. 생명과 영원과 바람과 대붕은 동양문화사의 맥락에서 같은 계열적 인식의 차원에 있다. 대붕의 날개야말로 바람의 은유이며 영원의 표상이다. 그 광대무변한 우주를 체험하기 위해 미당이 찾아낸 것은 풍류의 포의였다.
　신라의 재발견이라는 미당의 시적 행로는 『삼국유사』를 탐독한 결과에서 유래하는 것이기는 하지만 바람의 운명을 타고난 그의 시적 기질과도 무관하지 않다. 미당이 발견한 신라정신은 표면상으로 보면 역사를 신비주의적 관점에서 재구하는 것이다. 몇몇 충격적이고 매력적인 시집들로 일세를 풍미하던 서정주가 지탄과 비난의 대상이 된 소이도 역사를 신비주의의 미망 속에 함몰시키려는 이러한 시적 발상에서 연유한다. 따라서 그가 전통과 국적성이라는 명분으로 민족의 정체성을 체현한다 할지라도 그것은 어디까

지나 '지금 여기서'의 현실감각을 버리지 않고서는 불가능하게 마련이다. 전란의 공포와 불안 심리를 극복하기 위한 간절한 욕구가 찾아낸 대안이 이런 것이었다면, 적어도 이와 같은 입장이 존중되어 마침내 역사가 시인에게 단순히 은신처를 제공하는 편안한 수단에 불과하게 된다면, 미당 시의 실패와 함께 한국시의 실패도 불을 보듯 뻔한 것이다.

그러나 그의 신라정신의 이면 속에는 자신의 테제를 지속시키기 위한 간구懇求가 내재해 있다. 생명의 영속을 위하여 줄기차게 고심해 왔던 미당에게 20세기 한국의 현실은 "섣부른 현대정신"들로 점철되어 있었다. 현대란 미당에게 파국의 연속이었고 "당장살이"의 협애한 칸막이방에 불과했다. 저주스러우면서도 웅혼하고, 고독하면서도 역동적 생기를 가진 바람의 운명을 타고난 서정주로서는 자신의 테제를 충족시킬 새로운 기획이 필요했다. 신라정신이 그의 미학적 방편이라는 것은 이런 맥락에서 고려할 수 있다.

신라의 영원주의는 미당에게는 영통주의로 표현되는 것이고 그것은 바람의 변전인 풍류로 발전한다. 서정주의 시에서 바람의 형이상학이 풍류의 형이상학으로 변모하는 과정은 여러 가지 점에서 흥미롭다. 이 과정은 먼저, 시인 자신이 생래적으로 지니고 있었던 '창조하고 갱생하는' 역동적 기질이 역사의 지층 속에 화석처럼 묻혀 있는 풍류의 이데올로기를 만남으로써 사상사의 족보 속에 편입되는 것을 뜻한다.

미당이 근대의 위력을 체험하면서도 고대의 유산을 차용한 것은 논란의 여지가 있지만 미당의 주안점은 자신의 미학에 정통성을 부여하고 에토스를 회복하는 데 있었다. 시인은 이미 논란에 대한 시시비비를 넘어서서 현대의 한복판에 풍류의 자연철학을 자신의 미학적 비전으로 제시한다. 중요한 것은 미당이 고대의 신화적 세계로 날아가서 신비주의의 마술 항아리 속에 웅크리고 앉았다는 사실이 아니며, 풍류의 자연철학의 현대적 습용의 미학적 가능성을 검증했다는 것이다. 『질마재 신화』는 유년의 고향체험을 생기발랄한 토속적 어조로 형상화하고 있지만 질마재 마을로 대변되는 우리들 삶의 보통 공간 속에 풍류 형이상학의 미학적 재구성이 어떻게 가능할 수 있는지를 대표적으로 보여주는 경우다.

또 다른 문제는 바람의 형이상학과 풍류의 형이상학이 외면적으로 변화를 전제하는 상대적 개념인 것처럼 보이지만 기실은 하나의 개념이요 하나의 이데올로기라는 점이다. 그렇기 때문에 생명 충동의 바람기 많은 시인이 자신의 뜨거운 피를 달래고 바람을 순화시켜 마침내 풍류를 즐기는 달관의 경지로 나아간다는 주장이 가능해진다.

미당 시에서 바람과 풍류는 이음동의어다. 다만 풍류는 그 문화사적 연원이 신라라는 역사의 구체적 공간에서 비롯되는 것이고 '신비로운 영통'을 삶의 보편적 현상 속에 놓아두어도 아무런 문제를 느끼지 않았던 시대의 이데올로기라는 점에서 바람과 차이가 있다.

풍류란 무엇이고 또 미당의 풍류란 무엇인가. 풍류라는 용어의 기원은 기록으로 보아 최치원의 「난랑비서鸞郞碑序」까지 거슬러 올라간다. 이 용어의 일반적 의미는 "자연과 교감하는 우아하고 격조 높은 품격"이지만 「난랑비서」에서는 차원이 다르다.

> 國有玄妙之道, 曰風流. 設敎之源, 備詳仙史, 實乃包含三敎, 接化羣生.
> 且如入則孝於家, 出則忠於國, 魯司寇之旨也. 處無爲之事, 行不言之敎, 周
> 柱史之宗也. 諸惡莫作, 諸善奉行, 竺乾大子之化也.

최치원이 기록한 풍류는 자기가 살고 있는 나라의 주체적 가르침이며 이는 노魯나라의 관리인 공자의 가르침과 주周나라의 도서관원인 노자의 가르침과 천축국 태자의 가르침의 삼교를 포괄하는 것으로 백성들을 교화시키는 이데올로기다. 공자와 노자와 부처의 영향력이 있기 이전, 이 땅에 오래전부터 이미 있어 온 이 가르침은 선사仙史에는 그 연원이 상세하게 전해지는 것으로 믿어지며 현묘한 도라고 부른다.

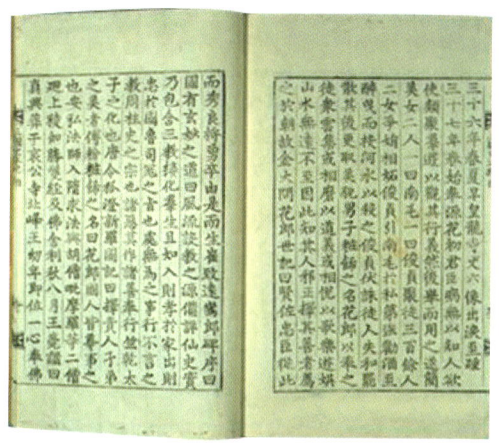

그림1 『삼국사기』(권4) 「화랑도」 부분
최치원의 「난랑비서」를 인용하고 있다.

그러니까 풍류는 국가나 민족 차원의 가르침인 셈이다. 오래전부터 이 땅에 있어 온 가르침의 기호가 왜 하필이면 '현묘지도'며 '풍류'인가.[14] 유불선 삼교를 포괄하는 현묘한 가르침은 바람의 흐름을 연상케 하는 역동적인 지속성과 일상의 감각을 초월하는 신성성을 공유함으로써 민족의 주체적 이데올로기 혹은 에토스의 면모로 등장한다. 당대의 국제적 석학인 고운 최치원이 공자와 노자와 부처를 과소평가하면서까지 부각시키려 했던 풍류의 실체는 과연 무엇인가. 이것은 이 글이 다룰 수 있는 범위 밖의 문제다. 다만 여기에서 주목하고자 하는 점은 풍류의 자연철학이 역사의 현실 속에 실존했다는 점이며 그 영향력이 지금까지 지속되고 있다는 가설이다.

---

14 풍류風流의 글자 뜻과 그 문화사적 특질에 대한 글로는 철학자 김용옥의 논의가 경청할 만하다. 대붕과 바람, 바람과 풍류, 혹은 존재와 생성에 대한 이 글의 기본 시각은 그의 아이디어에서 도움받은 것이다. 김용옥, 『나는 불교를 이렇게 본다』, 통나무, 1989, 127~179쪽 참조.

미당 서정주는 이 가설을 자신의 시로써 입증하려고 노력했으며 우리의 문화사를 미학적으로 재구성하려는 야심을 실천한 희귀한 사례로 평가할 만하다.

미당에게 풍류의 형이상학은 단군의 문제이자 김유신의 문제고 질마재마을의 "소자 이 생원네 마누라님"의 문제면서 "꿩 새끼들같이 풍기어 달아나는 아이들"의 문제기도 하다. 그것은 신라만의 문제도 아니고 질마재만의 문제도 아닌 "사람 살리는 첫째 본질"의 문제인 것이며 또한 창조와 갱생의 역동적 의지를 실현해 나가려는 미당의 시적 비전의 문제인 것이다. 미당에게 과연 풍류란 무엇이었던가.

> 그럼 신라의 풍류도의 근간정신, 그것은 어떤 것인가? 여기엔 최치원도 말했다는 것처럼 중기 이후엔 유교의 진작과 아울러 그 현실주의가 개재해 들어온 것도 사실이지만, 그러나 그 근본정신은 역시 전후를 통틀어서도 불교나 또는 그와 가까운 것으로서 있었던 것이다. 그럼 그건 어떤 것, 어떤 것으로서 발현되었는가? (중략) 그것은 하늘을 명명하는 자者로서 두고 지상현실만을 중점적으로 현실로 삼는 유교적 세계관과는 달리 우주 전체—즉 천지 전체를 불치不治의 등급 따로 없는 한 유기적 연관체의 현실로서 자각해 살던 우주관이 그것이고, 또 하나는 고려의 송학 이후의 사관이 아무래도 당대 위주가 되었던 데 반해 역시 등급 없는 영원을 그 역사의 시간으로 삼았던 데 있다. 그러니, 말하자면 송학 이후 지금토록 우리의 인격은 많이 당대의 현실을 표준으로 해 성립한 현실적 인격이지만, 신라 때의 그것은 그게 아니라 더 많이 우주인, 영원인으로서의 인격인 것이었던 것이다.[15]

---

15 서정주, 「신라문화의 근본정신」, 『서정주문학전집』 2, 일지사, 1972, 303쪽.

인용문을 위시한 그의 여러 편의 신라론에서 볼 수 있는 것은 풍류의 우주론이 윤리와 종교의 영역까지 확대된다는 점이다. "우주인, 영원인으로서의 인격"은 생명의 탐구와 영원성의 지향이라는 미당의 테제 즉, 완성도 정체도 거부하는 끊임없는 창조와 갱생의 의지가 찾아낸 "영혼의 영구한 지속적 현존에 대한 신앙"[16]에 가깝다. 미당이 인식한 풍류란 『삼국유사』나 『삼국사기』 속에 신비한 형상으로 남아 있는 남루하고 고색창연한 신라정신이 아닌, 20세기 한국의 시대정신이 재발굴해서 습용해야 하는 민족의 이데올로기요 미학이었다. 적어도 미당에게는 이렇게 현대의 파국을 안타까워하는 토종으로서의 적자嫡子 의식이 있었다. 국적성과 정통성을 추구하는 미당의 적자 의식은 민족의 대시인으로 발돋움하려는 그의 야심찬 의도가 투영된 결과라기보다는 자신만의 테제를 지속시켜 온 한 생명파 시인의 의지의 고투가 안긴 선물이다.

　바람에서 풍류로 변화해 간 과정은 역사와 민족의 문제를 자신의 테제 속에 확고하게 입적시키는 결과를 빚었지만 끊임없는 생성의 미학을 추구하는 미당 시의 구성 원리에서 보자면 근본적으로 지속되고 있는 과정이다. 단군의 시대와 신라의 시대와 질마재의 시대가 이어질 수 있다는 논리적 틀은 여기서 마련된다. 미당이 『삼국유사』의 설화 속에서 차용해 온 「풍편의 소식」은 「포산이성包山二聖」 조의 변용인데, 마르셀 프루스트의 『잃어버린 시간을 찾아서』의 한 대목과 비교하는 대목은 시사하는 바가 많다.

1) 신라 때에 관기 도성 두 신성한 스님이 있었는데, 어디 사람들인지 알지 못할레라. 함께 포산에 숨어, 관기는 남쪽 산에 암자를 갖고, 도성은 북녘 굴 속에 살고 있었는데, 한 10리쯤 거리가 되더라. 구름옷 입고 달에 읊조리

16　황종연, 「신들린 시, 떠도는 삶」, 『작가세계』, 세계사, 1994, 38쪽.

고 늘 서로 사귀고 지내는 사이, 도성이 관기한테 가고 싶은 마음을 내면 산의 나무가 모두 남으로 향해서 구부러져 서로 어서 오라는 듯하여 관기가 그걸 보고 찾아갔고, 관기가 도성을 맞이하고 싶으면 또 그 마음같이 모두 북쪽으로 굽어 도성이 이에 맞춰 찾아갔더라……[17]

2) 옛날 옛적에도 사람들의 마음은 천차만별이어서, 그 사람 사이 제 정으로 언약하고 다니며 사람 노릇하기란 참으로 따분한 일이라, 그 어디만큼서 그만 작파해 버리고 깊은 산으로 들어와 버린 두 사내가 있었습니다. 한 사내의 이름은 '기회 보아서'고, 또 한 사내의 이름은 '도통道通이나 해서'였 습니다. '기회 보아서'는 산의 남쪽 모롱에 초막을 치고 살고, '도통이나 해 서'는 산의 북쪽 동굴 속에 자리 잡아 지내면서, 가끔 어쩌다가 한 번씩 서 로 찾아 만났는데, 그 만나는 약속 시간을 정하는 일까지도 그들은 이미 그들 본위로 하는 것은 깡그리 작파해 버리고, 수풀에 부는 바람이 그걸 정하게 맡겨 버렸습니다.

"아주 아름다운 바람이 북녘에서 불어와서 산골짜기 수풀의 나뭇잎들 을 남쪽으로 아주 이쁘게 굽히면서 파다거리거던, 여보게, '기회 보아서!' 자네가 보고 싶어 내가 자네 쪽으로 걸어가고 있는 줄로 알게." 이것은 '도 통이나 해서'가 한 말이었습니다.

"아주 썩 좋은 남풍이 불어서 산골짜기의 나뭇잎들을 북쪽으로 멋드러 지게 굽히며 살랑거리거던 그건 또 내가 자네를 만나고 싶어 가는 신호니, 여보게 '도통이나 해서!' 그때는 자네가 그 어디쯤 마중 나와 서 있어도 좋 으이." 이것은 '기회 보아서'의 말이었습니다.

---

[17] 서정주, 「바람의 해석」, 『미당 서정주 전집』 10(산문), 은행나무, 2017, 322쪽. 이 인용문은 『삼국유 사』 권5의 「포산이성包山二聖」 조의 발췌며 미당의 번역문이다.

그런데 그 '기회 보아서'와 '도통이나 해서'가 그렇게 해 빙글거리며 웃고 살던 때가 그 어느 때라고. 시방도 질마재 마을에 가면, 그 오랜 옛 습관은 꼬리롤망정 아직도 쬐그만큼 남아 있기는 남아 있습니다.

오래 이슥하게 소식 없던 벗이 이 마을의 친구를 찾아들 때면 "거 자네 어딜 쏘다니다가 인제사 오나? 그렇지만 풍편으론 소식 다 들었네." 이 마을의 친구는 이렇게 말하는데, 물론 이건 쬐끔인 대로 저 옛것의 꼬리이기사 꼬리입지요.

―「풍편의 소식」[18]

3) 메제글리즈 쪽으로 가는 산책길에선, 한번 들에 나서면, 벌써 거기선 빠져 나올 수 없다. 들에선 끊임없이, 내게는 콩브레의 수호신인 바람이 마치 눈에 안 보이는 뜨내기처럼 걸어 다니고 있었다. 해마다 콩브레에 도착한 그 날, 틀림없이 콩브레에 온 것을 진정으로 느끼려고, 나는 언제나 바람을 찾으러 높은 곳에 오른다. 그러면 바람은 내 외투를 스쳐 가며, 나보고 그 뒤를 쫓아오라 한다. 몇십 리를 가도 바람이 높거나 낮은 땅을 만나는 일이 없는, 메제글리즈 쪽의 이 과히 높지 않은 벌판에서는 바람이 산책의 길동무가 되었다. 나는 스완이 자주 랑에 가서 며칠을 지내는 것을 알고 있었다. 랑까지는 몇십 리가 되었지만, 도중에는 아무 장애물도 없어서, 더운 오후, 멀리 지평선에서 불어오는 한 떼의 바람이 훨씬 먼 곳의 밀밭을 나부끼면서, 아득한 넓이를 물결처럼 뻗쳐 와서 누에콩이나 클로버 사이를 소곤거리며 뜨뜻하게 내 발밑에 와 몸을 쉬는 것을 보면, 우리들의 이 들판이 두 사람을 가깝게 해 결합시키는 것같이 생각되어, '이 바람은 그 애의 옆을 지나온 것이다. 이것은 그 애한테서 오는 무슨 소식을 내게 소곤

---

18 서정주, 『미당 서정주 전집』 2(시), 은행나무, 2015, 60~61쪽.

거리지만 뜻을 알 수가 없는 것이다'라고 생각하고, 그래 지나가는 바람에 나는 입 맞추었다.

— 『스완네 집 쪽으로 1』[19]

세 가지 텍스트에 등장하는 바람의 해석을 통하여 미당 문화의 보편성과 독자성을 가려내기란 어렵지 않다. 미당은 세 텍스트 속의 바람의 이미지에서 우주의 기미機微를 함께 본다. 그것은 미당의 말대로 "사람의 힘만으로 잘 안 되는 일"을 위한 요청된 의지이자 풍류의 변용인 것이다. 그러나 미당의 시는 설화나 소설에 비하여 한결 재미있고 박진감 있다. 「스완네 집 쪽으로」에서의 바람의 방향이 일방적인 것이라면 「포산이성」이나 「풍편의 소식」에서는 교호적인 면이 두드러진다. 자연에 대한 이해의 편차가 문화의 특성으로 나타나는 듯하다. '관기觀機'를 '기회 보아서'로, '도성道成'을 '도통이나 해서'로 번안한 것도 재미있지만 질마재 마을의 현실 삶에 풍류의 미학을 차용함으로써 시의 폭을 넓힌 점에 미당 특유의 개성이 돋보인다.

이렇듯 풍류는 회상의 방식으로 머물지 않는다. 그것은 영원의 이름으로 역사와 문화를 이끌어 가면서 쉼 없이 계속 갈 뿐이다. 그리하여 미당 서정주가 60년 이상 시를 쓰면서 받아온 찬탄과 영예와 모멸과 지탄은 이제 미당 시를 이끌어 온 장엄한 파노라마의 일관된 힘과 원리를 해석함으로써 새로운 지평을 열어 갈 필요가 있다.

미당 시 속에 나타나는 변화와 지속의 미학적 원리는 인간의 육체 속에 금제된 자의식을 해방시키려는 성적 충동의 모습으로부터 출발하여 어쩔 수 없이 세계의 끝을 향하여 걸어가야만 하는 고독한 떠돌이 의식에 이르

---

19 서정주, 「바람의 해석」, 『미당 서정주 전집』 10(산문), 은행나무, 2017, 318~319쪽.

게 된다. 그것은 의지의 방황이 아니라 의지의 소요이고, 완성과 정체를 본질적으로 거부하는 끊임없는 창조와 갱생의 다른 이름이며, 이는 뒤바꿈과 운동성을 표상하는 바람의 이미지에 의해서 강력하게 환기된다.

 바람은 스물세 살의 미당을 키운 원동력이고 팔순의 미당을 지탱해 주는 영혼의 파토스며 동시에 인간의 생명 속에 내재하는 궁극적 절대성의 장엄한 표상이다. 이 바람이 풍류를 만남으로써 미당은 비로소 자신의 미학으로 우리의 문화사에 생명과 영원성의 의의를 부여한다.

 미당이 최치원의 「난랑비서」를 인용하면서 발견한 것은 '바람의 흐름[風流]'이었으며 곧 자연의 '소슬한 요량'인 현묘지도玄妙之道였다. 그리하여 미당의 자의식을 생래적으로 지배해 온 바람의 힘은 결국 풍류의 유기체적 우주론에 접맥되면서 확고부동한 국적성을 갖게 된다. 그러나 그 국적성의 미학은 여전히 문제적이다. 미당 시의 풍류는 혈족 정체성에 대한 주체적 탐구와 "영혼의 영구한 지속적 현존"에 대한 인류의 보편적 희망을 확인하는 데 기여하지만 인간의 현실적 삶이 직면할 수밖에 없는 난제들─행과 불행, 파국과 구원, 실존의 과오와 신성神性에의 추구─사이의 줄타기에서 미학적 긴장을 약화시킴으로써 때때로 창조와 갱생의 의지를 무색하게 한다. 바람의 역동력이란 이런 문제들을 '넘어서는' 것이 아니라 '관통하는' 것이다.

 그러나, 그럼에도 불구하고, 미당의 바람과 풍류는 한국시의 역설과 비전을 동시에 체현한다. 그의 시는 변화와 지속의 우주론에 대한 금세기의 문화사적 각성의 한 모델이다. 그가 "아무것도 뉘우치진 않을란다"며 난세를 긍정하고 견뎌 나온 것도, 침몰의 바다에서부터 햇볕 속의 부활을 꿈꾼 것도, 본질적으로 생명의 영속에 대한 경외감에서 비롯된 것이다. 그의 시는 이러한 생명의 영속에 대한 경외감의 일대 파노라마다. 그것은 한바탕 바람처럼 금세기를 통째로 불어간다. 완성도 정체도 거부하고 오로지 변화와 지속의 창조와 갱생을 위하여 전진하는 것, 인간의 생명이 영원히 지향하고자 하는 그 궁극적 절대성의 표상인 바람만이 역사 위로 불어간다. 이것이 미당 시의 개성과 보편성이며 그의 언어가 일구어 낸 우리 문화사의 역설적 비전이다.

13장   지방색 문제

서정주 시의 지방색 문제,
『국어국문학』 130, 국어국문학회, 2002.

01 ___ 지방색, 지역문학에서 역사문화문학으로

지방색 문학은 '개성이 강한 지역문학'으로 정의할 수 있다. 백석과 이용악이 보여주는 북방 정서, 영랑의 시에서 느껴지는 남도의 애잔하고 따뜻한 가락 등은 그 문학을 배태한 공간의 특성—기질, 정서, 인정, 풍토 등을 적절하게 반영한다. 영랑의 시에서 "눈포래를 뚫고" 오는 억센 사나이의 목소리를 찾을 수 없는 것처럼 이용악의 시에는 "돌담에 속삭이는 햇발"이나 "보드레한 에메랄드 얇게 흐르는 실비단 하늘"을 좀처럼 볼 수 없다. 이런 문학적 질료들은 그것을 배태시킨 지리적 공간의 산물이라고 보아도 무방하다. 그것은 곧 지역의 개성과 상통하기도 한다. 『택리지』의 저자 이중환이 조선 팔도인의 기질과 정서를 크게 분별한 것은 바로 이런 지역적 개성에 주목한 결과다.

> 우리나라 팔도 중에 평안도는 인심이 순후하기가 첫째이고, 다음은 경상도로서 풍속이 진실하다. 함경도는 지역이 오랑캐 땅과 잇닿았으므로 백성의 성질이 모두 굳세고 사나우며, 황해도는 산수가 험한 까닭에 백성이 사납고 모질다. 강원도는 산골 백성이어서 많이 어리석고, 전라도는 오로지 간사함을 숭상하여 나쁜 데 쉽게 움직인다. 경기도는 도성 밖의 들판 고을은 백성의 재물이 보잘것없고, 충청도는 오로지 세도와 재리財利만을 좇는데, 이것이 팔도 인심의 대략이다.[1]

---

1 이중환, 이익성 역, 『택리지』, 을유문화사, 1993, 133쪽.

육당 최남선 역시 자신의 방대한 저술 속에 이중환의 모델을 인용하고 있는데 이중환의 관점을 경계하고 있기는 하다. "반드시 적중하지 아니함이 당연한 일"[2]이라는 육당의 생각은 상식적이다. 육당의 지적대로 이중환 시대의 지방색이라는 것은 격변의 근대 조선에서는 교통의 발달과 교양의 증대, 그리고 사회상의 변화에 힘입어 벌써 사라지거나 희석되는 중이었다.

육당은 이중환의 악의적 진단이 달갑지 않았을 것이다. 물론 이중환은 "그러나 이것은 서민을 논한 것이고 사대부의 풍속은 또 그렇지 않다"[3]며 단서를 달기는 했다. 오늘의 관점에서 보면 그가 '서민'과 '사대부'의 성품을 나누어서 생각하는 것 자체가 문제가 되지만 당대 민중들의 인정 풍토를 개성적으로 드러내려고 노력했다는 점은 눈여겨볼 만하다. 그런데 이런 진술이 균형감각을 잃을 경우에는 분별하지 않는 편이 훨씬 낫다. 위의 이중환의 진단은 명백히 편파적이다. 사대부로서 조선 서민들의 인정 풍토를 전반적으로 폄하하는 시각도 문제지만 특정 지역을 지나치게 비하하는 관점은 더욱 심각하다.

한때 작가 오영수도 이런 문제로 곤혹을 치른 적이 있었다.[4] 1979년 『문학사상』 1월호에 발표된 오영수의 「특질고」라는 글은 호남인을 비하하는 발언 때문에 당시에 커다란 사회적 파장을 일으켰다. 특히 "표리부동하고 신의가 없다"는 표현이 문제가 되었다. 작심하고 비판한 글이 아님에도 불구하고 호남 출신 문인들이 격분하면서 사태는 걷잡을 수 없을 정도로 번졌다.

그는 필화사건의 주인공이 되었다. 곧이어 사과문을 내야 했고 국제펜클럽 한국본부로부터 제명처분까지 당하는 수모를 겪었다. 오죽하면 호남에서 '민족분열 망언규탄 대책위'가 결성되고 국회에까지 문제가 비화되기도

2　최남선, 「팔도인정풍토」, 『조선상식 지리편』, 『육당 최남선 전집』 3, 현암사, 1973, 441쪽.

3　이중환, 앞의 책, 같은 곳.

4　오영수, 「특질고」, 『문학사상』, 문학사상사, 1979년 1월호 참조.

했다. 물론 그의 글은 호남의 좋은 측면들도 거론했고 다른 지역의 특성들도 두루 다루었다. 문제는 맥락인데, 오영수는 작가로서, "명맥이 생생한 방언을 획일, 즉 언어 통조림을 만들겠다는 사고나 정책"을 거부하고 지방색이 강한 언어를 사수하고자 하는 의도였다.

그러나 그의 글은 결과적으로 지방색의 문제를 이중환처럼 '윤리적 단죄'의 성격으로 몰아가는 측면이 있었다. 이런 담론은 '지방색'의 문제를 정치적으로 더욱 악화시키거나 거론 자체를 금기시하게 만든다는 폐해가 있다. 자칫하다가는 지역적 개성의 순기능은 사라지고 역기능만 남게 되는 것이다. 결과적으로 분별하지 않는 것이 낫게 된다.

육당은 팔도의 인정풍토를 말하면서 이 문제를 염려했던 것 같다. 그러나 그는 분별하여 일반화하는 행위 자체를 회의하지는 않았다. 위의 논의들을 살펴보면 어쨌거나 각 지역마다 다른 지역과는 대별되는 어느 정도의 특성이 있다는 점은 수긍할 만하다. 그것이 문학에 나타나는 경우 지방색으로 명명하지 못할 이유가 없다. 이런 점에서 보면 김학철, 안수길, 이효석, 김유정, 이문구의 소설 등은 지방색의 특성을 잘 드러내는 경우다. 백석, 소월, 영랑, 미당 등도 마찬가지다.

지방색 문학을 개성이 강한 지역문학이라고 정의하는 데에 동의한다면 서정주 시에서의 지방색 문제는 여러 가지 면에서 살펴볼 수 있다. 먼저 서정주 텍스트의 지역적 개성을 전라도 공간으로 일반화하는 작업이 가능한가의 문제를 점검해야 할 것이다. 예컨대 서정주는 과연 전라도 특유의 미학을 보여주고 있는가. 또는 전라도 미학을 개념화하고 범주화하는 일이 가능한가 하는 문제들이 있다. 시어, 화법, 제재 등의 측면에서 살펴본다면 그리 어려운 일은 아닐 것이다. 그러나 이러한 작업은 서정주 텍스트에 드러나는 지방색의 문제에 표피적으로 접근할 가능성이 많다. 보다 중요한 것은 '지방'의 공간적 특성을 아우르는 역사적·문화적 이해다.

이와 관련하여 또 다른 흥미로운 문제가 있다. 서정주가 전라도 미학을 탐구했다면 그는 왜 그것의 역사적 연원을 백제에서 찾지 않고 신라에서 찾았는가 하는 의문이 그것이다. 어떤 점에서 보면 서정주는 전혀 전라도적이지 않은 것이다. 왜 이런 일이 일어났을까.

전라도 시인 서정주, 향토의 시인 서정주가 고도古都 경주를 중심으로 한 신라에 미학적으로 관심을 가진 것을 두고 정치적으로 해석하는 입장도 있다. 예컨대 김명인의 경우는 서정주가 영남 정권(박정희)에 잘 보이기 위해서 신라를 택했다는 식으로 이 문제에 접근한다.[5] 사실 서정주 비판론자들의 입장에서 보자면 서정주의 미학적 행보는 의심스러운 면이 많다. 일제강점기부터 군사정권에 이르기까지 그의 미학은 본질적으로 순응의 속성을 가지고 있으며 언제나 주류세력으로서 권좌에 앉아 있는 듯 보인다. 이러한 관점에서 보면 그의 문학의 출발점이라 할 수 있는 지방색 혹은 향토색 역시 천황[6]과 이승만과 박정희를 위해 역사적 공간까지 옮기는 권력 추수주의의 산물이 된다.

그러나 이것이 문학연구의 합리적인 태도인지 정치적 도그마에 문학을 끼워 맞추려는 이데올로기인지는 좀 더 진지하게 생각해 보아야 한다. 정치적 도그마는 때로 텍스트 해석에 필수불가결한 미학적 동기 혹은 그것이 드러난 실제 시기조차 불도저로 밀어버리는 성향이 있다.

참고삼아 말하면 서정주가 신라정신에 관심을 가지게 된 것은 5·16 이후가 아니라 한국전쟁 직후부터였다. 그는 1950년대 내내 삶의 영원한 가치

---

5 김명인, 「비단옷을 입은 노예」, 동아일보, 2001.5.30., 18쪽 참조.
6 '천황'은 서정주 친일논쟁의 한 극점이다. 이른바 천황을 예찬한다는 것인데, 최근에 발표된 가장 논쟁적인 글은 아마도 김환희의 『국화꽃의 비밀』(도서출판 새움, 2001)일 것이다. 저자는 「국화 옆에서」를 정밀하게 분석하면서 국화를 천황의 상징으로 단정했다. 이러한 논의―해석적 판단은 두 가지 점에서 놀랍다. 하나는 서정주의 '국화'를 '가장 한국적인 것'에서 '가장 일본적인 것'으로 읽어내는, 다시 말해 기존의 해석학적 지평을 완전히 뒤집어버리는 논의의 새로움이고, 다른 하나는 그 새롭고 대담한 해석적 판단이 서정주 전체 텍스트를 관통하는 기본 틀을 이루고 있다는 점이다.

를 모색하기 위해 고전을 탐구했다. 신라정신, 풍류도, 영통과 혼교 등의 미학은 이미 이 무렵에 만들어진 것이다.

또한 서정주 사후 최근에 발견된 그의 시작 노트가 이를 확연히 뒷받침해주고 있다는 점을 의미 있게 바라볼 필요가 있다. 전쟁의 혼란한 와중에서 『신라초』(1961) 소재의 많은 시편들이 이미 쓰이고 있었다는 점은 그의 신라 탐구가 발생론적으로 볼 때 영남 정권의 문제와 아무 관련이 없는 것이다.[7]

요컨대 서정주 시에서의 지방색 문제는 지역적 개성의 문제를 넘어 조금 더 확장해서 다룰 필요가 있다. 수대동, 질마재, 선운사, 장수강, 흙으로 바람벽한 집, 염전, 변산 앞바다…… 전라북도 해안 마을 일대가 중심이 되는 그의 주요한 시적 공간들은 분명히 지역적으로 특별한 개성을 가지고 있다. 그러나 이런 시적 표지들은 '공간적'으로만 의미 있는 게 아니라 '역사적'으로, 혹은 '문화적'으로 훨씬 더 큰 의미를 가진다.

암시되었겠지만 우리는 이 개념을 서정주가 그의 시에서 전라도 방언을 효과적으로 차용했다거나 기타 전라도적인 것들(풍습, 배경, 문화, 사고방식)의 미학적 재현에 탁월한 성취를 이루었다는 데에 국한시키지 않으려고 한다. 우리는 지방색이야말로 서정주의 미적 본질의 중요한 한 영역이라고 말하고자 한다. 이럴 경우 지방색을 새롭게 정의하는 문제가 중요하다.

---

7 여기에 대해서는 졸고 「미당 미수록시 연구 1」, 『동악어문학』 37, 동악어문학회, 2001, 302~309쪽 참조.

02 ___ 지방색의 개념과 역사적 연원

　지방색은 역사적으로 혹은 정치적으로 보면 사회병리현상의 일환으로 정의된다. 농경전통과 혈족 연대성이 강한 역사적 토대 위에서 생겨난 일종의 배타현상이 그것이다. 붕당과 파벌, 족벌이나 문벌 등의 문화사적 아이콘들은 민족 공동체의 유기적 연대에 부정적으로 작용하는 배타적 성향의 결과물로 볼 수 있다.
　그러나 문학에서의 지방색의 개념은 배타성이 강조되기보다는 독자성, 고유성, 향토성, 개별성 등이 강조된다. 이런 성향들은 민족문학의 성립 과정에 부정적으로 작용하는 것이 아니라 긍정적으로 작용하는 특성이 강하다. 이 특성을 일컬어 민족문학의 진정한 민주화라고 할 수 있다. 즉 지방색 문학은 일상 구두어가 문학이라는 틀 속에 적극적으로 참여함으로써 생겨난 문학의 자연스러운 한 양상이다. 이는 지방색의 개념을 정리하는 데 매우 중요하다.
　문학에서의 고장말의 등장은 문자 권위에 의해 영화를 누렸던 중심언어(한자, 라틴어)의 전제적 권력에 대한 도전으로서 문학 권력의 민주적 분산 과정을 적절하게 반영한다. 문학 장르의 발달사 측면에서 보더라도 자유시의 태동과 근대소설의 등장은 보다 많은 창작 담당층과 향유층의 자유로운 표현욕구와 감상욕구를 동시에 만족시키려는 역사적 필연의 소산이다.
　지방색의 미학은 이런 과정에서 자연스럽게 생겨난다. 그것은 개별적 특수성을 가진 변두리 형식으로서 제도에 의한 공인 여부를 중시하지 않는 민중들의 자연발생적인 담론으로부터 만들어진다. 요컨대 지방색은 기존 문학의 권위가 해체되는 과정에서 등장하는 문학의 중요한 한 양상이다.

우리 문학의 역사에서 지방색의 등장은 일상 구두어를 표기할 수 있는 여건의 구비와 깊은 관련이 있다. 소리 나는 대로 적을 수 있는 문자 체계를 가지는 것이 지방색 문학의 필수 조건이다. 훈민정음의 창제와 반포가 우리 문화사에 코페르니쿠스적 전회를 가져다주었다는 주장은 수긍하기 어려울지도 모른다. 그러나 이 사건은 문학의 민주적 전진과 분화 과정에 결정적 영향을 미쳤다는 점에서 매우 중요하다. 그것은 일종의 문화사적 신기원이라 할 만한 사건이다.

지금 우리의 문학이 옛 문학에 비해 훨씬 더 비약적으로 민주적일 수 있는 이유는 우리의 말과 글이 일부에 의해 독점되지 않았기 때문이다. 방방곡곡에서, 어느 누구라도, 자신의 생각과 느낌을 표기할 수 있는 여건이 갖추어진 것은 이미 훈민정음이 창제되었던 15세기 무렵이었다. 실제로는 훨씬 후대인 20세기 초반에 민족정론을 표방하는 신문사들에 의해 한글보급 운동이 일어났지만 한글 기표야말로 문학 민주화의 진정한 출발점이라고 볼 수 있다. 요컨대 지방색은 문학의 중앙 집중적 권력이 붕괴되고 민초 개개인들의 담론이 주가 되면서 일상 구두어의 평등한 힘이 가시화되는 상황에서 생겨난 현상이다. 그러므로 지방색은 역사적 맥락에서 문학 민주주의와 긴밀한 관계를 가진다.

우리의 경우 문학 민주주의가 본격적으로 실현되는 시기는 20세기였다. 일제강점기 동안에도 꾸준히 보급된 한글은 각종 문학 장르를 양산하기 시작했으며 다양한 창작 계층을 확보하기 시작했다. 이들은 한문으로는 불가능했던 자기 고장의 일상 구두어를 전국적으로 유통시킬 수 있는 최초의 세대였다. 그런 점에서 이들은 행운과 책무를 동시에 가질 수밖에 없었다.

이들은 다소간의 시행착오를 겪기도 하지만 현대문학의 가장 꼭대기에 자리함으로써 후대의 시인들보다 훨씬 더 빠르게 표현의 선점 효과를 누리게 된다. 그리하여 후배들에 비해 훨씬 더 거장이 되기 좋은 조건을 가진다. 오늘의 현역 시인들과 내일의 시인들은 문학사 속에서 이들과 함께 겨루어야 한다. 한글이 상존하는 한 이들은 언제나 최고의 선배들인 것이다.

서정주는 그의 선배인 육당, 가람, 만해, 소월, 지용, 백석 등과 함께 이 최초의 세대에 속한 시인으로 볼 수 있다. 게다가 그는 백석과 더불어 이들 중에서 가장 강렬한 지방색을 가진 시인이었다. 서정주의 문학이 지방색이 강하다고 했을 때 이것은 다른 뜻이 아니다. 지금까지의 논의의 맥락에서 보자면 서정주는 사대부의 교양과 품위를 지닌 격조 있는 글월이 아닌 중세의 틀에서 해방된 개인 주체의 담론, 민초들의 자연발생적인 담론을 대변한 시인으로 평가할 만하다는 의미다.[8]

---

8 '애비는 종이었다'로 시작되는 「자화상」은 이런 맥락에서 시사적인 작품이다. 서정주의 첫출발은 문이재도, 우국충정, 음풍농월, 연군지사 등과 같은 문학의 전통적 가치를 박차고 '튀어나가는' 것이었다. 이것은 해방된 개인 주체의 자기 선언의 형식으로 텍스트상에 나타난다.

03 ___ 특수한 공간으로서의 지방색

중앙에 대한 지방, 아(雅)문학에 대한 속(俗)문학, 표준에 대한 일탈, 규범에 대한 탈규범, 주류에 대한 비주류, 근대성에 대한 반근대성 혹은 향토성 등으로 지방색에 접근하는 관점도 있을 수 있다. 그러나 지방색에서 제일 중요한 부분은 역시 보편성에 대응하는 특수성의 문제다. 특수성은 문학의 민주적 분화와 함께 지방색의 또 다른 중요한 본질이다. 이 특수성의 하위 개념들을 차례로 정리하는 것이 그다음 과제다.

통상적으로 지방색은 지리적 공간 개념이 주가 된다. 예컨대 '가즈랑 고개'(백석), '선운사 동백꽃'(서정주), '장평리 찔레나무'(이문구) 등은 지방색의 대표적인 표지들이다. 평안도와 전라도, 그리고 충청도의 정체성을 설명하는 데 이들 표지들은 효과적으로 기능한다.

이문구가 구사하는 충청도 사투리의 미학적 절정은 위의 단편에서 압도적으로 드러난다. 그러나 이 작품의 진정한 미덕은 사투리 그 자체의 힘에 있다기보다 충청도적 특성 혹은 충청도 정체성이라고 부를 만한 독특한 지방색의 매혹에 있다고 보는 게 타당하다. 그 목록들을 찾아보는 일은 흥미로운 작업이 될 것이다.

서정주의 경우도 크게 예외가 아니다. 문학사에 등장하는 무수한 동백꽃들 중 선운사 동백꽃만큼 강한 미적 호소력을 가진 사례를 찾기도 쉽지 않다. 이 표지는 선운사 동백숲이라는 전통적 자연환경에 술과 음악과 여운의 미학을 결합시킨 경우다. 목이 쉰 채로 남아 있는 작년 동백꽃과 막걸릿집 여자의 이미지는 신성한 공간 선운사와 어우러짐으로써 한층 더 매혹적으로 다가온다. 독자들은 성聖과 속俗의 풍경들이 애잔한 슬픔 속에서 서로에게 스며들고 있는 시행을 가만히 지켜볼 수가 있다.

> 선운사 골째기로
> 선운사 동백꽃을 보러 갔더니
> 동백꽃은 아직 일러 피지 안했고
> 막걸릿집 여자의 육자배기 가락에
> 작년 것만 상기도 남었습니다.
> 그것도 목이 쉬어 남었습니다.
>
> —「선운사 동구」[9]

그림1 「선운사 동구」 시비 사진

동백꽃은 시인의 눈에 '남아 있는 형식'으로 다가온다. 그것은 예기치 못

---

9 서정주, 『미당 서정주 전집』 1(시), 은행나무, 2015, 265쪽.

했던 삶의 형식이기도 하다. 시인은 동백이 새로 피었으려니 하고 찾아갔으나 예기치 못하게 작년 것만 보았다는 것이다. 그런데 이 작년 것은 더 먼 과거의 것(1942년 막걸릿집 여자와의 추억)과 연관된다.

『동천』(1968)에 수록되어 있는 이 시의 최초의 영감은 사실상 1942년 늦가을의 가느다란 이슬비 속에서 이루어진 것이다. 서정주는 당시 부친상을 치르고 상경하는 중에 선운사 동구의 어느 허름한 주막에 들게 된다. 비 내리는 늦가을의 오후에, 아버지를 여읜 슬픔을 채 삭이지 못한 젊은 가장은 주막의 안주인으로부터 육자배기를 들으며 해가 지도록 같이 술을 마신다. 딴에는 수작도 걸어보긴 했지만 뺨 비비다 마는 정도에 그치고 돌아온다. 이 체험이 후일 「선운사 동구」를 낳게 한 것이다. 그는 이 당시의 체험을 회고하는 글에서 이렇게 토로한다.

> 이것은 물론 쓰기는 근년에 쓴 것이지만, 이 시 속의 막걸릿집 여자의 모델은 바로 이 여인이다.
> 한 심미審美의 기회라는 것은 참 묘하게는 오는 것이다.[10]

10여 년이 지난 후에 그는 그 집을 다시 찾게 되는데 이때는 이미 그 집은 사라지고 빈터에 실파만 자욱하게 나서 자라고 있었다. 그는 동네 사람들로부터 그녀의 집이 6·25 때 빨치산들에 의해 불질러졌으며 그녀 역시 죽음을 당했다는 말을 듣고는 이런 생각에 잠기게 된다.

> 이때 이 빈 집터와 거기 돋은 실파와 그 근처의 동백꽃을 보는 눈에도 그 여인은 그런 것들에 노래 부르며 들어 있을 걸로만 느껴졌다. (중략) 이

---

10 서정주, 「유산상속과 그 뒤에 온 것」, 『미당 서정주 전집』 7(문학적 자서전), 은행나무, 2016, 114쪽.

런 일은 직접 겪지 않은 사람에게는 그것, 참, 신비할 뿐이다.

그러나 직접 겪은 사람에게는 참 기가 막히는 현실력일 따름이다. 실파밭 속에서, 집 날아간 빈터의 공기 속에서, 동백꽃 속에서 그 노래를 듣는 것도 현실력인 것이다.[11]

이런 과정을 거쳐 그는 마침내 최초의 영감을 형상화할 수 있는 심미의 기회를 잡는다. 주막집 아낙네와의 오래전의 세속적 정분이 홀연히 떠오른 것이다. 그리하여 이 텍스트는 지금은 사라진 안타까운 음악(막걸릿집 여자가 들려주던 육자배기)이 채 떨어지지 않은 꽃의 형상으로 변하면서 과거와 현재가 순간적으로 융합하는 모습을 보여준다. 마침내 선운사 동백꽃의 미학이 완성된다.

애잔함과 안타까움, 덧없음, 혹은 끈질김의 정취들은 선운사라는 구체적 공간이 동원됨으로써 한층 더 박진감이 생긴다. 게다가 그 공간은 신성한, 적어도 신성하다고 믿어지는 공간이다. 성과 속이 상호 스미는 미학은 그래서 생겨난다. 어찌 되었거나 고창, 혹은 전라도의 정취가 한 예술가에 의해서 탁월하게 재현되는 모습은 이렇게 선운사 골짜기, 혹은 선운사 동구라는 특별한 공간을 통해 다가온다.

백석이 보여준 문학적 성취 역시 평안도의 지방색을 거론하지 않는다면 온전히 설명하기 어렵다. 일제강점기 동안 발표된 그의 시편들의 상당 부분은 정주 지방 특유의 방언과 풍습에 대한 민속학적 보고로 평가할 만하다. 전문 연구가들조차도 낱말풀이의 도움을 받지 않으면 독해 자체가 어려운 게 부지기수다. 그는 강렬한 지방색을 고집스럽게도 내세우는데 마치 자신의 고향을 조선 전체에 알리고 이로써 조선의 정체성의 중요한 한 부분을

---

11 서정주, 앞의 글, 115~116쪽.

확인해야겠다는 신념에 사로잡힌 것처럼 보인다.

지방색은 결국 특수성의 문제고 그것은 일차적으로 특수한 공간의 문제다. 미당 미학의 특징도 기본적으로는 전라도 공간이 제공하는 숱한 문화적 토양에 뿌리내리고 있다는 점을 주목할 필요가 있다. 그의 진정한 시적 출발을 알리는 시 「자화상」(1937)은 변산반도 끝자락에 웅크리고 있는 선운리라는 작은 마을에 대한 문화적 이해의 전제가 없이는 올바르게 접근하기 어렵다.

질마재는 또 어떤가. 이 자그마한 고개는 미당의 실제 고향의 상징적 표지일 뿐만 아니라 그의 시상詩想의 가장 중요한 원천이기도 했다. 반들반들 빛나다 못해 거울처럼 비치기도 하는 외할머니의 뒤안 툇마루 이야기가 전설처럼 피어나는 곳. 지금은 사라진 막걸릿집 여자의 육자배기 가락에 목이 쉬어 남아 있는 작년의 동백꽃을 볼 수 있는 곳. 혹은 천년의 침향을 만드는 곳. 이를테면 무수한 문화적 코드가 풍성한 공간이 바로 질마재다.

북쪽의 '가즈랑 고개'와 남쪽의 '질마재'가 종종 비교되는 것은 그래서 흥미롭다. 백석과 미당의 문제는 정주와 고창의 지방색의 문제로부터 출발할 수 있지만 근본적으로는 그 지방색이 가지고 있는 미학적 완성도를 진단하는 데 이르러야 할 것이다. 그러므로 지방색의 문제는 각종 자료를 제시하고 예증하는 것으로는 의미가 없다. 결국 미학과 직결된다.

서정주의 지방색 역시 지리적 공간 개념을 위주로 하여 접근해서는 한계가 있다. 단순히 전라도적인 문제만은 아닌 것이다. 여기에는 시간, 원형, 전통, 정체성, 국적성, 민족주의, 근대와의 문제, 시적 자유, 절대자아, 미학적 개성, 문체와 화법 등등의 토픽이 언제나 함께하고 있다. 사실 서정주의 지방색의 특성과 본질을 이해하면 그의 8할을 이해하는 것이다. 다음을 보자.

04 ___ 서정주 지방색의 두 성격, 사투리와 농경전통

> 흰 무명옷 갈아입고 난 마음
> 싸늘한 돌담에 기대어 서면
> 사뭇 숫스러워지는 생각, 고구려에 사는 듯
> 아스럼 눈 감었든 내 넋의 시골
> 별 생겨나듯 돌아오는 사투리.
>
> ─「수대동水帶洞 시」[12] 중에서

위는 서정주 전체 텍스트를 통해 지방색의 미학을 가장 상징적으로 보여주는 부분이다. "내 넋의 시골"이야말로 미당 지방색의 진원지다. 여기의 '시골'은 지리적 시골이라기보다 역사적 시골이며 선조들의 삶의 터전이 이어져 내려오는 곳이다. 초시간적 연관에 대한 종속 관념이 전제되지 않는 '시골'은 그의 시에 없다. 조상, 역사, 전통, 풍습, 민속 등이 '시골' 속에 언제나 웅크리고 있다. "파뿌리같이 늙은 할머니와 대추꽃이 한 주 서 있을 뿐"인 그곳은 스물세 살 난 젊은 시인이 환기하는 유년의 고향 생가 이상의 함의를 가진다. 오래도록 쌓이고 쌓인 조선의 시간들이 온존되어 있는 곳, 혹은 혈족 정체성을 확인할 수 있는 공간이 바로 이곳 '시골'이다.

또한 그의 시골은 "오랫동안 잘못 살아온" 근대 도시 서울을 떠나 되돌아온, 농경전통의 궁벽하지만 건강한 생명이 있는 향촌이다. 요컨대 그의 지

---

12 서정주, 『미당 서정주 전집』 1(시), 은행나무, 2015, 43쪽.

방색의 미학은 한국인 특유의 조상숭배 사상과 농경문화 전통의 바탕 위에서 벗어나지 않는다. 미당 문학의 지방색이 특수하면서도 보편적일 수 있는 까닭이 여기에 있다.

또 다른 관점에서 보자. "내 넋의 시골"은 시적 화자가 "눈섭이 검은 금녀 동생을 얻어" 살고자 하는 '수대동 14번지'의 구체적 공간이기도 하지만 본질적으로는 '사투리'가 '돌아오는' 시인의 유토피아이기도 하다. '사투리'는 전라도 방언의 뜻만은 아니다. 그것은 자연발생적인 언어, 제1의 언어, 기층언어, 선조들로부터 물려받은 생활언어, 후대에도 계속해서 이어져 내려갈 언어라는 뜻이 강하다. '별 생겨나듯 돌아오는'의 직관은 놀라운 데가 많다. 시인의 언어는 '밤낮의 연교대 반복, 계절의 순환, 천체의 질서정연함 등을 모방하고, 아득한 선조들의 언어가 우주 공간을 떠돌다 내게 되돌아오는 형식을 가지며, 규범적이고 공식화된 표준 언어가 아니라 자연발생적인 언어'라는 해석이 가능하다.

이런 맥락에서 규범을 벗어난 독특한 그의 표기법을 주목할 필요가 있다. '아스럼' 등은 의도적인 왜곡 표기다. 그런데 이 의도적인 일탈의 미학은 그의 지방색의 미학과 관계가 깊다. 그것은 전라도적이라기보다 원형적이며 시인 자신이 '내 넋의 시골'이라고 부르는 독특한 공간에 배속된 기표들이다.

소리 자체를 중시하고 원형을 지향하고자 하며 후천적 교육에 의해서 다듬어진 정교한 언어가 아닌 소박하고 자연발생적인 언어가 있는 곳. 이곳이 바로 그의 '지방색'이 있는 곳이다. 그러므로 그 공간은 지역적 공간이라기보다 역사적·문화적 공간이다.

그의 시에 나타나는 지방색의 형식적 특성은 한국어의 기본적 표기 관행만 알아도 금세 발견할 수 있다. 미당의 대부분의 텍스트들은 시종일관 미당 특유의 수사법을 견지한다. 규범을 벗어나 독특하게 문구를 조합하는 미당식의 표현은 모방과 답습을 거부한다. 이 시적 자유의 수사술의 본질이 지방색의 문제에 잇닿아 있다는 것을 보여주는 일은 그리 어렵지 않다. 예컨대 다음과 같은 부분들이 그렇다.

스물세 해 동안 나를 키운 건 팔할이 바람이다.

—「자화상」[13] 중에서

뭐라 하느냐
너무 앞에서
아—미치게
짙푸른 하늘.

—「소곡小曲」[14] 중에서

누이의 수틀을 보듯
세상은 보자

—「학鶴」[15] 중에서

시의전복도 제일좋은건 거기두어라.
다캐어내고 허전하여서 헤매이리요?
바다에두고 바다바래여 시인인것을……

—「시론詩論」[16] 중에서

"나를 키운 건 팔할이 바람이다"의 수사는 문법적으로 보면 자연스럽지

---

13 서정주, 『미당 서정주 전집』 1(시), 은행나무, 2015, 27쪽.
14 서정주, 앞의 책, 97쪽.
15 서정주, 앞의 책, 123쪽.
16 서정주, 『미당 서정주 전집』 2(시), 은행나무, 2015, 83쪽.

않다. 그러나 그 의미와 소리와 느낌이 잘 어울린다. '팔할'은 '대부분', '거의', '팔십 프로' 등으로는 대치할 수 없는 독특한 어휘다. 그것은 조선적이며, 전통적이며, 모던하지 않으며, '바람'의 음운과 함께하는 묘미를 가진다. 왜 '칠할'이나 '구할'이 아니고 '팔할'인지는 고급독자라면 깊이 음미해 볼 만하다.[17] 서정주가 규범이나 표준, 혹은 세련된 근대어를 중시했더라면 이런 표현은 나타나기 힘들었을 것이다.

"너무 앞에서"는 또 어떤가. 그는 부사를 마치 명사처럼 부리고 있다. '너무'는 간절함의 강도를 강조하기 위한 표현으로 해석해도 될 듯하지만 실상은 논리적 분석을 편안하게 허락하지 않는다. 4행 전체가 다 그렇다. "세상은 보자" 역시 대표적인 파격이다. "바다바래여" 또한 독특한 조합이다.

이런 이해가 가능하다면 '사투리'는 미당 문학의 근원적인 질료인 셈이다. 미당을 일러 '모국어의 장인'이나 '부족방언의 요술사'라고 평가하는 시각은 이 사투리의 힘과 운용 방식에 대한 상찬의 결과다. 그는 일상의 언어, 향리의 언어, 근대풍물과 함께하는 세련된 언어가 아닌 소박하고 투박한 언어만으로도 한국어가 도달할 수 있는 미학의 정점들을 풍성하게 보여주고 있다.

> 새우마냥 허리 오구리고
> 누엇누엇 저무는 황혼을
> 언덕 넘어 딸네 집에 가듯이
> 나도 인제는 잠이나 들까.
>
> ―「저무는 황혼」[18] 중에서

---

17 '팔할'은 음운론적 비밀을 가지고 있다. '팔할'은 전진하는 양성모음이 중첩되고 있으며 바람(풍)의 음운과 같은 계열이다. '팔八'과 '바람'은 모두 [p-]라는 동일한 성모initial를 가지고 있다. 요컨대 '팔할'은 바람의 속성과 지시적 기호를 암시하는 데 효과적이다. 이런 시어는 원천적으로 번역이 불가능하다. 상세한 것은 졸고, 『화사집 자세히 읽기 1』, 『한국문학연구』 22, 동국대학교 한국문학연구소, 2000, 200쪽 참조.
18 서정주, 『미당 서정주 전집』 1(시), 은행나무, 2015, 261쪽.

기럭아 기럭아 너는 무슨 재주로
꽁꽁 언 하늘을 이마로 걸어 걸어
구만 리 먼 나그넷길 지칠 줄도 모르니?

맨드래미 봉사꽃의 그 무슨 한이기에
동지섣달 밤하늘을 이마로만 걸어 걸어
잠도 없이 서러운 영원처럼만 가느냐?

―「기럭아 기럭아」[19]

이동백李東伯이 새타령에
'월명月明 추수秋水 찬 모래
한 발 고여 해오리' 있지?

세상이 두루두루 늦가을 찬물이면
두 발 다 시리게스리 적시고 있어서야 쓰는가?

한 발은 치켜들어 덜 시리게 고였다가
물속에 시린 발이 아조 저려 오거던
바꾸어서 물에 넣고 저린 발 또 고여야지.

아무렴 아무렴 그렇고말고.
슬기가 별 슬기가 또 어디 있나?

―「한 발 고여 해오리」[20]

19　서정주, 『미당 서정주 전집』 4(시), 은행나무, 2015, 83쪽.
20　서정주, 『미당 서정주 전집』 2(시), 은행나무, 2015, 166쪽.

인용시들은 범속한 '시골' 언어들로 짜여 있다. 그런데 이 언어들은 세련되지 못하고 촌스러운, 아시아적 정체성의 늪에서 헤어나지 못하는 전근대적 언어가 아니라 별 생겨나듯 돌아오는, 역사적 귀환을 꿈꾸는 '사투리'다. 이 것들이 운용되는 방식은 의미 지향적이라기보다 소리 지향적이며 이성적·논리적이라기보다 정감적·심미적이다. 소리, 정감, 심미는 서정주 시의 중요한 특성들이다.

"언덕 넘어 딸네 집에 가듯이"가 어떤 정황을 묘사하고 있는 것인지 앞뒤 문맥을 보아도 논리적 분석이 잘 되지 않는다. 그럼에도 불구하고 이 텍스트는 열정의 시간을 지나 소멸을 위해 숨 고르기를 하는 어떤 촌로村老의 영상을 잘 보여주고 있다. 시집보낸 딸의 집을 찾아가는 친정아버지의 심경은 저무는 황혼의 이미지와 결합하여 인생의 저녁 풍경에 대한 보편적 정감으로 발전해 나간다. 이어지는 시행들은 텍스트의 화자가 맞고 있는 삶의 종말을 한국적인 '시골' 풍경 속에서 암시하고 있는 것이다. "으시시히 깔리는 머언 산 그리메/홑이불처럼 말아서 덮고/엣비슥히 비끼어 누어/나도 인제는 잠이나 들까."

서정주 시에서 보이는 한국의 보편적·전통적 정서, 이것은 어디에서 오는가. 그것은 서정주의 언어가 본질적으로 '사투리'기 때문이며 지방색이 그 밑바탕이 되기 때문이다. "동지섣달 밤하늘을 이마로만 걸어 걸어" 가는 기러기는 '사투리'의 율동적인 활용을 통해서 독특하게 살아난다. 이 독특함이 바로 서정주 미학의 주요한 개성이다. 서정주가 '아조'라고 썼을 때 그것은 서정주적인 문법하에서만 빛난다. 그런 점에서 서정주는 자기의 문법을 만든 시인으로 기억될 만하다. 그는 별 생겨나듯 돌아오는 사투리를 빌려 쓰긴 했지만 자기만의 방식대로 활용하는 창의적 사례를 풍족하게 남겼다. 이것은 자신의 조국에 기여한 한 시인의 중요한 공헌이다.

'한 발 고여 해오리'는 노랫말의 인용이지만 그 자체로 삶의 지혜를 삼투시키는 오브제다. 백로를 노래하는 미학은 겹시각의 성찰의 힘을 보여준다. '월명月明 추수秋水 찬 모래'의 배경은 제 갈 길 잃고 늦가을 찬물에 발 담그고 있는 백로의 처지만을 암시하지 않는다. 사람의 늦가을은 어떤 모습인가, '바꾸어서'의 방법을 아는가? 하고 시인은 묻고 있는 것이다.

삶의 지혜를 넌지시 가르치는 이런 미덕은 전라도적 농경전통으로부터 출발했다고 볼 수 있지만 결국은 한국의 보편적인 감수성의 전통을 이어받은 것이다. 그러므로 서정주의 지방색의 특징은 '전라도적'인 것만으로는 설명하기 어렵다. 원형과 역사, 혈족적 정체성과 농경전통이 어우러져 있는 매우 복합적인 특성들이 서정주에게 있다.

서정주는 백석과 함께 지방색의 미덕을 가장 성공적으로 형상화한 20세기의 시인으로 평가할 만하다. 무엇이 지방색의 미덕인가. 우리 사회에서 지방색의 가장 큰 문화적 특성은 아무래도 농경전통이다. 이것은 근대 도시에 대응하는 모든 자생적, 전통적 문화 범주를 간편하게 분류한 결과다. 물론 '자생'과 '전통' 속에는 다른 세목들도 얼마든지 가능하다. 그러나 농경전통을 대신할 수 있는 핵심적이고 포괄적인 개념을 찾기는 여의치 않다. 그런 점에서 서정주는 농경전통의 마지막을 지킨 시인이다. 그의 주요한 시적 관심은 현대의 산업사회 혹은 근대 도시에서의 삶의 방식이 아니라 '내 넋의 시골'이었고 '사투리'와 함께하는 초시간적 연관성 속의 삶이었다. 그의 시에서 농경전통의 문화 목록어를 찾는 일은 어렵지 않다. 문제는 이 목록어의 조합이 만들어내는 미학적 완성도와 그로 인해 드러나는 한국 문화의 정체성이다.

서정주는 지방색으로서 지방을 드러내는 차원을 넘어 지방색으로서 한국을 드러내는 특이한 길을 보여주었으며 부분으로서 전체를, 특수로서 보편을 형상화할 줄 알았던 희귀한 재능의 예술가였다. 서정주가 한국을 대표하는 시인으로 평가받는 이유는 결코 미학적 감화력과 지도력 때문만은 아니다. 그의 지방색이 가장 한국적이라는 사실은 시사하는 바가 많다.

　서정주의 시는 어떤 점에서 한국 역사 변혁기의 경계선상에 있다. 한국 문학사 속의 20세기는 모든 점에서 근본적으로 새로운 시대며 그 새로움의 경계선을 서정주가 극명하게 보여주기 때문이다. 그가 보여주는 극명함이란 내용과 형식의 새로움이 아니라 문화적 온존을 끈질기게 추구하는 변두리 양식으로서의 개성이다.

　그는 신라가요, 고려속요, 한시, 시조, 가사 등을 생산하던 전통적 시인들과 명백히 다른 '새로운 시인'이다. 그러나 동시에 그는 이들 전통 시인들을 에워싸고 있었던 문화적 훈기를 '마지막까지 간직한 시인'이기도 했다. 그런 점에서 그는 '경계선상의 시인'이라고 말할 수 있다. 경계선상의 시인을 가능하게 했던 원동력은 바로 '사투리'였다.

05 ___ 또 다른 특성들, 입심, 건강과 웃음의 미학

그의 지방색의 또 다른 특성을 살펴볼 수 있는 사례를 다시 보자.

질마재 당산 나무 밑 여자들은 처녀 때도 새각시 때도 한창 장년에도 연애는 절대로 하지 않지만 나이 한 오십쯤 되어 인제 마악 늙으려 할 때면 연애를 아조 썩 잘한다는 이얘깁니다. 처녀 때는 친정부모 하자는 대로, 시집가선 시부모가 하자는 대로, 그다음엔 또 남편이 하자는 대로, 진일 마른일 다 해내노라고 겨를이 영 없어서 그리된 일일런지요? 남편보단도 그네들은 웅뎅이도 훨씬 더 세어서, 사십에서 오십 사이에는 남편들은 거이가 다 뇌점으로 먼저 저승에 드시고, 비로소 한가해 오금을 펴면서 그네들은 연애를 시작한다 합니다. 박푸접이네도 김서운이네도 그건 두루 다 그렇지 않느냐구요. 인제는 방을 하나 왼통 맡아서 어른 노릇을 하며 동백기름도 한번 마음껏 발라 보고, 분세수도 해보고, 김서운이네는 나이는 올해 쉬흔하나지만 이 세상에 나서 처음으로 이뻐졌는데, 이른 새벽 그네 방에서 숨어 나오는 사내를 보면 새빨간 코피를 흘리기도 하드라구요. 집 뒤 당산의 무성한 암느티나무 나이는 올해 칠백 살, 그 힘이 뻗쳐서 그런다는 것이여요.

—「당산나무 밑 여자들」[21]

---

21 서정주, 앞의 책, 127쪽.

『떠돌이의 시』(1976)에 수록된 이 작품은『질마재 신화』(1975)의 연장선상에 있는 것이다.

이 텍스트는 상당히 흥미롭다. 진술의 내용뿐만 아니라 진술의 방식도 개성적이고 활기차다. 활기찬 개성을 이끌어 가는 힘은 바로 유머. 서정주의 유머는『질마재 신화』이후부터 집중적으로 나타나기 시작하는데 특히 성性과 관련된 경우에 두드러진다. 우리는 시가 재미있을 수 있다는 사실을 많은 독자들에게 확인시켜준 시인으로 서정주를 기억해도 될 듯싶다. 이에 관한 오규원의 발언은 시사적이다.

> 서정주만한 <u>입심</u>도 없이, 지금에 와서 누군가가 서정주에 대해서 무엇인가를 썼다면 그건 보나마나 그의 시보다 훨씬 재미없을 게 뻔하다.[22]

서정주의 시가 재미있는 이유를 분석하는 일은 그 자체로 훌륭한 연구 과제가 될 것이다. 그만큼 흥미로운 문제들을 많이 안고 있다. 그 많은 문제들 중에는 지방색의 문제도 있다. 위의 텍스트의 미덕은 일차적으로 형식적 특성에 있다. 화자가 뛰어난 자질을 갖춘 이야기꾼이라는 점은 금세 드러난다. 능청맞기도 하고 짐짓 시치미를 떼는 척도 하며 끝에 가서는 소문의 형식을 빌려 이야기의 흥미를 배가시키기도 한다.

이 시는 표면상으로 보면 바람피우는 과부 이야기다. 그러나 속 이야기는 좀 다르다. 시인은 생명의 숭고한 추동력으로서의 성의 특성을 말하고 있다. 그런데 그것이 효과적으로 전달되기 위해서는 특별한 형식을 필요로 한다. 그것이 오규원이 지적한 '입심'이다. 이 입심은 '사투리'와 함께 서정주 문학의 지방색의 특성을 만들어내는 중요한 재능이다.

---

22 오규원, 「대가의 멋과 한계」,『문학과 지성』, 문학과지성사, 1976 참조.

인용시에서 보이는 걸쭉한 입담은 한국 여인의 건강하고 유쾌한 삶의 미학을 드러내는 데 적격이다. 건강하고 역동적인 생명 현상에 대한 서정주의 담론은 철저히 지방색으로부터 비롯된다. 근대 도시에서는 좀처럼 찾을 수 없는 생기론生氣論적 전통이 인간과 만물들 사이에 교호의 형식으로 존재하는 곳은 바로 당산나무가 있는 '시골'이다. 그는 이곳에서 '소자 이 생원네 마누라님의 오줌 기운'을 느끼며 그를 통해 역사와 전통의 보다 강력한 유대를 찾아낸다.

> 소자小者 이 생원네 무우밭은요. 질마재 마을에서도 제일로 무성하고 밑둥거리가 굵다고 소문이 났었는데요. 그건 이 소자 이 생원네 집 식구들 가운데서도 이 집 마누라님의 오줌 기운이 아주 센 때문이라고 모두들 말했습니다.
> 옛날에 신라 적에 지도로대왕은 연장이 너무 커서 짝이 없다가 겨울 늙은 나무 밑에 장고만 한 똥을 눈 색시를 만나서 같이 살았는데, 여기 이 마누라님의 오줌 속에도 장고만큼 무우밭까지 고무시키는 무슨 그런 신바람도 있었는지 모르지. 마을의 아이들이 길을 빨리 가려고 이 댁 무우밭을 밟아 질러가다가 이 댁 마누라님한테 들키는 때는 그 오줌의 힘이 얼마나 센가를 아이들도 할 수 없이 알게 되었습니다. "네 이놈 게 있거라. 저놈을 사타구니에 집어넣고 더운 오줌을 대가리에다 몽땅 깔기어 놀라!" 그러면 아이들은 꿩 새끼들같이 풍기어 달아나면서 그 오줌의 힘이 얼마나 더울까를 똑똑히 잘 알밖에 없었습니다.
> ―「소자 이 생원네 마누라님의 오줌 기운」[23]

---

23 서정주, 앞의 책, 30쪽.

서정주의 지방색이 지리적 공간의 개성 표현에 머무르지 않고 초시간적 연관에 기초하고 있다는 점은 인용 텍스트에서 쉽게 확인된다. 또한 이 역사성의 이면에서 농경전통의 유머러스하고 강인한 생명력을 찾아내고 있다는 점도 이채롭다. 요컨대 서정주의 지방색의 주요한 특징의 하나인 건강과 웃음의 미학이 서정주의 시를 재미있게 만드는 주요한 요인이라는 점을 심사숙고할 필요가 있다. 건강과 웃음은 『질마재 신화』의 핵심적인 미학이기도 하다.[24] 서정주는 지방색을, 한국문화사를, 이런 식으로 해석한 20세기 한국의 대표적 시인이었다.

그리고 기법적인 측면에서 그가 철두철미하게 자신만의 독특한 개성을 드러내는 수사를 구사하고 있다는 점을 다시 한번 눈여겨볼 필요가 있다. 그는 확실히 '사투리'를 즐겨 쓰고 있다. 외관상으로 분명히 전라도 방언에 전라도식 어법을 피력한다. 그러나 관점을 조금만 크게 해서 보면 이 사투리는 근대 도시인들의 담론이 아닌 역사적 전통을 고수하고 살아가는 변방 민초들의 쑥덕공론이라는 점을 감지하게 된다. 그는 이런 담론을 아주 분명하게, 의도적으로, 그리고 줄기차게 차용하고 있는 것이다. 그의 시의 반민중성을 지적하는 논의[25]를 참고로 하면서도 서정주야말로 뛰어난 민중시인이라는 시각은 그래서 여전히 유효한 것이다.

---

24 『질마재 신화』는 서정주의 지방색이 본격적으로 드러나는 텍스트다. 질마재는 그가 유년 시절을 보낸 고향 마을이며 전라도의 정취와 풍토가 고스란히 보존된 곳이기도 하며 나아가 한국의 역사적 전통이 온존된 공간이다. 이 시집이 가지는 미덕은 향리의 풍속 보고에만 있는 것이 아니라 역사적 민중의 건강한 생명력을 미학의 차원으로 기획했다는 점에 있다. 그것은 『가르강튀아와 팡타그뤼엘』에서 보여준 라블레의 문학적 이상에 비견될 만하다. 여기에 대해서는 졸저 『미당 서정주』, 태학사, 1998 참조.

25 김지하는 『질마재 신화』를 평가하는 자리에서 "그 실감나는 재현력에도 불구하고 갑오농민전쟁 등 각종 민란들이 휩쓸고 간 민초들의 아픈 삶을 다루지 않았다는 점 때문에 시인의 삶에 역사적 안목이 결락되었다"고 밝히고 있다. 이른바 서정주의 분리주의 미학을 비판하는 대목으로서, 시와 삶이 일치하지 않는 혹은 시인과 민중을 동일시하지 않는 반민중주의자로 서정주를 평가하고 있다. 자세한 것은 김지하, 「대립을 넘어, 생성의 문화로」, 『실천문학』, 실천문학사, 2001년 여름호 참조.

06 ___ 역사적 민중의
  건강한 생명력

이상의 논의를 요약하면 다음과 같다.

지방색은 서정주 미학의 주요한 본질 중의 하나다. 이때의 지방색은 서정주가 그의 시에서 전라도 방언을 효과적으로 차용했다거나 기타 전라도적인 것들(풍습, 배경, 문화, 사고방식)의 미학적 재현에 탁월한 성취를 이루었다는 뜻이 아니라 개별적 특수성을 가진 변두리 형식으로서 민중들의 자연발생적인 담론을 활용했다는 뜻이다. 그리고 이 개별적 특수성은 특별한 지리적 공간으로부터 출발하긴 하지만 시인으로 하여금 보다 광범위한 역사적 전통과 민족의 원형을 탐구하게 함으로써 부분으로서 전체를, 특수로서 보편을 형상화하는 미학적 기획을 완성하게 한다.

'사투리'는 변두리 형식의 상징적인 표지다. 그의 텍스트에 나타나는 수많은 '사투리'는 전라도 방언이라기보다 소리 자체를 중시하고 원형을 지향하고자 하며 후천적 교육에 의해서 다듬어진 정교한 언어가 아닌 소박하고 자연발생적인 언어의 내포가 강하다. 이 언어들이 그의 '지방색' 미학의 중요한 질료들이다. 서정주는 이런 언어들과 특유의 독특한 화법(입심)으로 농경전통의 문화를 지속적으로 탐구했으며 『질마재 신화』에 이르러서 그 절정을 보여준다. 이 시집이 가난한 시골 마을의 궁상스런 풍속 보고기가 아니라 역사적 민중의 건강한 생명력을 확인하는 발견의 미학을 가지고 있다는 점은 주목할 만한 일이다. 여기에 대한 보다 상세한 분석은 지면을 달리하여 고찰할 것이다.

14장   삶과 죽음의 문제

서정주 시에 나타난 삶과 죽음의 문제:
꽃의 상상력을 중심으로,
『한국문학이론과 비평』 9-1, 한국문학이론과비평학회, 2005.

01 ─ 꽃, 서정주 시의 생사관을 형상화하는 주요 제재

서정주와 관련된 많은 논쟁적 주제들에도 불구하고 그가 남긴 텍스트의 미학적 형상력과 감화력이 최고 수준에 이르고 있다는 진단은 여러 곳에서 나타난다. 대표적인 사례 중의 하나는 246명의 현역 시인들을 대상으로 조사한 최근의 한 통계 자료이다.[1] 가장 핵심적인 전문가 집단의 이러한 평가는 그의 생애와 이력을 돌아보며 예술가의 도덕적 염결성과 투쟁적 민족주의를 아쉬워하는 저간의 움직임들과는 평가의 내용 면에서 그 방향이 상당히 다르다. 다분히 분리주의 미학론의 입장을 고수하는 듯한 우리의 시인들은 이른바 '문제적 아버지'[2]로부터 '문제'를 제기하는 것이 아니라 '아버지'를 받아들이고 있는 것이다. 따라서 서정주가 한국 시문학의 혈족적 가부장이라는 수긍은 현역 시인 개개인들의 내면 심리기도 하지만 평가 집단의 객관적 자료기도 하다. 그러므로 서정주와 그의 텍스트를 비난하거나 옹호하거나 하는 문제와는 별도로 그의 텍스트가 후배 시인들에게 일종의 '전범'이라는 점을 부인하기는 어렵다.

텍스트 생산자나 연구가나 일반 독자를 막론하고 전범으로서의 서정주

---

1   『시인세계』 2004년 가을호 32쪽에 실린 기획 특집 「내가 좋아하는 애송시 3편」에 따르면, 서정주의 시편들을 좋아하는 시인들은 72명으로 2위 백석(40명)에 비해 거의 두 배에 이르는 압도적 1위다. 김수영(36명), 정지용(34명), 김소월(32명) 등이 뒤를 잇고 있다.
2   소설가 김영하가 서정주 타계 직후 그에 관한 한 에세이에서 사용한 이 표현은 서정주를 둘러싼 모든 논의의 핵심을 적확하게 지적한 것이다. 루카치의 '문제적 개인'을 패러디한 '문제적 아버지'의 문제성을 그는 우리 사회의 심각한 반목과 갈등 상황에 대비하여 다분히 풍자적인 어조로 말하고 있다. 김영하, 「문제적 아버지가 죽었다」, 『씨네 21』, 2001. 1. 참조.

를 이해하는 문제는 광범위하게 접근할 수 있다. 강렬한 표현 욕구 충동과 예술적 열정, 아류를 거부하는 절대자아의 창의, 한국문학의 정체성에 대한 폭넓고 심도 있는 탐구, 민족어의 발굴과 연마를 통한 아름다움과 재미의 생산, 타작을 찾아보기 어려운 미학적 완성도 등등이 이 범주 안에 들어올 수 있다.

그중에서 이 글이 관심을 두는 것은 한국문학의 정체성에 대한 탐구의 일환으로서 삶과 죽음의 문제다. 즉 이 글은 서정주 텍스트에 드러나는 생사관의 한국문화사적 의의를 찾아보는 데 의의가 있다. 그것은 전범으로서의 '아버지'의 정체성을 구축하는 주요한 특성을 밝히는 작업이기도 하다.

서정주의 시적 연대기에서 삶과 죽음의 문제 혹은 죽음과 재생의 문제는 초기부터 지속적으로 등장하는 주제다. 그리고 이러한 주제는 한국문학의 정체성을 이루는 주요한 '이야기-내용'이기도 하지만 동시에 범세계적으로 보편적인 문화사적 주제기도 하다. 전범을 구성하는 내용적 국면이 그만큼 역사적이고 보편적이라는 뜻이다.

이 글은 주로 꽃의 상상력을 통해 드러난 서정주 텍스트의 생사관을 한국의 전통적 생사관과 비교하여 분석해 보고 그 의의를 밝히는 과정으로 진행되며 나아가 불교를 비롯한 동양사상과의 연관성을 찾아보는 방식을 택할 것이다. 그것은 '꽃'이 서정주 텍스트의 생사관을 형상화하는 주요한 제재라는 판단 때문이다. 실제로 꽃의 상상력과 이미지는 서정주 미학의 체계가 갖추어지는 『화사집』(1941)에서 『동천』(1968)에 이르는 기간 동안에만 해도 상당히 많이 등장한다.[3] 그리고 이 제재는 많은 경우 인간 삶의 보편적이고 영원한 주제인 죽음을 극복하는 문제와 관련이 깊다.

---

3 『화사집』(24편 중 19편), 『귀촉도』(24편 중 17편), 『서정주시선』(20편 중 12편), 『신라초』(38편 중 16편), 『동천』(50편 중 33편) 등 물경 100편에 이르는 텍스트에서 등장한다. 비율로 보면 60% 이상인데, 대체적으로 그의 생사관과 관련이 깊은 이미지를 가지고 있다.

02 ___ 죽음과 재생의 미학

1. 전통적 생사관과 「부활」의 미학적 의의

서정주 텍스트의 생사관의 문제가 본격적으로 등장한 최초의 경우는 『화사집』에 수록된 「부활」이다. 『화사집』 속에서 보들레르의 영향과 기독교적 세계관 및 유럽 모더니즘의 세례를 찾을 수 있다는 지적은 그간 충분히 보아 왔다.[4] 그러나 『화사집』이 전면적으로 그런 것은 아니다. 보다 냉정하게 말한다면 24편의 텍스트들은 젊은 시인의 내면에서 소용돌이치던 '인간 탐구에 대한 선언'을 강렬하게 환기시킨다. 그 속에는 '질마재의 황토 언덕'과 '종로 네거리'가(「부활」), '아스럼 눈 감었든 내 넋의 시골'의 '꽃각시 비녀 하야 웃든 삼월의 금녀'와 '샤알 보오드레―르처럼 섧고 괴로운 서울 여자'가(「수대동 시」), '이태백'과 '포올 베르레―느'(「엽서」)가, '운모석관 속에 막다아레에나'(「웅계(하)」)와 '서서 우는 눈먼 사람 자는 관세음'(「서풍부」)이 복합 병치되어 있다. 요컨대 동양과 서양, 전통과 현대, 쉬르리얼리즘과 용사用事, 기독교와 불교 및 무속적 세계 등이 뒤엉켜서 '새로운 인간 탄생'의 지평을 열고자 하는 한국 근대문학의 열망이 자리한다. 이른바 '문화 충돌'의 격렬하고 긴박한 호흡이 한국문학의 역사에서 본격적으로 만들어지기 시작하는 것이다.

「부활」의 맥락은 이런 대목을 고려해서 읽을 필요가 있다. 그것은 젊은 서정주가 읽은 기독교적 세계와 쉬르리얼리즘 및 톨스토이 문맥을 활용한

---

4   황동규, 「탈의 완성과 해체」, 『현대문학』, 현대문학사, 1981.9.; 황현산, 「서정주, 농경사회의 모더니즘」, 『한국문학연구』 17, 동국대학교 한국문학연구소, 1995.

결과이기도 하지만 보다 근원적으로는 우리의 전통적인 재생 설화를 현대시에 본격적으로 차용한 결과로 해석하는 게 가능하다.

> 내 너를 찾아왔다 수나叟娜. 너 참 내 앞에 많이 있구나. 내가 혼자서 종로를 걸어가면 사방에서 네가 웃고 오는구나. 새벽닭이 울 때마다 보고 싶었다. 내 부르는 소리 귓가에 들리드냐. 수나, 이게 몇만 시간 만이냐. 그날 꽃상여 산 넘어서 간 다음 내 눈동자 속에는 빈 하눌만 남드니, 매만져 볼 머리카락 하나 머리카락 하나 없드니, 비만 자꾸 오고…… 촛불 밖에 부흥이 우는 돌문을 열고 가면 강물은 또 몇천 린지, 한번 가선 소식 없는 그 어려운 주소에서 너 무슨 무지개로 내려왔느냐. 종로 네거리에 뿌우여니 흩어져서, 뭐라고 조잘대며 햇볕에 오는 애들. 그중에도 열아홉 살쯤 스무 살쯤 되는 애들. 그들의 눈망울 속에, 핏대에, 가슴속에 들어앉어 수나! 수나! 수나! 너 인제 모두 다 내 앞에 오는구나.
>
> —「부활」[5]

'수나'[6]는 시인의 체험 속에서 오래전에 죽은 고향 마을의 소녀다. 그 소녀가 지금 부활하여 현현하는 환영을 시인은 바라보고 있다. 이러한 시적 문

---

5   서정주, 『미당 서정주 전집』 1(시), 은행나무, 2015, 65쪽.
6   수나인가 유나인가의 문제가 논란이 되고 있다. '叟娜'의 독음은 '유나'이지만 이 글에서는 일단 '수나'로 읽는다. 그 이유는 다음과 같다. 이 텍스트는 처음 조선일보(1939.7.19.)에 발표되었을 때, '순아'로 되어 있고 시집에 수록될 때는 '叟娜'로 되었다가, 『서정주시선』(1956)에 이르러 다시 '순아'로 바뀐다. 서정주의 절친한 친구인 김동리는 『귀촉도』(1948)의 발문을 쓸 때 '叟娜'라고 표기함으로써 '叟娜'의 오식 가능성을 처음 암시했고, 서정주 자신도 회고담(『시창작법』, 선문사, 1949)에서 '순아'로 표기하고 있다. 따라서 여러 가지 정황을 고려해보면 '叟娜'는 잘못 인쇄되었을 가능성이 크다. 여기에 대해서는 다음의 논의들을 참고하라.
유종호, 「유나와 수나와 김동석」, 조선일보, 2003.2.22.
이남호, 『서정주의 화사집을 읽는다』, 열림원, 2003.
최현식, 『서정주 시의 근대와 반근대』, 소명출판, 2003.
허윤회, 「서정주 시 연구」, 성균관대학교 박사학위논문, 2000.

법의 기본 원리는 명백히 '죽음과 재생'이다. 그리고 죽음과 재생 문법의 지향점이 결국 영원의 형이상학이라는 점은 부인하기 어렵다.[7] 따라서 『화사집』의 제일 말미에 있는 「부활」이 '격렬한 문화 충돌 속에서 대안으로 찾아낸 인간 탐구에 대한 선언'이라는 관점은 서정주 텍스트 이해에 시사하는 바가 크다.

그것은 서정주의 관심이 육체적·현실적 문제로부터 영적이고 초월적인 문제로 옮아가는 것을 의미하며 그 이면에 독특한 생사관이 자리하고 있다는 점이다. 실제로 『귀촉도』(1948) 이후의 모든 시편들에서 자주 등장하는 이런 모습들은 서정주의 독특한 개성으로 자리 잡는다. 이런 개성의 문화사적 기원과 텍스트와의 연관관계를 함께 살펴보는 일은 여러 가지로 유익하다.

한국문학의 독특한 특성을 규명하고 역사적 계보를 확인함으로써 정체성 해명에 근접할 수 있는 기회를 제공하는 게 그 첫째다. 또한 신화나 설화, 고전소설 등의 전대 텍스트가 현대시로 변용되는 과정을 살핌으로써 '이야기─내용'의 미학적 효과를 비교할 수도 있다. 이런 맥락에서 보면 「부활」은 전통적 재생 설화의 요인들을 적극적으로 활용하고 있는 경우다.

어린 시절의 소녀 수나는 꽃상여를 타고 저승에 간다. 저승의 시적 지표들은 '비 오는 날, 어둠, 부흥이(부엉이), 돌문, 수천 리 강물' 들이며, 재생을 암시하는 문맥이 시작되는 부분에서는 '한번 가선 소식 없든 그 어려운 주소로 바뀐다. 그녀는 이제 청년이 된 시인의 앞에 다시 나타나는데, 그간의

---

[7] 서정주 미학의 주요한 특성 중의 하나인 '영원의 형이상학' 혹은 '영원성의 시학'의 창작적 기원을 규명하는 일은 통상적으로 '신라주의' 또는 '신라정신'을 탐구하는 『신라초』(1961) 이후부터를 대상으로 한다. 그것은 서정주 자신이 신라인들의 일상생활에서 추론적으로 해석한 '영통'과 '혼교'를 영원주의의 핵심 개념으로 사용하고 있는데다가, 불교의 연기관과 윤회전생을 영생주의의 미학 이념으로 차용하기 시작했기 때문이다. 그러나 이 글은 그의 영원의 형이상학의 기원이 '죽음과 재생'에 대한 한국의 전통 서사를 미학적으로 변용시킨 「부활」의 시기, 즉 『화사집』(1941)부터 비롯된다고 보고 있다. '죽음과 재생'의 문제는 궁극적으로 영원불멸의 문제에 잇닿아 있기 때문이다.

시간은 현실적이고 물리적인 시간이 아니라 신화적 시간('이게 몇만 시간 만이냐.')이며, 나타나는 방식 또한 초월적 현현이다. 비 개인 뒤 햇빛 속에 드러나는, 즉 저승 체험 뒤 이승으로 돌아오는 여정의 상징으로서의 무지개를 타고 오는 것이다.

그러므로 이 텍스트에서 무지개는 하늘과 땅, 어둠과 밝음, 비와 햇빛, 수천 리 강물(저승)과 종로 네거리를 이어주는 지표다.[8] 이런 점에서 수나의 부활은 현실의 모방과 재현이라기보다는 초월적 상상력의 결과다. 게다가 일대일의 산술적 재생이 아니라 무한 복수複數의 재생이라는 점에서 독특하다. 말하자면 시인은 현실의 수많은 소녀들에게서 저승으로부터 무지개를 타고 내려오는 수나의 초월적 신성을 꿈꾸고 있는 것이며 이것은 곧 전통적인 무속-이야기와 흡사한 구조를 가지고 있다는 점에서 흥미롭다.

비교문화론적 시각에서 한국신화의 원형을 탐구하는 한 연구자에 따르면 저승 체험의 무녀들이 현실 세계로 되돌아오는 일반적인 방식 중에 무지개를 타고 내려오는 경우가 많다.[9] 즉 무지개는 초월적 세계와 현실을 잇는 소통으로서의 신화소며 그 기원은 바리공주로까지 거슬러 올라간다. 위 텍스트에서 눈부신 햇빛 속에 무지개를 타고 내려오는 수나는 바리공주가 그러하듯이 재생의 원형으로 기능한다.

---

8 삶의 세계와 죽음의 세계를 잇는 '무지개'의 이러한 시적 기능은 훨씬 후대의 텍스트인 『동천』에서도 확인할 수 있다. "산수유꽃 떨어져 시드시어서/구름으로 날아가 또 앉아 쉬다/햇빛에 무지개를 타고 오르면/구름 없는 하늘에서 다시 살아요."(서정주, 「내 그대를 사랑하는 마음은」, 『미당 서정주 전집』 1(시), 은행나무, 2015, 250쪽 참조.) 즉 무지개는 지상에서 삶을 마감한 산수유꽃이 천상에서 '다시 살아나는' 방식이다.

9 「삼신三神 무화巫畵」에 대한 다음의 설명을 참조하라. "세 여신/무녀들은 해와 달을 배경으로 구름을 타고 무지개를 안고 있다. 맨 앞에 돌칼을 쥐고 호리병을 들고 있는 사람이 숨을 살리며, 가운데 있는 사람은 돌칼을 쥐고 꽃나무를 들고 있으니 이 사람은 살을 살린다. 무지개를 안고 있는 사람은 용龍 뿔을 쥐고 있으며 뼈를 살린다. 이 삼신 무화를 바리공주가 무장승에게서 얻어온 약수와 살살이와 뼈살이 꽃나무와 비교해서 보면 서로가 일치한다. 이 그림에 나오는 세 여신/무녀들은 바리공주가 사람을 살리는 세 가지 직능을 보여준다.", 조철수, 『한국신화의 비밀』, 김영사, 2004, 313쪽.

죽음을 극복하는 방식이 재생에 있다는 믿음은 인류의 오랜 전통이자 일종의 원형으로서 적층문화의 주요한 기반이 된다. 이러한 기반의 성격을 분석할 때, 특히 민족문화의 원형을 찾는 경우 그 민족의 보편적인 성격을 담은 문학작품을 분석하는 게 유효하다. 우리 문학의 경우 죽음과 재생의 원형은 「원앙부인 본풀이」, 「바리공주」, 「심청전」 등이 대표적인데 이들 텍스트에 공통적으로 등장하는 재생의 주요한 도구가 바로 '사람 살리는 꽃'이다.

「원앙부인 본풀이」는 저승으로 떠나는 꽃감관 김생원의 부인이 그를 따라가다가 애통해하며 죽자 그 아들이 아버지를 만나 사람 살리는 꽃을 가지고 와서는 어머니를 살린다는 내용이고, 바리공주는 부모의 병을 치유하기 위해 저승 체험을 하고 약수와 생명꽃을 얻어와 죽은 부모를 살려서 무조신巫祖神이 되는 인물이다. 심청 역시 두 텍스트와 마찬가지로 꽃을 통해 재생한다.

그림1 제주 선흘 꽃밭
뼈살이, 숨살이, 살살이꽃 이야기의 원형이 보존된 제주도 서천 꽃밭 설화의 현장

한국의 전통적인 재생 이야기에서 주로 꽃이 등장하는 맥락은 서정주 텍스트에서도 상당 부분 일치한다. 「부활」에서 보듯이 죽은 자의 집(상부, 상여)을 장식하는 것은 꽃이다. '꽃상부喪阜'는 『서정주시선』(1956)에 재수록될 때 '꽃상여喪輿'로 고쳐졌지만 텍스트 내부에서 '재생을 기원하는 전통적인 장례문화의 풍속'을 그대로 재현한다.

한국의 전통 장례문화에서 재생 의식을 잘 확인할 수 있는 경우가 바로 꽃상여의 꽃이다. 이 꽃은 주로 연꽃인데 그것은 불교의 영향으로 볼 수도 있겠지만 신석기 시대부터 저승과 연관되었던 연꽃이 전승된 것으로 설명할 수 있다.[10] 따라서 '연꽃=불교'라는 해석은 지나치게 도식적일 수 있다.[11]

우리 문학사 혹은 문화사의 맥락에서 보면 수나는 재생을 통해 신성을 획득한 바리공주의 시적 변용체다. '찾어왔다', '너 참 내 앞에 많이 있구나'에서 시작하여 '너 인제 모두 다 내 앞에 오는구나'로 끝나는 「부활」은 원형을 탐구하고자 하는 주체의 적극적 의지와 재생 의식에 관한 한국인의 보편무의식을 반영한다. 즉 '열아홉 살쯤 스무 살쯤 되는 애들' 모두에게 수나는 전이된다. '전이'는 「바리공주」의 변형인 바리데기, 칠공주, 오구풀이, 진오기굿, 오구굿, 씻김굿 등에서 행해지는 망자천도 의식에서 진일보한 경우다. 수나는 저승에 안주하지 않고 이승의 수많은 소녀들의 '눈망울'과 '핏대'와 '가슴속'에서 재생함으로써 죽음을 초월적으로 극복한다. 「부활」이 한국인의 전통적인 사생관을 활용하면서도 미학적 형상력을 한층 높이고 있는 이유는 이 대목에 있다. 수나는 서정주 미학이 발견한, 수많은 소녀들로 되살아나

---

10 "연꽃 무늬는 고대인이 신석기 시대 이전부터 저승과 관련해서 사용한 상징 그림이다. 밤이면 물에 잠겼다가 아침마다 물 위로 떠오르는 연꽃은 고대인들에게는 아주 적절한 재생의 상징이었다. (중략) 상여 앞에 영여靈輿가 앞서간다. 영여는 죽은 이의 영혼을 담은 혼백상자와 향로, 영정 등을 실어 망자의 영혼이 타고 가는 작은 가마이다. (중략) 영여의 지붕에는 녹색 바탕에 붉은색 연꽃 봉오리가 달려 있고 옆면에도 꽃망울이 피지 않은 채로 그려져 있다. 이는 상여에서 사용되는 유일한 식물인 연꽃이 영혼을 재생시킨다고 믿기 때문이다.", 조철수, 앞의 책, 20~45쪽 참조.

11 이런 점은 「심청전」 해석에도 중요할 뿐만 아니라, 한국어의 독특한 아름다움을 드러내는 서정주의 시 「연꽃 만나고 가는 바람같이」를 이해하는 데에도 중요하다. '어디 내생에서라도/다시 만나기로' 하는 이별의 문법, '연꽃/만나러 가는/바람 아니라/만나고 가는 바람같이'의 문법이 암시하는 것은 죽음과 재생의 드라마를 연출하는 연꽃의 생태다. 이 텍스트에서 '만남'은 곧 재생이다. 그리고 연꽃을 '만나러' 가는 과정은 '밤/저승/물에 잠김'의 속성을, '만나고' 가는 과정은 '아침/이승/물에 떠오름'의 속성을 각각 가리킨다. 즉 '만나기 전과 만나기 후'의 구분은 연꽃이 지고 피는 이분법적 속성을 시간적 특성으로 치환한 것이다.

는 '영생불멸의 소녀'인 것이다.

초월적 신성의 현현체인 수나의 역사적 계보는 바리공주, 원앙부인, 심청 등으로부터 이어져 내려온다. '고대 그리스의 육체적 양명성'과 '니체의 초인'을 꿈꾸던 젊은 시인의 투쟁적 의식이 전통 서사의 초월적 신성으로 되돌아오는 것은 의미심장하다. 그것은 서정주의 향후 텍스트의 방향성, 즉 한국문학의 정체성 탐구를 강하게 암시하는 것이다. 특히 죽음과 재생에 대한 서정주의 끈질긴 관심은 주로 꽃을 통해 형상화하는 방식으로 진행된다.

2. 꽃, 재생의 상징

『귀촉도』속의 「밀어密語」, 「꽃」, 「무슨 꽃으로 문지르는 가슴이기에 나는 이리도 살고 싶은가」 등은 서정주의 초기 텍스트가 꽃을 통해 죽음과 재생의 문제를 얼마나 집중적으로 다루고 있는가를 보이는 경우다.

순이야. 영이야. 또 돌아간 남아.

굳이 잠긴 잿빛의 문을 열고 나와서
하눌가에 머무른 꽃봉오릴 보아라.

한없는 누예실의 올과 날로 짜 늘인
채일을 두른 듯 아늑한 하눌가에
뺨 부비며 열려 있는 꽃봉오릴 보아라.

순이야. 영이야. 또 돌아간 남아.

저,
가슴같이 따뜻한 삼월의 하눌가에
인제 새로 숨 쉬는 꽃봉오릴 보아라.

―「밀어密語」[12]

여기에서 서정주가 바라보는 꽃은 아름다움의 예찬, 즉 찬미의 대상이 아니라 죽음을 극복하는 재생의 상징이다. 꽃은 '죽음/저승' 세계에서 '굳이 잠긴 잿빛의 문을 열고' 되돌아오는 이승의 생명이다. 그리고 그것은 현실 세계의 지상이 아닌 '하눌가에 머물러 있음으로써 재생의 성격과 형식이 '고양'에 있음을 암시한다. '하눌가'는 비록 현실 세계의 영역에 있지만 「꽃」에서 보는 것처럼 초월적 세계에 근접해 있는 공간이다.

가신 이들의 헐떡이든 숨결로
곱게 곱게 씻기운 꽃이 피었다.

흐트러진 머리털 그냥 그대로,
그 몸짓 그 음성 그냥 그대로,
옛사람의 노래는 여기 있어라.

오― 그 기름 묻은 머릿박 낱낱이 더워
땀 흘리고 간 옛사람들의
노랫소리는 하눌 우에 있어라.

―「꽃」[13] 중에서

---

12 서정주, 앞의 책, 71쪽.
13 서정주, 앞의 책, 75쪽.

꽃은 '가신 이들의 헐떡이든 숨결로/곱게 곱게 씻기운' 채 핀다. 즉 꽃은 옛사람의 재생의 형식이다. 이런 맥락에서 보면 앞 텍스트의 '순이', '영이', '남이'에 대한 돈호법의 비밀이 어느 정도 풀린다. 세 인물은 텍스트의 어조로 보아 화자에게 친근한 인물이며 삶과 죽음의 상태를 함께 보여주는 것으로 짐작된다. '또 돌아간 남아'의 '남이'는 '순이', '영이'와는 달리 죽은 인물로 해석하는 게 자연스럽다. 이런 점에서 하늘가에 머무는 '꽃봉오리'는 삶과 죽음, 현실과 초월적 세계의 경계선상에 있는 재생의 상징이 된다.

재생의 상징인 꽃이 이 무렵의 서정주에게 있어서는 '체념의 미학'으로부터 출발한 것이지만 미학적 전환을 지향하는 계기가 된다는 관점은 주목할 만하다. 「꽃」은 1943년 가을에 쓰여진 것인데 당시의 미당은 부친을 여의고 물려받은 유산을 정리하여 흑석동 오두막에서 궁핍한 생활을 하고 있었으며 예술적 정신 역시 절망의 나락에서 헤어나지 못하고 있는 상황이었다. 조국이 영영 해방될 것 같지도 않았고 때문에 당시의 많은 문인들처럼 그 역시 어쩔 수 없는 부역문인의 대열에 잠시 동행하기도 했다. 이 무렵의 그가 세상을 향해 취한 태도는 "아무렇게 우거지로 살다가 죽어도 된다는 체념"의 그것이었다. 그러나 그 체념은 그로 하여금 또 다른 용기를 샘솟게 하는 역설에 이르게 하기도 한다.

그러나 이 「꽃」이라는 작품은 내 시작詩作 생활에 한 전기를 가져온 작품이다. 시집 『화사집』 속의 백열한 그리스 신화적 육체나 부엉이 같은 암흑이나 절망이나 그런 것들에서도 인젠 떠나서 죽음 저 너머 선인들의 무형화된 넋의 세계에 접촉하는 한 문을 이 작품의 원상原想은 잡아 흔들고 있는 것이다. 이조 백자의 선보단도 오히려 그 색채가 내게 이 시의 원상을 짜게 하는 동기가 되었다. 그러면서 나는 아무렇게 우거지로 살다가 죽어도 된다는 체념을 마련했고, 이 너무 혹독하던 환경 속에서는 그게 그대로 한 삶의 의지가 되었다. 쉬엄쉬엄 살다가 본의 아닌 죽음도 다 당해도 괜찮겠다는 생각이 들기 시작했다. 이런 것은 그대로 또 다른 하나의 용기와도 비슷한 것이 되었다.[14]

그가 혹독한 환경 속에서 "선인들의 무형화된 넋의 세계에 접촉"한 것은 불가피한 체념의 산물이지만 결과적으로는 죽음과 재생의 미학에 대한 자각을 동반하게 됨으로써 한국문화의 원형을 탐구하는 중요한 계기를 제공하기도 한다. 무형의 세계에 대한 관심은 이후로도 계속되어 마침내 영원의 형이상학으로 발전하게 되는데 「무슨 꽃으로 문지르는 가슴이기에 나는 이리도 살고 싶은가」가 표방하는 세계가 바로 이런 경우다.

아조 할 수 없이 되면 고향을 생각한다.
이제는 다시 돌아올 수 없는 옛날의 모습들. 안개와 같이 스러진 것들의 형상을 불러일으킨다.

귓가에 와서 아스라히 속삭이고, 스쳐가는 소리들. 머언 유명幽明에 서처럼 그 소리는 들려오는 것이나, 한 마디도 그 뜻을 알 수는 없다.

다만 느끼는 건 너이들의 숨소리. 소녀여, 어디에들 안재安在하는지. 너이들의 호흡의 훈짐으로써 다시금 돌아오는 내 청춘을 느낄 따름인 것이다.

소녀여 뭐라고 내게 말하였든 것인가?
오히려 처음과 같은 하눌 우에선 한 마리의 종다리가 가느다란 핏줄을

---

14 서정주, 「흑석동 시대」, 『미당 서정주 전집』 7(문학적 자서전), 은행나무, 2016, 128~129쪽.

그리며 구름에 묻혀 흐를 뿐, 오늘도 굳이 다친 내 전정前程의 석문 앞에서 마음대로는 처리할 수 없는 내 생명의 환희를 이해할 따름인 것이다.

(중략)

그러나 내가 가시에 찔려 아퍼헐 때는, 네 명의 소녀는 내 곁에 와 서는 것이었다. 내가 찔렛가시나 새금팔에 베혀 아퍼헐 때는, 어머니와 같은 손가락으로 나를 나시우러 오는 것이었다.

손가락 끝에 나의 어린 핏방울을 적시우며, 한 명의 소녀가 걱정을 하면 세 명의 소녀도 걱정을 허며, 그 노오란 꽃송이로 문지르고는, 하연 꽃송이로 문지르고는, 빠알간 꽃송이로 문지르고는 하든 나의 상처기는 어쩌면 그리도 잘 낫는 것이었든가.

정해정해 정도령아
원이왔다 문열어라.
붉은꽃을 문지르면
붉은피가 돌아오고.
푸른꽃을 문지르면
푸른숨이 돌아오고.

소녀여. 비가 개인 날은 하늘이 왜 이리도 푸른가. 어데서 쉬는 숨소리기에 이리도 똑똑히 들리이는가.
무슨 꽃으로 문지르는 가슴이기에 나는 이리도 살고 싶은가.
―「무슨 꽃으로 문지르는 가슴이기에 나는 이리도 살고 싶은가」[15] 중에서

---

15 서정주, 앞의 책, 111~115쪽.

이 텍스트의 기원은 유년 시절 질마재 마을에서 부르던 동요 및 그와 관련된 환상적인 전설인데 서정주의 회고에 따르면 '원이와 정 도령의 영원불멸한 사랑'과 관계가 깊다.

처녀 원이는 연못 속 산에 지은 초당에서 글을 읽고 있었다. 고요하기야 그의 집 어디라고 안 그런 게 아니지만, 늘 목욕재계하고 이 큰 적막 속에 깃들인 것은 그 큰 적막이라야 고인의 넋들을 송두리째 만나기가 쉬운 때문이었다. 세 끼니의 밥때와 어른들의 부르시는 때를 비췻빛의 적막을 헤치고 손수 연꽃들 사이 배를 저어 외출하는 외엔, 원이의 유난히도 휘영청이 깬 시간들은 매양 고인들과의 상봉으로 짙어 별 딴 겨를이 없었다.

그의 애인 정해 정 도령은 동원의 담장 너머 이웃집에 살고 있었다던가. 몇 집 건너 있었다던가. 허나 그 애인과의 만남도 고인 상봉의 틈틈이 담장 넘어 불어오는 바람 속에서 숨으로만 할 뿐, 미루고 있었다.

그런데 여기다 대고 흉한 생각을 낸 놈은 그게 누구였다더라? 원이네 머슴놈이었다던가? 이웃집 살미치광이 더벅머리 총각이었다던가?

원이 잠든 어느 날 밤 삼경. 가슴에 시퍼런 칼을 품고 날새 날듯 숨어들어, 원이가 깨 앞을 여미고 온몸으로 항거하는 것을, 마지막엔 가슴에 칼을 꽂고 달아났다고 한다.

그래서 유난히 매운 피비린내가 근동까지 퍼져 사람들의 가슴을 조이고 눈물을 떨구면서, 아버지가 가 흔들어도 어머니가 가 흔들어도 형제간들이 가 흔들어도 일어나지 않더니, 어느 틈엔가 정 도령이 혼자 그 옆에 다가가니 다시 새로 살아났다.

먼저 붉은 꽃으로 가슴에다 대고 문지르니 식었던 피가 다시 붉게 더워 오고, 다음엔 푸른 꽃으로 가슴에다 대고 문지르니 쉬었던 숨이 다시 새파랗게 살아 나와 뿌시시 눈을 뜨고 정 도령을 불렀다.

그래서 이것을 아면兒免이나 하게 귀밑머리 풀어 쪽 지어 올린 뒤에 정 도령은 둘쳐업고 저의 집으로 갔다.

그러나 정 도령이 원이를 살려 업고 가는 것은 아무도 못 보고, 정 도령 혼자밖엔 아무도 모른다.[16]

원이의 재생 서사는 서사무가「바리공주」에 드러나는 재생 서사의 전승으로 해석해도 무방하다. 바리공주가 '서역/저승'에서 돌아와 돌아가신 부모의 장례 행렬을 멈추고 그들을 살리는 과정에 꽃이 등장하기 때문이다. 이 '사람 살리는 꽃'은 통상적으로 '숨살이', '뼈살이', '살살이'의 방식에 사용되는데 판본에 따라 '돌칼', '호리병', '용의 뿔' 등과 함께 선택적으로 이용되기도 한다.[17]

우리 문화사에서, 꽃의 원형 상징이 죽음으로부터의 재생에 있으며 그것을 자신의 미학에 주도적으로 활용한 최초의 현대시인은 서정주라고 말해도 무방하다. 그가 한용운('황금의 꽃'), 김소월('진달래꽃'), 김영랑('모란'), 김춘수('꽃') 등과 대비되는 점에는 이런 측면도 있다. 재생의 상징으로서의 꽃이 가장 극명하게 드러나는 경우가 바로 위의 텍스트「무슨 꽃으로 문지르는 가슴이기에 나는 이리도 살고 싶은가」다.

시인의 기억은 유년의 체험을 통하여 신화적 유명幽明의 공간 속으로 삼투한다. 그곳에서, 꽃의 오라aura는 화자가 머무는 시공을 무한정 확장시켜 아득한 자연 속으로 돌아가게 한다. 시인은 자신의 기억을 통해서 "이제는 다시 돌아올 수 없는 옛날의 모습들"과 "안개와 같이 스러진 것들의 형

---

16 서정주,「질마재」,『미당 서정주 전집』6(유년기 자서전), 은행나무, 2016, 109~110쪽.
17 여기에 대해서 자세한 것은 다음의 책들을 참고하라.
　서대석,『한국의 신화』, 집문당, 1997.
　조흥윤,『무巫, 한국무의 역사와 현상』, 민족사, 1997.
　홍태한,『서사무가 바리공주 연구』, 민속원, 1998.

상"을 불러일으킨다. 병과 죽음의 세계로부터 생명과 사랑의 세계로 치솟아 오르게 하는 힘은 어디에서 연유하는가. 가슴을 문질러서 되살아나게 하는 꽃의 힘은 무엇인가. 시인이 어린 뮤즈로부터 환기해 낸 그것은 바로 영원불멸을 희원하는 보편무의식이자 신성한 신화의 힘이다. 그리고 그 힘의 역사적 계보는 「심청전」으로부터 「바리공주」까지 거슬러 올라간다. 서정주가 한국문학의 전범으로서의 '아버지'라고 평가받는다면 이런 점도 중요하게 작용할 것이다.

03 ___ 초월적 영원

1. 물활론에서 연기법과 윤회전생으로

서정주 시에 나타나는 삶과 죽음의 문제가 전통적인 생사관과 밀접한 관련이 있으며 그 핵심이 '재생'에 있다는 진단은 서정주 세계관의 혈족성과 국적성을 강하게 환기시킨다. 그러나 초월적 신성 혹은 신화적 이야기의 계보가 서정주에게 이어지고 있는 현상은 한국문학의 근대를 둘러싸고 있는 다양한 주제들과 좀처럼 일치하지 않는다. 예컨대 서정주의 시는 시민사회의 성장, 산업자본주의, 도시와 문명, 제국주의와 파시즘 등등에 대한 미학적 자각이 희박하다. 서정주가 '문제적 아버지'라면, 그 '문제'가 '도덕적 인간과 예술적 인간의 괴리'에만 있는 것이 아니라 바로 이런 점에 있다는 사실도 유념할 필요가 있다.

물론 서정주 자신은 '당장살이'와 '영원살이'[18]의 비교를 통하여 예술의 자유와 개성을 강조하고 현실 문제를 비껴가는 '이존책'을 택하고 있지만 그것이 온전한 의미의 '전범'이라고 말할 수는 없다. 그럼에도 불구하고 많은 후배 시인들이 그를 전범으로 받아들이는 데에는 한국문화의 정체성에 접근하는 미학적 형상력이 자리하고 있다고 보는 게 타당하다.

한국문화의 정체성과 서정주의 미학은 친연성이 깊다. 이런 점에서 서정주를 능가할 현대시인은 손꼽기 어렵다. 서정주 시의 재생의 미학은 궁극적

---

18 서정주, 「신라의 영원인」, 『서정주문학전집』 2, 일지사, 1972, 320쪽 참조.

으로 초월적 영원주의를 지향하게 되며 이것은 한국문화의 원형과 본질을 설명하는 중요한 한 틀이다. 특히 토속적이고 전통적인 믿음 체계, 통상적으로 무속신앙으로 일컬어지는 세계에 대한 관심은 서정주 재생의 미학의 또 다른 방향이 된다.

> 국화꽃이 피었다가 사라진 자린
> 국화꽃 귀신이 생겨나 살고
>
> 싸리꽃이 피었다가 사라진 자린
> 싸리꽃 귀신이 생겨나 살고
>
> 사슴이가 뛰놀다가 사라진 자린
> 사슴이네 귀신이 생겨나 살고
>
> 영 너머 할머니의 마을에 가면
> 할머니가 보시던 꽃 사라진 자리
> 할머니가 보시던 꽃귀신들의 떼
>
> 꽃귀신이 생겨나서 살다 간 자린
> 꽃귀신의 귀신들이 또 나와 살고
>
> 사슴이의 귀신들이 살다 간 자린
> 그 귀신의 귀신들이 또 나와 살고
>
> ―「고조古調 2」[19]

---

19 서정주, 『미당 서정주 전집』 1(시), 은행나무, 2015, 180쪽.

서정주가 '귀신'에 대해서 접근하는 방식을 보면 그가 전통적인 물활론과 만물유생론universal organism에 얼마나 기울어져 있는가를 짐작할 수 있다. 서정주에게는 귀신 자체가 환영이나 허상이 아니라 '존재의 양식'인 것이다.[20] 물활론이나 만물유생론은 모든 물질이 살아 있다고 보는 세계관이다. 그곳에는 근본적으로 죽음이 없다. 물질이 소멸되면 또 다른 차원으로 존재한다. 그 존재의 양식이 바로 신이고, 귀신이다.

귀신이 존재하는 방식은 정리하자면 네 가지다. 저승에 있거나, 저승과 이승 사이를 떠돌거나, 이승으로 재생하거나, 아니면 영구히 만족한 상태(해탈, 윤회의 사슬을 끊음)로 머문다. 이것은 우리 전통 사회에서 무속과 불교가 습합되는 과정에 정리된 믿음이다. 그러므로 이 세계는 신들이 영구히 만족한 상태에 있지 않는 한 '무형의 넋'들이 가득 차 있는 곳이 되는데, 위의 텍스트가 보여주는 모습이 대표적인 경우다. '국화꽃'과 '싸리꽃'과 '사슴'은 초월적 영원의 주체들이며, 서정주는 이러한 세계관을 가능케 하는 힘을 귀신으로 보고 있다.

귀신은 물활론의 대전제며 중국 철학에서도 일반적으로 통용되는 주요 개념이다. 『중용』의 「도론道論」 중 귀신론을 잠깐 참고하자.

> 공자께서 말씀하셨다.
> "귀신의 덕德됨은 널리 퍼져 가득 차 있도다. 보려고 해도 보이지 않고, 들으려고 애써도 들리지 않지만, 만물에 붙어 있어 만물이 이를 빠뜨릴 수 없도다. 천하 사람들로 하여금 몸과 마음을 깨끗하게 하고 복장을 훌륭히 차려입게 하여 제사를 받들게 하나니, 넉넉히 충만하구나! 그 위에 존재해 있는듯, 그 좌우에 존재해 있는듯 하도다. 『시경』에서는 '신께서

---

20 이 문제는 서정주 연구의 또 다른 과제이다. 신神, 신명神明, 귀신鬼神의 개념이 서정주 미학에서 어떻게 수용되는가를 밝히는 것인데 이 글과 직접적인 관련이 없으므로 다음을 기약한다.

언제 어디에 나타날지 아무도 모르는데 어찌 소홀히 여겨 꺼려 할 수 있으랴!'라고 했다. 대저 숨겨져 있는 기운이 드러나는 것이니, 이는 성실함[誠]을 가릴 수 없는 것과 마찬가지로다."

> 子曰, "鬼神之爲德, 其盛矣乎. 視之而弗見, 聽之而弗聞, 體物而不可遺. 使天下之人, 齋明盛服, 以承祭祀, 洋洋乎, 如在其上, 如在其左右. 詩曰, '神之格思, 不可度思, 矧可射思.' 夫微之顯, 誠之不可揜, 如此夫."[21]

위의 인용문은 『중용』의 중요한 주제인 덕德과 성誠을 설명하기 위해 귀신을 빗대어 표현한 것이다. 첫 구절인 "鬼神之爲德, 其盛矣乎"는 『논어』 옹야擁也편의 "中庸之爲德也, 其至矣乎"와 같은 구조로 짜여 있다. 중용의 덕이란 공자에 의하면 심오한 철리哲理가 아니라 지극히 평범한 현실 속에서의 지선至善의 경지다. 마찬가지로 귀신의 됨됨과 속성은 특별한 개체가 아니라 우주에 편재하는 기미로 이해된다. 그것은 숨겨져 있는 기운이 드러나는 것으로서 모든 현상의 동인이 되는 성誠이 드러나는 방식과 같다. 즉 『중용』의 귀신이란 우주에 편재하는 모든 현상의 동인이라는 말이다. 그리하여 귀신은 단순한 정령이 아니라 우주를 운행시키는 보이지 않는 질서의 개념으로 내재화된다. 이것은 온 세상에 불가시적인 정령이 편재하고 있다고 믿은 신라인들의 사유체계 속에서도 쉽게 발견할 수 있다.[22]

서정주의 초월적 영원주의의 역사적 기원이 한국신화의 원형 탐구와 민

---

21 중용, 「귀신론」. 한글 번역은 원문과 레게James Legge 영역본을 참고하였음.
22 實聖 尼師今 十二年, 秋八月, 雲起狼山, 望之如樓閣, 香氣郁然, 久而不歇. 王謂, "是必仙靈降遊, 應是福地" 從此後, 禁人斬伐樹木.(『삼국사기』 권3 「신라본기」 제3) 新羅有四靈地 將議大事 則大臣必會其地謀之 則其事必成.(『삼국유사』 권1 「진덕왕」) 여기에서 보이는 '仙靈', '福地', '靈地' 등은 신라인들의 신 관념의 일단을 보여주는 것으로서, 주로 지령地靈, the spirit of place의 존재에 대한 사유를 반영하는 것이다.

속신앙 및 중국철학을 거쳐 불교로 옮아가는 과정도 흥미롭다. 삶과 죽음의 문제에 대해서 불교는 이들 세계관보다 한층 더 근원적인 해답을 제시해 주는 것으로 서정주는 판단한 듯하다. 이를테면 연기법과 윤회전생은 '생명파'로 출발한 젊은 시인의 '인간 탐구'의 한 정점이다.

> 한 송이의 국화꽃을 피우기 위해
> 봄부터 솥작새는
> 그렇게 울었나 보다
>
> 한 송이의 국화꽃을 피우기 위해
> 천둥은 먹구름 속에서
> 또 그렇게 울었나 보다
>
> 그립고 아쉬움에 가슴 조이든
> 머언 먼 젊음의 뒤안길에서
> 인제는 돌아와 거울 앞에 선
> 내 누님같이 생긴 꽃이여
>
> 노오란 네 꽃잎이 필라고
> 간밤엔 무서리가 저리 내리고
> 내게는 잠도 오지 않았나 보다
>
> ─「국화 옆에서」[23]

---

23 서정주, 앞의 책, 125쪽.

'국화'의 존재 양상은 서정주 생사관의 특성을 '초월에서 관계로' 변형시킨다. 초월의 개별적 특성들은 이제 '존재의 대연쇄'에 의해 상호 연대된다. 따라서 「고조 2」에 비해 훨씬 더 재생의 우주적 보편성을 지향한다. '봄날의 소쩍새와 여름날의 천둥과 가을날의 무서리, 그리고 시인의 잠 못 드는 밤'이 '노오란 네 꽃잎'의 존재론적 연원이라는 미학은 전통적 생사관의 바탕에 불교 교리를 적극적으로 수용함으로써 가능해진 것이다.

연기법, 즉 끝없이 지속되는 존재의 대연쇄의 또 다른 국면은 윤회전생이다. 윤회전생은 이 글의 맥락에서 보면 소멸하지 않는 개별적 신의 바뀌는 존재 형식이자 재생의 다른 이름이다. 「인연설화조」는 전생의 모란꽃으로서의 나와 그것을 마주보고 있는 예쁜 처녀의 관계가 수많은 죽음과 재생의 단계를 거쳐 현생에서는 반대의 모습으로 만나는 경우를 보여준다. 즉 전생의 모란꽃은 현생의 내가 되고, 전생의 처녀는 현생의 모란꽃으로 만나는 것이다. 텍스트에서는 어떠한 죽음도 상정되지 않는다. 소멸되는 물物은 전생轉生을 통하여 계속 재생하기 때문이다. 그러므로 윤회전생은 결국 초월적 영원의 다른 이름이 된다.

일련의 과정으로 미루어보면 죽음과 재생의 문제와 씨름하는 서정주의 미학적 궤적이 자연스럽게 그려진다. 꽃의 상상력을 통하여 그가 추구하고자 한 것은 결국 죽음을 극복하는 형식이었으며 전통적인 무속신앙과 불교 정신으로부터 그 원류를 찾아가는 것이다.

2. 삶과 죽음과 재생, 그리고 영원

죽음을 극복하고 영원의 삶을 지향하는 서정주 미학에 '꽃'이 집중적으로 등장하는 것은 이채롭다. 「바리공주」, 「원앙부인 본풀이」, 「심청전」 등의 전대 텍스트에서부터 재생의 상징으로 나타나는 꽃이 서정주 미학과 특별한 관련이 없다고 말하기 어렵다. 대부분의 서정주 텍스트에서 꽃은 한국인의 사생관이 반영된 전대 텍스트들과 기능적으로 닮아 있다. 해, 달, 별과 마찬가지로 꽃은 재생의 순환론적 질서를 반영하는 원형 상징이다. 그런 점에서 서정주 텍스트는 원형의 본질에 접근한다고 말할 수 있으며 한국문학의 개성적 특질과 보편성을 함께 추구한다고 할 수 있다.

'영원'은 재생의 상상력이 지향하는 형이상학이다. 그리고 그것은 「부활」에서 「인연설화조」에 이르는 기나긴 서정주의 시적 여정에서 '꽃'을 통해 암시적으로 드러난다. 「나그네의 꽃다발」의 경우 역시 마찬가지다. 이 텍스트는 '꽃다발의 전달 행위'를 통해서 영원의 이미지를 암시한다.

화자는 '적적함을 못 견디는' 산골 나그네로서 '한 옹큼의 꽃다발'을 꺾어 모아 '어느 이름 모를 길가의 아이'에게 전한다. 꽃다발을 받은 아이는 또 다른 아이에게 전하고 그 아이는 또 다른 아이에게 전한다. 많은 시간이, 몇 십 년이 흘러간다. 그런데 전하는 행위는 자자손손 산을 옮기는 '우공이산愚公移山'[24]의 경우처럼 '불가능에 도전하는 바보 현자'의 속성을 지향한다기보다 영원의 과정을 미학적 신념으로 수용한다는 데 그 특성이 있다.

> 그리하여
> 천 년이나 천오백 년이 지낸 어느 날에도
> 비 오다가 개이는 산 변두리나
> 막막한 벌판의 해 어스름을
> 새 나그네의 손에는 여전히 꽃다발이 쥐이고
> 그걸 받을 아이는 오고 있을 것인가?
> ―「나그네의 꽃다발」[25] 중에서

---

24 『열자列子』 제5편 「탕문湯問」 참조.
25 서정주, 앞의 책, 319~320쪽.

화자의 의문형 상상력은 꽃다발을 전하는 '행위의 영구지속성'을 꿈꾼다. 그리고 이것은 '우공이산'의 경우처럼 '삶의 불편함을 해소하기 위해 고안된 영구지속의 관념'이 아니라 '견딜 수 없는 삶의 적적함을 해결하기 위한 영원의 행위'를 지향한다. 즉 '꽃다발 전하기'는 영원의 심미적 속성을 부각시킨다. '천 년이나 천오백 년'은 영원의 환유며, '비 오다가 개이는 산 변두리'나 '막막한 벌판의 해 어스름'은 인생의 환유고, '새 나그네의 손에 쥐어 있는 꽃다발'은 미의 환유다. 그리하여 꽃은 영원의 심미적 재현체를 암시한다. 이 암시성이 보다 명료하게 바뀌는 경우도 물론 있다.

춘향이

눈섭

너머

광한루 너머

다홍치마 빛으로

피는 꽃을 아시는가?

비 개인

아침 해에

가야금 소리로

피는 꽃을 아시는가

무주 남원 석류꽃을……

석류꽃은

영원으로

시집가는 꽃.

구름 너머 영원으로

시집가는 꽃.

우리는 뜨내기

나무 기러기

소리도 없이

그 꽃가마

따르고 따르고 또 따르나니……

―「석류꽃」[26]

이 텍스트에서 석류꽃의 영원의 이미지는 현실이 결락된 초월의 형이상학이라기보다 꽃가마 타고 시집가는 여인의 모습을 모방함으로써 사랑과 생산의 영속성을 나타낸다. 즉 석류꽃은 '삶과 죽음과 재생을 반복하는 과정의 미학'에서 '사랑과 생산의 영구한 현존의 미학'으로 바뀐다. 이것은 서정주의 꽃이 전대 텍스트의 역사적 계보를 이으면서도 자신만의 미학을 개성적으로 창안한 경우다.

「꽃밭의 독백」은 또 다른 경우다. 이 텍스트는 영원의 형이상학에 이르는 과정의 실천윤리를 표방한다.

노래가 낫기는 그중 나아도

구름까지 갔다간 되돌아오고,

---

26 서정주, 앞의 책, 309~310쪽.

네 발굽을 쳐 달려간 말은

바닷가에 가 멎어 버렸다.

활로 잡은 산돼지, 매[鷹]로 잡은 산새들에도

이제는 벌써 입맛을 잃었다.

꽃아. 아침마다 개벽하는 꽃아.

네가 좋기는 제일 좋아도,

물낯바닥에 얼굴이나 비취는

헤엄도 모르는 아이와 같이

나는 네 닫힌 문에 기대섰을 뿐이다.

문 열어라 꽃아. 문 열어라 꽃아.

벼락과 해일만이 길일지라도

문 열어라 꽃아. 문 열어라 꽃아.

―「꽃밭의 독백」[27]

---

27 서정주, 앞의 책, 161~162쪽.

'사소 단장娑蘇斷章'의 부제가 있고, 텍스트 끝에 "사소는 신라 시조 박혁거세의 어머니. 처녀로 잉태하여, 산으로 신선 수행을 간 일이 있는데, 이 글은 그 떠나기 전, 그의 집 꽃밭에서의 독백"이라는 설명이 붙어 있다.

사소가 바라보는 꽃은 "가신 이들의 헐떡이든 숨결"도 아니고 '사람 살리는 꽃'도 아니며 순환하는 연기론적 질서의 상징도 아니다. 여기서의 꽃은 형이상학적 이상의 객관적 상관물에 가깝다. 그러나 시인이 제일 좋다고 말하는 꽃의 속성은 명시적으로 드러나지 않는다. 이 지상의 삶에서 제일로 좋은 것은 무엇인가. 그중 낫다는 노래라는 것도 구름까지 갔다간 되돌아오고, 세계탐험의 동반자인 '말'도 바닷가에 가 멈추어 버린다. 수직적 공간과 수평적 공간이 다 함께 유한 속에 갇혀 있는 것이다. 여인은 온갖 것들에서 입맛을 잃는다. 그리하여 그녀는 무언가를 갈망한다. 그 간구가 영원불멸의 형이상학이라는 점은 짐작하기 어렵지 않다.

'문'은 유한에서 무한으로, 인간에서 신선으로, 현실에서 이상으로, 순간에서 영원으로 나아가는 통과의례의 경계 지표다. 그러나 시인의 길은 평탄하지 않다. 꽃으로 가는 길은 '닫힌 문'에 의해 좌절되고 '벼락과 해일' 속을 뚫고 나가는 것만큼이나 어렵다. 그럼에도 불구하고 현실 삶의 실천윤리는 시인을 비롯한 모든 독자들을 추동한다. 부르는 소리, 청유형 혹은 명령형의 돈호법은, 인간사의 삶과 죽음의 이분법적 구도와 현실의 한계를 넘어서는 영원의 얼굴을 꿈꾼다. 「꽃밭의 독백」의 주제론적 미덕은 바로 이 점에 있다. 인간은 영원히 전진해야 하며 지속적으로 갱생해야 한다고 시인은 노래하는 것이다.

04 ___ 영원성과 심미성을 구축하는 이미지

지금까지 서정주 텍스트에 나타난 삶과 죽음의 문제를 주로 꽃의 상상력을 통해서 살펴보았다. 논의를 정리하면 다음과 같다.

꽃은 재생의 상징으로 기능한다. 「밀어」, 「꽃」, 「무슨 꽃으로 문지르는 가슴이기에 나는 이리도 살고 싶은가」 등이 이 경우며, 이는 한국문화의 원형을 구축하는 「원앙부인 본풀이」, 「바리공주」, 「심청전」 등과 같은 전대 텍스트의 역사적 계보를 잇는다. 재생의 원형은 「부활」에서도 두드러지게 나타나는데 이는 곧 재생을 통하여 영원을 지향하고자 하는 서정주의 사생관이 초기 시부터 탐색되고 있음을 보여준다.

꽃의 상상력을 통해 탐구하는 서정주의 영원의 미학의 바탕에는 민족문화의 원형 및 불교의 세계관이 자리하고 있다. 물활론과 만물유생론, 연기법과 윤회전생의 미학적 이념을 서정주는 적극적으로 수용한다. 「고조 2」, 「국화 옆에서」, 「인연설화조」 등이 표방하는 세계는 서정주 사생관의 철학적·종교적 바탕을 살필 수 있는 경우다.

「나그네의 꽃다발」, 「석류꽃」, 「꽃밭의 독백」 등에 이르면 영원의 형이상학이 보다 미학적으로 세련되게 다듬어진다. 꽃은 그 자체로 영원의 심미적 재현체가 되며 사랑과 생산의 영구한 현존 양식, 혹은 생사를 초월하는 형이상학적 이상의 객관적 상관물이 된다. 서정주가 다루고 있는 꽃의 제재는 그 활용 면에서 20세기 다른 많은 시인들과 다르다.

그는 죽음을 극복하는 문제 및 심미적 이상을 탐구하는 문제에 지속적으로 관심을 가졌고 이 과정에서 가장 주도적으로 그리고 빈번하게 활용된 제재는 꽃이다. 결과적으로 서정주 텍스트에서 꽃은 '영원성'과 '심미성'을 구축하는 주요한 이미지가 된다.

15장 『질마재 신화』에 나타나는 액션의 미학

『질마재 신화』에 나타나는 '액션' 미학,
『동악어문학』61, 동악어문학회, 2013.

01 ___ 구연형 담화의 시

『질마재 신화』(1975)는 서정주의 여섯 번째 시집이자, 그의 전체 시력詩歷에서 가장 파격적인 변모를 보이는 실험정신의 산물이다. 이 시집은 월령체 시 12편을 비롯하여 33편의 이야기시를 수록함으로써 '서정에서 서사로' 이동하는 양식상의 변화를 선보인다.[1] 그만큼 이야기시의 장르 속성이 강하고 내용도 독특하다.

『질마재 신화』는 신기하고 특별한 사건을 흥미 있게 전달하는 '구연형 담화'[2]가 특성이다. 여기에서 중시되는 요인은 서정주의 표현에 따르면 '액션과 독자'다.[3] 시에도 소설과 같은 사건을 도입해서 독자를 즐겁게 하겠다는 야심찬 기획의 산물인 셈이다.

'독자' 요인은 서사소통과 관련된 문제다. 이 맥락에서의 소통성은 소설가와 독자의 관계처럼 일방향적이고 분리된 관계가 아니라 현장성과 연행성을 부각시킴으로써 쌍방향적 친밀성을 강화하는 관계다. 그러므로 이 시집 속의 이야기 생산과 수용 양상은 구연형 담화가 그런 것처럼 '소설가―독자'의 형식보다는 '화자―청자'의 형식에 가깝다.

---

1 수록 시편은 45편이지만 통상적으로는 이야기를 가진 33편의 시편들이 이 시집의 주류를 이룬다.
2 『질마재 신화』의 구연형 담화 특성에 대해서는 다음 자료를 참조하라.
   김동일, 「서정주 시 연구: 화자를 중심으로」, 성균관대학교 석사학위논문, 1989.
   심혜련, 「서정주 시의 화자 청자 연구」, 이화여자대학교 석사학위논문, 1992.
   나희덕, 「서정주의 『질마재 신화』 연구: 서술시적 특성을 중심으로」, 연세대학교 석사학위논문, 1999.
   이혜원, 「1970년대 서술시의 양식적 특성」, 『상허학보』 10, 상허학회, 2003.
3 "액션이 없으니까 독자들이 떠나가는 것 같아요. 그러니까 시에도 액션을 넣었지. 소설처럼 말이오. 어디 양식樣式이란 걸 그런 식으로 한 번 만들어 본 것이거든―", 김주연, 「이야기를 가진 시」, 『나의 칼은 나의 작품』, 민음사, 1975, 11쪽 참조.

"그 아이 웃음 속엔 벌써 영감이 아흔아홉 명은 들어앉았더라"고 마을 사람들은 말하더니만 "저 아이 웃음을 보니 오늘은 싸락눈이라도 한 줄 금 잘 내리실라는가 보다"고 하는 데까지 가게 되었습니다. "이놈의 새끼야. 이 개만도 못한 놈의 새끼야. 네놈 웃는 쌍판이 그리 재수가 없으니 이 달은 푸닥거리 하자는 데도 이리 줄어들고 만 것이라……" 단골무당네까지도 마침내는 이 아이의 웃음에 요렇게쯤 말려들게 되었습니다.

—「단골무당네 머슴아이」[4] 중에서

'단골무당네 머슴아이'에 대해 보고하는 시인은 이야기의 실제 생산자이며 청자를 염두에 두는 효과에 치중한다. 예컨대 등장인물들의 직접화법 도입은 '액션'의 실감을 고조시킬 뿐 아니라 '독자'의 상황을 '청자'의 상황으로 바꾸는 데 기여한다. 즉 독자는 시를 읽는 게 아니라 이야기를 듣는 느낌을 가지게 된다. 이런 점에서 텍스트상의 시인과 독자는 이야기 구연 현장의 화자와 청자 경험을 하게 되며,[5] 이야기 속 인물들 또한 그들의 발화를 통해 이야기 생산자가 되기도 한다.

이와 같은 현상은 기본적으로 '양식이란 걸 그런 식으로 한 번 만들어 본 것'이라는 이야기 소통방식의 변화 욕구에서 비롯한다. 그것은 발터 벤야민이 '이야기꾼storyteller'에 대한 한 논문에서 '생생하게 살아 있는 말의 영역'[6]

---

[4] 서정주, 『미당 서정주 전집』 2(시), 은행나무, 2015, 38~39쪽.
[5] 물론 이때의 경험은 실제의 연행이 아니라 연행을 모방하는 유사경험이다. 그리고 이것은 문자 텍스트가 발화 텍스트로 바뀌는 효과와 직결된다.
[6] 발터 벤야민, 반성완 역, 「이야기꾼과 소설가」, 『발터 벤야민의 문예이론』, 민음사, 1983, 170쪽. 이 글 속에는 흥미로운 아이디어들이 많다. 그는 이야기의 본질을 구연성과 현장성에 두는 반면 소설은 근본적으로 책에 의존하므로 독자는 혼자 유리되어 고독하다고 보았다. 이는 서정주의 '독자' 개념이 소설 속의 독자가 아니라 이야기꾼과 호흡을 같이하는 '청자'의 개념에 가깝다는 것을 암시한다. 당시의 서정주에게는 '이야기'와 '소설'의 차이에 대한 인식이 희박했다. 하지만 '소설처럼 독자와 액션이 있었으면 좋겠다'는 서정주의 바람은 이야기의 복원과 경험의 부활이라는 문학사적 의의를 가지게 됨으로써 한국 현대시의 새로운 기획으로 평가받을 만하다.

이라 말한 바 있는 경험과 의사소통의 직접성의 문제이기도 하다. 구연형 담화 생산자로서의 시인은 '경험을 교환할 수 있는 능력'의 소유자,[7] 다시 말해 단순한 서사 전달자로서의 고독한 소설가가 아니라 대면적 상황의 현장 이야기꾼으로서의 역할에 치중한다. 그는 고립된 불특정 독자들에게 이야기를 분배하는 게 아니라 청자와의 사교적 관계를 만들어 나가는 데 주력하는 것이다. 또한 전달 대상으로서의 수용자, 즉 소설을 읽는 독자가 작가 및 다른 독자들로부터 고독하게 분리되어 기계복제 시대의 서사를 소모하는 데 치중한다면,[8] 이야기꾼과 함께 소통과정에 동반하는 청자는 "생생한 이야기 교환의 사교적 상황을 조성하는 데 기여한다."[9]

이는 서사소통의 쌍방향성을 추구하는 구연형 담화의 중요한 특성이다. 그러므로 서정주의 '독자'는 벤야민이 근대사의 정신사적 특징으로 갈파한 '경험 상실'[10] 테제의 복구와 관련이 있다. 그가 '시집을 통해', '이야기-경험의

---

7 발터 벤야민, 앞의 책, 같은 곳. 이 부분의 번역은 반성완보다 김남시가 더 명쾌하다. "이야기꾼은 그가 이야기하는 것을 자기 자신의 경험 혹은 자기가 들은 경험에서 가져온다. 그리고 그는 이를 다시 자신의 이야기를 듣는 사람들의 경험으로 만든다.", 김남시, 「트위터와 새로운 문자소통의 가능성: 발터 벤야민의 '이야기' 개념을 중심으로」, 『기호학연구』 30, 한국기호학회, 2011, 12쪽 참조.

8 "저자가 쓰고 있을 때 독자가 부재하며, 독자가 읽고 있을 때 저자는 부재"(Alexander Honold, 2000)하는 게 소설이다. 여기서는 김남시(2011: 13)에서 재인용.

9 윤재웅, 「『질마재 신화』의 내러티브 연구」, 『내러티브』 8, 한국서사학회, 2004, 203쪽.

10 벤야민에게 '경험 상실'은 1차 세계대전의 후유증과 전쟁 10년 후부터 쏟아져 나온 전쟁 책들에 대한 비판적 성찰의 산물이다. 이는 "전통적인 가치의 붕괴와 그로부터의 단절에서 생겨난 공동체 문화의 붕괴, 개인들 사이의 고립 등 근대라는 시기를 거치며 일어난 삶의 미시적 변화들을 포괄"(김남시, 2011)하는 것이지만 간명하게 말하자면 '이야기의 쇠퇴' 즉 '경험 전달 가능성의 감소'라는 근대정신에 대한 비판에 해당한다. 그러므로 벤야민적 맥락으로 보면 서정주가 이야기꾼을 자처하여 경험전달을 시도하는 것은 단순한 장르 실험이 아니라 근대성 반성의 맥락으로 접근할 수 있다.

11 벤야민의 근대성 비판 맥락으로서의 '이야기-경험의 부활'이 한국의 근대화 과정에 동일하게 적용될 것인가, 혹은 서구의 근대소설 비판 정황이 왜 한국에서는 시의 장르 혁신으로 나아갔는가 하는 문제는 비교문학적으로 흥미로운 과제다. '이야기 문학'의 근대적 유통 양상 이전에 구연형 담화가 있었다는 것은 동서양이 특별히 다르지 않다. 우리 근대문학의 경우 구연형 담화는 소설 양식에서보다 몇몇 도전적인 시인에 의해서 '전통의 창발적 계승'의 형식으로 시도되었다는 점이 이채롭다. 판소리 사설을 계승한 김지하의 「오적」(1970), '외할머니의 무릎학교'에서 들은 이야기 문학을 바탕으로 삶의 지혜를 전수하는 서정주의 『질마재 신화』(1975)가 대표적이다. 이들은 근대시의 발전과정에서 독자 배려, 소통방식의 개선, 입심 발휘의 재능, 전통의 계승, 경험의 재현 등을 적극적으로 보여주고 있다.

부활'에 도전하고자 했다면 이는 그 자체로 문학사적 의의가 작지 않다.[11]

'독자'가 이야기의 형식을 결정하는 데 영향을 미치는 요소라면 '액션'은 이야기의 내용을 구성하는 데 상대적으로 더 많은 기여를 하는 요인이다. 『질마재 신화』 속에는 가난과 비루함과 불쾌의 영역에 속하는 이야기—내용들을 생명과 신성의 경지로 바꾸는 전복적 상상력이 도처에 개입한다. 이 자체가 '재미'의 요소며 강력한 미적 쾌감을 이끌어 낸다.[12] 똥오줌 항아리를 거울 삼아 염발질을 하는 상가수, 마른 명태를 통째로 씹어 먹는 눈들 영감, 앉은뱅이 재곤이의 실종을 하늘로 신선살이 하러 간 것으로 믿는 마을 사람들에서 보는 것처럼 이 시집이 가지는 '재미'의 핵심은 역설적 긍정의 방식으로 드러나는 전복적 상상력에서 기인한다. 즉 '세속적 기준과는 다른 방식으로 신화화'[13]시키는 게 재미의 원리인 셈이다.

이 '재미나는' 이야기(액션)를 구연형 담화의 양식으로 '재미있게' 들려주는 (독자→청자) 시 장르가 바로 『질마재 신화』인 것이다. 이것이 바로 '신화' 기표의 서정주적 변용이다.[14] '질마재 신화'는 질마재의 신들에 대한 이야기가 아니라 질마재 마을에서 일어난 '희귀하고 재미나는 이야기'라는 뜻이며, 그 이야기의 내용은 서정주적 '액션'의 하위 요소인 공간(장소)과 시간(역사)과 인물(사람들)에 의해 주도적으로 재현된다.

---

12 오규원은 일찍이 서정주 시의 '재미'를 '입심'으로 보았다. 요즘 말로 '스토리텔링' 개념에 가까운데 원텍스트에 드러나는 '말솜씨'가 워낙 출중해서 그 어떤 연구텍스트도 원텍스트의 재미를 넘기 어렵다고 보았다. "서정주만한 입심도 없이, 지금에 와서 누군가가 서정주에 대해서 무엇인가를 썼다면 그건 보나마나 그의 시보다 훨씬 재미없을 게 뻔하다.", 오규원, 「대가의 멋과 한계」, 『문학과 지성』, 문학과지성사, 1976 참조.

13 이혜원, 앞의 글, 331쪽.

14 서정주의 '신화'에 대한 유일한 단서가 「눈들 영감의 마른 명태」에 나온다. "이것도 아마 이 하늘 밑에서는 거의 없는 일일 테니 불가불 할 수 없이 신화의 일종이겠습죠?", 서정주, 앞의 책, 34쪽 참조.

02 ___ 장소, 개인경험의 재현

질마재는 시인의 고향 마을이다. 서정주는 1915년 음력 5월 18일 질마재(선운리 578번지)에서 태어나 10년간의 유년기를 이곳에서 보낸다. 할머니, 외할머니, 어머니를 비롯한 많은 여인들로부터 영향을 받으며 자라는데 아버지 부재심리, 모계 혈통에 대한 내면의 경도, 원형으로서의 대모신大母神 지향의식, 구원과 심미적 대상으로서의 여인들과의 교유, 그리고 외할머니로부터 옛날이야기 듣기가 유년의 주요 경험을 이룬다.[15] 여기에 서당 체험, 각종 민속제의 및 마을 사람들에 대한 체험과 기억이 덧붙여진다.

이런 사인화私人化된 경험의 영역들이 '질마재' 공간의 중요한 특성을 구성한다. 즉 질마재는 허구공간이 아닌 실제의 체험공간으로서 '내가 살던 마을의 실제 이야기'로 재현된다. 특이한 것은 이런 리얼리즘 정신이 당대의 증언과 보고 혹은 풍자와 비판의 양식을 지향하지 않고 '신화'를 표방함으로써 동시대의 이야기시들과 차별성을 가진다는 점이다.[16]

공간에 대한 개인경험의 극적 형태는 '장소애topophilia'다. "공간은 장소에

---

15 미당 시의 모성 영향 연구는 김점용, 「서정주 시의 미의식 연구: '죽음 환상'과 '모성 환상'을 중심으로」, 서울시립대학교 박사학위논문, 2003 참조.
16 신동엽의 『금강』(1967)과 김지하의 「오적」(1970)이 보여준 신랄한 비판 정신을 『질마재 신화』는 보여주지 않는다. 또한 신경림의 『농무』(1973)나 『새재』(1979)처럼 소외계층을 대변하는 육성과 민요의 가락도 찾기 어렵다. 이 시집은 이데올로기를 주도적으로 다루지 않는 대신 민중들의 삶과 그 속성들 중에서 이야기 요소가 강한 사례들을 '신화(희귀하고 재미나는 이야기)'의 이름으로 재편해서 보여준다. 그런 점 때문에 『신라초』(1961) 이래 받아오던 '역사의식의 몰각'(김윤식, 1963, 1973, 1993)이라는 비판을 받기도 하고 또 한편으로는 '독자적이고 성공적인 민중문학'(유종호, 1995)으로 평가받기도 한다.

비해 추상적이며, 공간에 의미를 부여할 때 장소가 된다"[17]는 이 푸 투안의 관점은 개인의 구체적 경험과 특히 관련이 많다. 또한 에드워드 랠프가 장소를 "'나—당신'의 관계를 경험하는 것"[18]이라고 했을 때에도 개인의 구체적 경험 내용이 '공간—사람'과 결합하는 경우를 주목하는 것이다.

'질마재'는 개인경험 공간의 구체적인 '장소'다. 서정주의 친제인 서정태(1923~2020)의 증언에 의해 재구성된 『질마재 신화』 속 '장소'[19]들은 여러 면에서 놀랍다. 첫째는 마을의 원형이 지금껏 거의 변하지 않고 있다는 점이다.[20] 둘째는 서정주의 이야기시들 중 많은 부분이 구체적 장소에 대한 개인경험의 재현을 통해 이루어지고 있다는 점이다. 셋째는 지금도 현장체험을 통해 텍스트 속 이야기의 재현이 가능하다는 점이다. 조각상과 시 텍스트를 현장에 고정시켜 놓는 게 아니라 탐방자들의 실연實演을 통해 시집 속의 '이야기 세계'를 자기체험으로 재탄생시킬 수 있다는 점이 매력이다. 이런 것이 바로 생성형 텍스트고 활동형 텍스트다.[21] 외할머니네, 서당터, 단골무당네터, 부안댁 집터, 알묏집, 간통사건이 일어나 마을 사람들이 가축용 여물을 뿌려 먹지 못하게 했던 우물 등 다양한 재현 방식이 있을 수 있으며 그 자체가 문학연구의 새로운 영역이 된다.

---

17 이 푸 투안, 구동회·심승희 역, 『공간과 장소』, 대윤, 2007, 19쪽.

18 에드워드 랠프, 김덕현 외 역, 『장소와 장소 상실』, 논형, 2005, 145쪽.

19 마을 입구 지도판에 대략적으로 표시되어 있으며 개개의 장소마다 돌 조각물과 간단한 설명이 새겨져 있다.

20 『질마재 신화』 당대와 달라진 점이 있다면 외할머니대 앞 갯벌이 매립되었다는 것이고, '웃뜸' 마을에서부터 '아래뜸' 마을 거쳐 바다로 흘러가는 마을 고랑이 원래의 사행천蛇行川에서 직선으로 바뀐 정도다. 주변의 지형은 큰 변화 없이 잘 보존되어 있다. 외할머니댁은 헐리고 현재 그 터만 있는데 복원이 시급하다.

21 단순한 볼거리 기능만 제공하는 기존의 문학관 및 관련 공간이 '고정형 텍스트'라면 학습·독자나 방문·관광객들이 적극적인 자기역할을 통하여 공간에 대한 실제 체험을 하는 경우가 '생성형 텍스트', '활동형 텍스트'다. 여기에 대한 보다 상세한 논의는 다음을 참조하라. 윤재웅, 「에코뮤지엄으로서의 미당시문학관의 발전 가능성에 대한 고찰」, 『한국문학연구』 36, 동국대학교 한국문학연구소, 2009, 442쪽.

질마재 공간이 개인경험 재현의 구체적 '장소' 기능을 한다는 점은 현장 확인의 즐거움 이전에 텍스트 이해의 친밀성을 강화한다는 점에서도 주목할 만하다. '장소'는 사사롭고 은밀하며 친숙한 삶의 재료로 구성된 이야기의 배경—무대다. '장소'를 중심으로 하는 이 사사로움과 친숙함의 말솜씨—복원된 이야기가 지향하는 것은 '지혜의 발견과 전수'다.

> 그 애가 샘에서 물동이에 물을 길어 머리 위에 이고 오는 것을 나는 항용 모시밭 사잇길에 서서 지켜보고 있었는데요. 동이 갓의 물방울이 그 애의 이마에 들어 그 애 눈썹을 적시고 있을 때는 그 애는 나를 거들떠보지도 않고 그냥 지나갔지만, 그 동이의 물을 한 방울도 안 엎지르고 조심해 걸어와서 내 앞을 지날 때는 그 애는 내게 눈을 보내 나와 눈을 맞추고 빙그레 소리 없이 웃었습니다. 아마 그 애는 그 물동이의 물을 한 방울도 안 엎지르고 걸을 수 있을 때만 나하고 눈을 맞추기로 작정했던 것이겠지요.
> ―「그 애가 물동이의 물을 한 방울도 안 엎지르고 걸어왔을 때」[22]

'모시밭 사잇길'은 좁고 은밀한 길이며 특별한 경험의 '장소'다. 실제로 소년 미당의 생가에서 동네 우물가로 뻗어 있는 길이고, 그 길 위에서의 개인 기억 중 선명하게 각인된 사건이 물동이 이고 걸어오는 소녀와의 '눈 맞춤'이다. 그것은 일견 '이성의 발견'[23]이나 '좋은 감정의 교환'이기도 하겠지만 예술의 기원과 발전에 관한 매혹적인 암시라는 점에서 단순한 이야기 정보가 아니다. 물이 흘러 눈썹을 적시면 내게 눈을 맞추지도 않고 지나가는 그녀. 이런 때는 그토록 좁은 길에서조차 아무런 교감이 없다. 그러나 그 애

---

22 서정주, 앞의 책, 31쪽.
23 유종호, 「소리 지향과 산문 지향」, 『문학의 즐거움』(유종호 전집5), 민음사, 1995, 33쪽.

가 물동이의 물을 흘리지 않고 지나갈 때에는 내게 눈을 맞추고 웃음도 보내게 되는데 이 자체가 미적 경험의 탄생을 강하게 암시한다. '이성에 대한 향념이 동경 경험을 만들고 그것이 정열로 이어지는지는 모르지만'[24] 일상생활의 심미적 경험이라는 점은 수긍이 가능하다. 즉 '눈을 맞추는' 행위가 바로 '호감의 탄생'이나 '사랑의 끌림'과 같은 삶의 예술이란 걸 소년 서정주는 '그 애와 나 사이의 경험'을 통해 짐작하게 되고 이것이 바로 중요한 발견이란 걸 넌지시 알려주는 것이다.

그림 1 「그 애가 물동이의 물을 한 방울도 안 엎지르고 걸어왔을 때」의 주인공 형상 조형물

이야기 자체는 명시적이지 않지만 『질마재 신화』의 대부분 시편들이 이런 '짐작' 혹은 '발견과 깨달음'의 형식을 통해 '지혜'를 제공한다는 점에서 이야기꾼의 범상치 않은 능력을 보여준다. '새로웠던 순간에 이미 그 가치를 상실하는 정보, 한순간 속에서만 생명력을 가지는 정보'와는 달리, '이야기의 지혜는 스스로를 완전 소모하지 않으면서 많은 시간이 지난 뒤에도 다시 펼칠 수 있는'[25] 특성을 가진다. 그러므로 '지혜'는 벤야민의 문맥에서 보면

---

24 유종호, 앞의 책, 32쪽 참조.
25 발터 벤야민, 앞의 책, 173쪽 참조.

삶의 재료로 짜여진 일종의 '조언'이다.[26] 대용품으로서의 '신발'에 대한 이야기가 그렇고 바람난 과부의 솜씨 좋은 떡맛을 다루는 '알묏집' 이야기가 그러하며 가난하게 살면서도 천지자연과 일체감을 느끼게 만드는 '마당방' 이야기가 그렇다.

질마재 이야기의 대부분이 '스스로를 완전 소모하지 않으면서 많은 시간이 지난 뒤에도 다시 펼칠 수 있는 지혜로운 조언'의 성격을 가진다는 점은 새롭게 주목할 만하다. '탈근대', '영원성의 추구', '역사의식의 몰각'과 같은 시대정신과의 상관성을 다루는 맥락에서 벗어나 삶 그 자체로 바라보면 '오래 반복되어도 재미있고 유용한 이야기'가 바로 '질마재 이야기'인 것이다.[27] 이 모든 것들이 '장소의 지속에 대한 감성'[28]의 발로인 동시에 '사람─사건─공간'의 결합을 특별하게 재현하는 한 시인의 사적 경험에서 연유한다는 점은 기억력과 말솜씨가 뛰어난 이야기꾼의 창의적 개성을 새삼 돋보이게 한다.

그러나 서정주의 질마재 이야기가 고향 마을에 대한 개인경험의 사사로운 재현 차원에만 머무는 것은 아니다. 물동이 소녀에 대한 기억이 사사롭지만 보편적이고 심미적인 경험을 생성하는 것처럼 대부분의 시편들이 비슷한 방식으로 삶의 재료를 통해 이야기의 결을 지혜롭게 짠다. '장소와 인간의 대화' 혹은 '나와 당신의 관계 경험'은 「외할머니의 뒤안 툇마루」에 이르면 그 보편성과 심미성이 더욱 심화된다.

　　외할머니네 집 뒤안에는 장판지 두 장만큼 한 먹오딧빛 툇마루가 깔려

26　발터 벤야민, 앞의 책, 169쪽 참조.
27　이런 관점은 『질마재 신화』의 역사적 혹은 문학사적 성격 규정에 대한 협의의 제한된 해석이다. 질마재 이야기가 표방하는 반근대적 성향의 의의가 공동체에 대한 일종의 원시주의나 오리엔탈리즘일 수 있으며, 또한 당대 한국사회를 추동시켰던 근대화의 동력과 어떤 관계에 있는지 등에 대한 탐구는 논의를 달리하여 다루고자 한다.
28　에드워드 랩프, 앞의 책, 같은 곳.

있습니다. 이 툇마루는 외할머니의 손때와 그네 딸들의 손때로 날이날마닥 칠해져 온 것이라 하니 내 어머니의 처녀 때의 손때도 꽤나 많이는 묻어 있을 것입니다마는, 그러나 그것은 하도나 많이 문질러서 인제는 이미 때가 아니라, 한 개의 거울로 번질번질 닦이어져 어린 내 얼굴을 들이비칩니다.

그래, 나는 어머니한테 꾸지람을 되게 들어 따로 어디 갈 곳이 없이 된 날은, 이 외할머니네 때거울 툇마루를 찾아와, 외할머니가 장독대 옆 뽕나무에서 따다 주는 오디 열매를 약으로 먹어 숨을 바로 합니다. 외할머니의 얼굴과 내 얼굴이 나란히 비치어 있는 이 툇마루에까지는 어머니도 그네 꾸지람을 가지고 올 수 없기 때문입니다.

―「외할머니의 뒤안 툇마루」[29]

외할머니의 뒤안 툇마루에 대한 기억은 복합적이다. 여기는 여성들의 장소고 그녀들 노동의 터전이다. 동시에 초시간적 연관 경험의 공간이고, 관용 공간으로서의 '소도蘇塗' 집단무의식의 발현태다. 어린아이의 눈에, 모든 잘못이 용서되는 유일한 장소. 그곳이 질마재의 소도인 '외할머니의 뒤안 툇마루'다.

또한 이 장소의 극적인 정점은 '때거울 툇마루'라는 모순형용 어법에서 보듯이 가치의 전복이다. 다정하고 포근한 할머니와의 연대감을 내면화하는 장소는 '얼굴이 나란히 비치어 있는 툇마루'다. 그것은 평범한 툇마루였다가 시간의 지속에 따라 여인들의 손때가 덧입혀지는 '인간화된' 툇마루로 바뀐다. 그러다가 개구쟁이 손자와 인자한 할머니가 공동체 연대감을 확인하는 새로운 상상계, 즉 '거울화된' 툇마루로 다시 바뀐다.

---

29 서정주, 앞의 책, 33쪽.

여인들의 수많은 손때들이 모여서 거울이 되는 곳은 '나무가 거울이 되는' 파천황의 변전 현장이다. 이곳은 노동시간의 장구한 지속이 가져다 준 사물과 공간의 새로운 탄생지로서 시인의 '지혜'에 값한다. 개별 장소의 성격 변화가 가장 극적으로 일어나는 경우다.

'때거울 툇마루'의 은유와 역설은 이 사건의 개인경험 특성을 부각시키는 데 그치지 않는다. 인간의 보편적 모성, 가사노동의 고달픔과 숭고함, 죄와 벌과 용서의 문법들을 함께 재현한다. 그리하여 질마재 공간의 개인경험 재현은 단순한 '공간의 자서전' 차원에만 머물지 않는다.

03 ___ 역사, 신라의 은유화

경험의 구체적 공간으로서의 장소와 연관된 이야기들은 이따금 신화적 변형을 거쳐 통시적 성격을 가지기도 한다. 공간과 결합해 있던 시간이 상상력을 통해 확장되는 경우다. 첫날밤 소박을 맞은 신부가 '사십 년인가 오십 년이 지나간 뒤'에 첫날밤 그 장소에서 신랑을 다시 만나는 대목이라든지(「신부」), 『삼국유사』 「포산이성包山二聖」에 수록된 관기와 도성의 이야기를 차용해 질마재 마을 사람들에게 '바람이 소식을 전하는 전통'을 적용시키는 방식(「풍편의 소식」) 등이 그것이다.

그리고 나서 사십 년인가 오십 년이 지나간 뒤에 뜻밖에 딴 볼일이 생겨 이 신부네 집 옆을 지나가다가 그래도 잠시 궁금해서 신부 방 문을 열고 들여다보니 신부는 귀밑머리만 풀린 첫날밤 모양 그대로 초록 저고리 다홍치마로 아직도 고스란히 앉아 있었습니다. 안쓰러운 생각이 들어 그 어깨를 가서 어루만지니 그때서야 매운재가 되어 폭삭 내려앉아 버렸습니다. 초록 재와 다홍 재로 내려앉아 버렸습니다.

—「신부」[30] 중에서

그런데 그 '기회 보아서'와 '도통이나 해서'가 그렇게 해 빙글거리며 웃

---

30 서정주, 앞의 책, 27쪽.

고 살던 때가 어느 때라고. 시방도 질마재 마을에 가면, 그 오랜 옛 습관은 꼬리롤망정 아직도 쬐그만큼 남아 있기는 남아 있습니다.

오래 이슥하게 소식 없던 벗이 이 마을의 친구를 찾아들 때면 "거 자네 어딜 쏘다니다가 인제사 오나? 그렇지만 풍편으론 소식 다 들었네." 이 마을의 친구는 이렇게 말하는데, 물론 이건 쬐금인 대로 저 옛것의 꼬리이기사 꼬리입지요.

—「풍편의 소식」[31] 중에서

특히 후자의 방식은 서정주 특유의 예술적 기획의 소산으로서 역사적 상상계로서의 신라 공간을 창안하여 현대의 경험서사와 결합시키는 경우다. 이야기 복원 방식은 특정 장소를 중심으로 하는 개인경험 서사를 넘어 통시적으로 확장된다. 서정주의 신라 공간 창안은 『신라초』(1961)에 와서 본격화되었지만 그 연원은 한국전쟁 직후의 피폐화된 정신적 공황을 극복하기 위한 방안으로 모색된 바 있다. 그는 『삼국사기』와 『삼국유사』 등을 집중적으로 읽으면서 난파당한 현대의 가치를 쇄신할 수 있는 정신적·심미적 가치를 고대 신라로부터 찾아내기 시작한다.

물론 이런 작업은 독창적인 것이라기보다 일제강점기부터 비롯된 신라 표상의 발견과 무관하지 않다. 맥락상으로 보면 일제에 의한 신라 표상의 발견은 조선민족주의의 고취 이면에 내선일체 선양 이데올로기의 이식이라는 교묘한 정치적 책략과 직결된다. 단재 신채호의 역사학에서 기원하는 신라전통의 발견이 화랑으로부터 연원하는 조선의 자주의식 발로와 연결된다면, 당대 일본 역사학과 고고학이 발견한 신라는 식민지 조선인들에게 이중의 구조를 제공했다는 관점이 그것이다. 겉으로는 민족적 영광과 자주

---

31 서정주, 앞의 책, 60~61쪽.

독립의 의지, 예술적 창조력의 극치와 조선 고유의 신성神性 문화를 감지하는 역사상의 상상계를 제공했다면 그 이면에서는 아이러니컬하게도 조선인의 제국신민화를 부추겼다는 관점이다.[32] 신라의 화랑이 제국주의의 충량한 신민으로 둔갑되어 카미카제 특공대로 연결되는 것은 일본인에 의해서 창안된 신라 에토스의 자연스러운 귀착일 수밖에 없었던 것이다.

그럼에도 불구하고 당대의 지식인들에게 신라는 '환상적인 매혹'[33]의 공간이었다. 지식인들의 경주기행은 신라 노스탤지어의 산물로서 과거를 현재와 결합시키는 특정한 방식을 취하거나 현재의 불확정성과 불안들을 과거의 위안에 병치시키게 된다.[34] 그런 점에서 노스탤지어는 '환상의 매혹' 이면에 회고적이고 퇴행적이며 현실회피적인 성격을 가진다.

서정주의 경우 역시 5편의 경주 기행시를 남기고 있는데 이는 그의 시집에 수록되지 않는다.[35] 경주에 있는 '낭만의 왕국'[36] 신라의 문화콘텐츠에 대한 낭만적 정열을 다소 조잡하게 표현하고 있다는 점에서 일종의 실패작들이다. 그럼에도 불구하고 이 작품들에는 미적 형상력과 관계없이 중요한 시사가 되는 부분도 있다. 서정주의 신라 표상이 이미 1937년부터 발아되

---

32 황종연 엮음,『신라의 발견』, 동국대학교 출판부, 2008, 15~51쪽 참조.

33 유종호,『나의 해방 전후 1940~1949』, 민음사, 2004, 18쪽. 이 부분은 해방 직후 신라 문화콘텐츠를 접하고 그 에토스에 감개한 세대의 표현이지만 식민 당대의 지식인들에게도 그 본질은 크게 다르지 않았다. 많은 지식인들이 조선문화의 역사적 기원을 신라에서 찾았으며 천년 고도古都 경주는 그런 맥락에서 주요한 기행지였다. 여기에 대해서는 문일평,「사안史眼으로 본 조선」(조선일보, 1933. 4. 26.),『경주기행』(제일상회, 1922), 권덕규,「경주행」(『개벽』 18, 1921. 12.), 허병식,「식민지 조선과 '신라'의 심상지리」(황종연, 앞의 책, 117~143쪽 참조).

34 노스탤지어의 개념은 Jennifer Robertson, "It Takes a Village: Internationalization and Nostalgia in Postwar Japan", Stephen Vlastos, ed., *Mirror of Modernity: Invented Traditions of Modern Japan*, Berkely: University of California Press, 1998, 117~118쪽 참조.

35 「안압지」,「시림始林」,「석빙고」,「첨성대 1·2」 등 다섯 편이『사해공론』(1937. 4.)에 발표되었다.

36 "오 하늘보담 아름다운 낭만의 왕국이여/경주사람은 '로맨티스트'라야 하오/천년 별하늘에 센 머리 흩날리든/늙은 성점사로占師의 아들/경주사람은 '로맨티스트'라야 하오"—「첨성대 2」중에서.

기 시작했다는 점이고,[37] 그것이 한국전쟁을 거쳐 본격적으로 학습의 대상이 되었다는 점과, 『신라초』(1961)와 『동천』(1968)을 거쳐 『질마재 신화』(1975)에 이르러서도 지속적으로 탐구된다는 점이다.

이런 맥락에서 보면 질마재 공간의 또 다른 특성은 개인경험 서사에 창안 서사를 결합시키는 방식이다. 즉 실제 고향 공간에 대한 개인기억과 창안한 신라 공간에 대한 집단기억을 융합하는 것이다. 이것은 보다 정확하게 말하자면 역사 은유화 기법을 통한 신라의 재발견이다.

이 땅 우의 장소에 따라, 이 하늘 속 시간에 따라, 정들었던 여자나 남자를 떼내 버리는 방법에도 여러 가지가 있겠습죠.

그런데 그것을 우리 질마재 마을에서는 뜨끈뜨끈하게 매운 말피를 그런 둘 사이에 좌악 검붉고 비리게 뿌려서 영영 정떨어져 버리게 하기도 했습니다.

모시밭 골 감나뭇집 설막동이네 과부 어머니는 마흔에도 눈썹에서 쌍굿한 제물향이 스며날 만큼 이뻤었는데, 여러 해 동안 도깝이란 별명의 사잇서방을 두고 전답 마지기나 좋이 사들인다는 소문이 그윽하더니, 어느 저녁엔 대사립문에 인줄을 늘이고 뜨끈뜨끈 맵고도 비린 검붉은 말피를 좌악 그 언저리에 두루 뿌려 놓았습니다.

그래 아닌게 아니라, 방에 등불 켜 들고 여기를 또 찾아들던 놈팽이는

---

37 경주 기행시에 뒤이어 쓴 「꽃」(1943)은 『귀촉도』(1948)에 수록되는데, 후일 미당이 '영통'과 '혼교'라 부르는 신라정신의 미학적 고안물을 촉발시키는 계기가 된다. 요컨대 서정주의 내면에 형성되는 신라 표상은 등단 초기부터 지속적으로 발전, 진화해 나왔다는 관점이 중요하다. 「꽃」에 대한 해설은 다음을 참고하라. "그러나 이 「꽃」이라는 작품은 내 시작詩作 생활에 한 전기를 가져온 작품이다. 시집 『화사집』 속의 백열한 그리스 신화적 육체나 부엉이 같은 암흑이나 절망이나 그런 것들에서도 인젠 떠나서 죽음 저 너머 선인들의 무형화된 넋의 세계에 접촉하는 한 문을 이 작품의 원상原想은 잡아 흔들고 있는 것이다.", 서정주, 「흑석동 시대」, 『미당 서정주 전집』 7(문학적 자서전), 은행나무, 2016, 128~129쪽 참조.

금방에 정이 새파랗게 질려서 "동네방네 사람들 다 들어 보소…… 이부자리 속에서 정들었다고 에편네들 함부로 믿을까 무섭네……" 한바탕 왜장치고는 아조 떨어져 나가 버렸다니 말씀입지요.

　이 말피 이것은 물론 저 신라 적 김유신이가 천관녀 앞에 타고 가던 제 말의 목을 잘라 뿌려 정떨어지게 했던 그 말피의 효력 그대로서, 이조를 거쳐 일정 초기까지 온 것입니다마는 어떨갑쇼? 요새의 그 시시껄렁한 여러 가지 이별의 방법들보단야 그래도 이게 훨씬 찐하기도 하고 좋지 않을깝쇼?

―「말피」[38]

　바람난 마을 과부가 말피를 뿌려 사잇서방을 떼내는 이야기에도 역사 은유화는 나타난다. 신라 콘텐츠를 구축했던 매혹적이고 규범적인 에피소드들은 '이야기' 형식으로 살아남아 시인의 '역사 은유화' 기획 과정에 동참한다. 역사 은유화는 '현재는 과거를 반복한다'는 유사성의 원리에 의해 작동하면서 퇴행적이고 현실회피적인 노스탤지어의 성격도 가진다.

　이런 방식은 「소자 이 생원네 마누라님의 오줌 기운」, 「풍편의 소식」, 「죽창」, 「김유신풍」 등에도 두드러지게 드러난다. 그래서 캐릭터들과 사건들은 시공을 넘어 서로의 특성을 공유하면서 보편성을 확장하려 한다. 시대정신의 결락이라는 비판은 '신화'의 미학적 고안 장치에 의해 무디어진다. 시인은 재발견한 왕국으로부터 현대까지 면면하게 이어져 오는 민족의 형이상학과 에토스를 발견하는 데 주력하는 것이다.

　이 에토스의 발견이 손진태의 주장처럼 신라인의 "민족적 단결"에 한국의 국가적 부흥을 위한 "교훈"이 들어 있다[39]는 관점으로 연결되는 것은 아니

38　서정주, 『미당 서정주 전집』 2(시), 은행나무, 2015, 45쪽.
39　손진태, 『한국민족사개론』 상, 을유문화사, 1948, 320쪽.

다. 서정주가 택한 것은 이데올로기적 교훈이 아니라 역설적 긍정을 이끌어 내는 '삶의 조언'에 가깝다. 이는 또한 산업화시대의 궁벽한 농촌에 대한 비판적 성찰과도 다른 방식이다. 사람—기층민에 대한 탐구 영역에서 보자면 삶의 실상을 있는 그대로 진술함으로써 이념 지향 시각에 대한 보완 기능을 하고 있다.[40]

신라가 '지속적 현존'의 형식으로서 현대의 '질마재'까지 온존된다는 관점은 양면성을 가진다. 신라 역사의 은유화는 '존재의 영속성에 대한 탈근대적 탐구'가 그 핵심이다. 예컨대 서정주가 재현하고자 한 공간의 미학이 '질마재의 근대적 현실이 아니라 영원성의 관념 속에 고정된 질마재의 탈근대적 공간'[41]이라는 관점은 근대 초극과 퇴행의 이율배반적 특성을 함께 가진다. 역사조차 '신화'의 대상으로 바라보는 시인 특유의 문제적 방식 때문인데 이것은 서정주 미학의 근본 속성이기도 하다.

---

40 여기에 대한 유종호의 지적은 흥미롭다. "기층민에 대한 공감적 자세를 주조로 한 작품들이 편향된 시각이나 선입견으로 말미암아 있는 대로 그리지 못한 기층민의 실상을 시인이 『질마재 신화』를 통해서 보충하고 제시하고 있다는 것은 역설적인 사태이다.", 유종호, 「소리 지향과 산문 지향」, 『문학의 즐거움』(유종호 전집5), 민음사, 1995, 34쪽 참조.

41 이혜원, 앞의 글, 332쪽.

04 ___ 사람, 풍류미학의 지속

질마재 공간의 '액션' 미학 특성의 또 다른 점은 다양한 사람들과의 교유다. 시인 자신에 따르면 이곳의 사람들은 유자파儒者派, 자연파, 심미파의 세 부류로 나눌 수 있다.[42] 혼재된 세계관이다. 조그만 시골 마을에 다양한 성향의 사람들이 살고 있는 모습은 유불도 삼교가 융합한 신라의 풍류 이데올로기의 현대적 부활에 값한다.

서정주가 신라의 풍류를 전통 형이상학의 근간으로 보고 이를 민족 정체성의 근간으로 삼은 것은 『신라초』(1961) 이후다. 그러나 『질마재 신화』에 오면 이 정신을 현대에까지 지속시키고자 하는 미학적 기획[43]이 시도된다. 심미적으로 재발견된 공간 신라는 역사의 무대를 건너 마침내 시인의 경험세

---

42 "하여간 마을은 이 세 유파의 정신으로 운영되었다. 심미파 힘으로 흥청거리고 잘 놀고 노래하고 춤추고, 유자들의 덕으로 다스리고 지키고, 자연파—신선파의 덕으로 담담지 않은 소슬한 기운을 유지하면서, 아직도 일본이 가져온 신문화의 혜택에선 멀리 그전 그대로의 전통 속에 있었다. 그래 나는 이런 세 갈래의 정신 속에서 내 열 살까지의 유년 시절을 다져, 그 뒤의 소년 시절의 기초를 닦지 않을 수 없었던 것이다.", 서정주, 「질마재」, 『미당 서정주 전집』 6(유년기 자서전), 은행나무, 2016, 67쪽 참조.

43 다음의 대복은 서정주에 의해서 기획된 역사 은유화 현상의 대표적인 경우이다. "최치원이 이어서 이 풍류를 설명하고 있는 것을 들어 보면 '이것은 석가모니의 불교 속의 제일 좋은 것과 공자의 유교 속의 썩 좋은 것과 노자의 도교 속의 아주 좋은 것을 합쳐서 가진 것만한 것이다.' 하는 뜻이 역력하게 드러나 있어 동양이 낳은 가장 힘센 세 성인의 의지의 어느 한쪽으로도 만족하지 못하던 더 세[强]려는 의지가 이 풍류정신 속에는 들어 있는 것인데, 어찌 바람둥이의 헛 풍상이 좁쌀알만큼이라도 용납될 수나 있었겠는가. 이 길은 다른 게 아니라 현실을 바닥과 구석에 닿게 가장 질기게 살 뿐만이 아니라 자손만대의 영원을 현실과 한통속으로 하여 어떤 경우에도 이어서 안 죽고 살아가려는 정신의 요구를 따르는 길이요, 풍류란 거기 저절로 붙여진 상징적인 별명의 하나였던 것이다.", 서정주, 「풍류」, 『서정주문학전집』 4, 일지사, 1972, 112~113쪽 참조.

계와 결합한다. 기억의 텍스트 '질마재'의 인물들은 신라풍류[44]에 비견할 만한 혼융의 세계관을 가진 사람들이 주류였다.

이 중에서 유자파는 기율과 금기의 원리에 의해 움직이고 덕으로 마을을 다스리나 한편으로는 엄하고 인색한 노인의 이미지를 가진다. 무서움과 인색함은 권위의 양상으로 나타나는 게 통례다. 학질 앓은 경험을 이야기하는 「내가 여름 학질에 여러 직 앓아 영 못 쓰게 되면」의 경우는 아버지가 그 권위의 표상으로 등장한다. 삶과 죽음의 경계를 오가는 유년의 원체험 속에 아버지는 절대명령자로 존재한다.

내가 여름 학질에 여러 직 앓아 영 못 쓰게 되면 아버지는 나를 업어다가 산과 바다와 들녘과 마을로 통하는 외진 네 갈림길에 놓인 널쩍한 바위 우에다 얹어 버려 두었습니다. 빨가벗은 내 등때기에다간 복숭아 푸른 잎을 밥풀로 짓이겨 붙여 놓고, "꼼짝 말고 가만히 엎드렸어. 움직이다가 복사잎이 떨어지는 때는 너는 영 낫지 못하고 만다"고 하셨습니다.

누가 그 눈을 깜짝깜짝 몇천 번쯤 깜짝거릴 동안쯤 나는 그 뜨겁고도 오슬오슬 추운 바위와 하늘 사이에 다붙어 엎드려서 우아랫니를 이어 맞부딪치며 들들들들 떨고 있었습니다. 그래, 그게 뜸할 때쯤 되어 아버지는 다시 나타나서 홑이불에 나를 둘둘 말아 업어 갔습니다.

---

44 신라풍류는 삼교융합이 특성이지만 그 핵심에는 무속적 성향이 강한 것도 사실이다. 이는 서정주 자신이 언급하는바 "현실을 바닥과 구석에 닿게 가장 질기게 살 뿐만이 아니라 자손만대의 영원을 현실과 한통속으로 하여 어떤 경우에도 이어서 안 죽고 살아가려는 정신의 요구를 따르는 길"인 것이다. 달리 말하면 초월적 에너지에 대한 수긍과 현세기복의 무속이념과 직결된다. 체제순응형 인간을 양산한다는 점에서, 신라풍류는 근대적 이념이나 사상과 충돌한다. 서정주가 『질마재 신화』속 인물들을 신라풍류형 인물들로 재현시킨다면 그것은 조화와 융합의 가치만 제공하는 게 아니라 근대의 부조리한 체제에 대한 체념과 순응의 처세를 권면할 수도 있다는 점에서 문제적이다. 하지만 이 논문은 이런 성격에 주목하기보다는 신라풍류의 개별적 성격들이 질마재 마을 사람들에게 어떻게 구현되고 있는가를 주목하는 데 한정한다.

그래서 나는 다시 고스란히 성하게 산 아이가 되었습니다.

—「내가 여름 학질에 여러 직 앓아 영 못 쓰게 되면」[45]

여기의 아버지는 병든 소년의 생사 결정권자다. 물론 아버지는 햇볕 받은 뜨거운 바위에 배를 대고 따뜻하게 함으로써 학질을 치료할 수 있다는 경험의학의 수행자이긴 하지만 삶의 질서를 유지하기 위한 절대권력의 집행자라는 점에서 어린 소년에겐 '무서운' 세력의 표본이었다. 그러나 유자파가 언제나 권위의 상징은 아니었다.

'눈들 영감 마른 명태 자시듯'이란 말이 또 질마재 마을에 있는데요. 참, 용해요. 그 딴딴히 마른 뼈다귀가 억센 명태를 어떻게 그렇게는 머리끝에서 꼬리끝까지 쬐끔도 안 남기고 목구먹 속으로 모조리 다 우물거려 넘기시는지, 우아랫니 하나도 없는 여든 살짜리 늙은 할아버지가 정말 참 용해요. 하루 몇십 리씩의 지게 소금장수인 이 집 손자가 꿈속의 어쩌다가 떡처럼 한 마리씩 사다 주는 거니까 맛도 무척 좋을 테지만, 그 사나운 뼈다귀들을 다 어떻게 속에다 따 담는지 그건 용해요.

이것도 아마 이 하늘 밑에서는 거의 없는 일일 테니 불가불 할 수 없이 신화의 일종이겠습죠? 그래서 그런지 아닌 게 아니라 이 영감의 머리에는 꼭 귀신의 것 같은 낡디낡은 탕건이 하나 얹히어 있었습니다. 똥구녁께는 얼마나 많이 말라 째져 있었는지, 들여다보질 못해서 거까지는 모르지만……

—「눈들 영감의 마른 명태」[46]

---

45 서정주, 『미당 서정주 전집』 2(시), 은행나무, 2015, 35쪽.
46 서정주, 앞의 책, 34쪽.

이 이야기는 표면적으로 보면 궁상의 보고報告다. '가난한 노인네의 놀라운 식탐 보고 사례' 정도가 될 테지만 이야기의 이면 구조는 간단하지 않다. 풍자와 유머의 골계미가 있다. 우선 화자는 '유자파'로 대표되는 마을 어른인 영감의 권위를 무너뜨린다. '영감'은 이미 '여든 살짜리 늙은 할아버지'로서 머리에 '낡디낡은 탕건'을 쓴, 똥구멍 찢어지게 가난한 캐릭터다. 궁상과 강파른 인색함에 대한 희화화가 나타난다. 권위에 대한 조롱인데 명백한 풍자다.

반면에 신기에 가까운 식탐을 놀랍게 바라보는 시선은 부드럽고 따뜻한 웃음을 만들어낸다. '우아랫니 하나도 없는 여든 살짜리 늙은 할아버지가 정말 참 용해요'라는 전언 속에는 가난하지만 억척으로 살아가려는 인물에 대한 동정과 경탄이 함께 녹아 있다. 동정과 경탄의 문법이 가능한 이유는 이 이야기 속의 '사라진 물'과 관계 깊다.

캐릭터의 성격을 구성하는 요소가 '물이 다 빠져버린 건조한 생체'에 있음을 간파하는 것은 어렵지 않다. '마른 명태', '딴딴히 마른 뼈다귀', '소금장수 손자', '사나운 뼈다귀', '말라 째져 있는 똥구녁' 등의 이미저리는 노쇠한 '유자파'의 자질들이다. 물동이의 물을 머리에 이고 가면서 눈 맞춤을 하는 심미파 소녀와 극적으로 대조된다. 즉 '눈들 영감'은 쇠락한 권위, 도전받는 기율의 표상으로서 '생명의 촉기가 빠져나간 박제 생선—마른 명태'의 은유로 기능하는 인물이다.

그럼에도 불구하고 이 캐릭터는 질마재 공간에서 활동하는 인물군들의 공통된 속성도 가지고 있다. 건강한 삶의 활력 표방은 질마재의 캐릭터들의 공통 속성이다. 그리하여 시인에 의해 창안된 새로운 형용구인 '눈들 영감 마른 명태 자시듯'은 '권위를 상실한 노쇠한 노인네가 최선을 다해 남은 생을 열심히 살아가는'이라는 독특한 인생관을 탄생시킨다.

자연파는 서정주가 어려서부터 좋아한 사람들이다. 유자파와 정반대로 무섭지 않고 인색하지 않은 사람들이며 책을 통해 배우지 않고 실생활의 전통에서 배우는 사람들이다. 시인의 직관을 첨부한다면 "굉장히 황홀한 감각"[47]으로 사는 사람들이다. 그리하여 시인은 "정신이란 문맹을 통해서도 잘 이어질 수도 있는 것이겠다"[48]는 믿음을 가지게 된다. 유자파 즉 지식인의 정반대편에 있으면서도 실생활의 구체를 잘 겪어 알고 있는 '생활의 달인'들이 이들 자연파인 셈이다.

자연파는 비록 문맹이지만 건강하고 감각이 뛰어난 사람들이다. 일등 숭어 낚시꾼에다가 쟁기꾼인 '진영이 아재', 자연이 가진 맛을 두루 맛본 사람이 아니고는 알 수 없는 특수하고 진기하고 향기로운 고추장 제조 기술자인 '정규 씨', 낚시질과 내리미질 잘하는 '소자 이 생원'과 욕 잘하는 그 부인은 어린 소년에게 삶의 황홀한 감각이 제공하는 자연친화적 감성의 연원이 될 만했다.[49]

그림 2 「진영이 아재 화상」 조형물

서정주 시에 나타나는 자연친화적 감성의 기원이 질마재 마을의 자연파에서 비롯된다는 관점은 흥미로운 연구 주제다. 이는 전기 연구 및 정신분

---

47 서정주, 「질마재」, 『미당 서정주 전집』6(유년기 자서전), 은행나무, 2016, 102쪽.
48 서정주, 앞의 글, 62쪽.
49 이들 인물에 대한 기록은 서정주, 앞의 글, 59~62쪽 참조.

석학적 접근을 통해서 일정 부분 밝혀볼 수 있을 것이다. 보다 흥미로운 문제는 질마재 캐릭터의 공통 속성인 건강한 삶의 활력을 구성하는 계층 가운데 이들 자연파가 가장 근원적인 동력을 제공한다는 점이다. 무식하지만 건강한 몸과 세련된 감각의 소유자들이 펼쳐 보이는 '묘한 이야기'가 바로 『질마재 신화』의 주요한 속성이다.

심미파는 마을 예술가들이다. 흥청거리고 놀고 노래하고 춤추는 인물들이다. 무당, 동성연애자, 노래꾼과 춤꾼들은 유자파의 반대편에 있는 또 다른 자연파다. 이들은 마을 질서와 규범을 종종 이탈한다는 점에서 자연파의 일종이지만, 심미적 개성을 개별적으로 추구한다는 점에서 마을 예술의 자연발생적 기원의 흥미로운 사례다.

> 질마재 상가수의 노랫소리는 답답하면 열두 발 상무를 젓고, 따분하면 어깨에 고깔 쓴 중을 세우고, 또 상여면 상여머리에 뙤약볕 같은 놋쇠 요령 흔들며, 이승과 저승에 뻗쳤습니다.
>
> 그렇지만, 그 소리를 안 하는 어느 아침에 보니까 상가수는 뒷간 똥오줌 항아리에서 똥오줌 거름을 옮겨 내고 있었는데요. 왜, 거, 있지 않아, 하늘의 별과 달도 언제나 잘 비치는 우리네 똥오줌 항아리, 비가 오나 눈이 오나 지붕도 앗세 작파해 버린 우리네 그 참 재미있는 똥오줌 항아리, 거길 명경明鏡으로 해 망건 밑에 염발질을 열심히 하고 서 있었습니다. 망건 밑으로 흘러내린 머리털들을 망건 속으로 보기 좋게 밀어 넣어 올리는 쇠뿔 염발질을 점잖하게 하고 있어요.
>
> 명경도 이만큼은 특별나고 기름져서 이승 저승에 두루 무성하던 그 노랫소리는 나온 것 아닐까요?
>
> ─「상가수上歌手의 소리」[50]

---

50 서정주, 『미당 서정주 전집』 2(시), 은행나무, 2015, 29쪽.

알뫼라는 마을에서 시집와서 아무것도 없는 홀어미가 되어 버린 알뫼댁은 보름사리 그뜩한 바닷물 우에 보름달이 뜰 무렵이면 행실이 궂어져서 서방질을 한다는 소문이 퍼져, 마을 사람들은 그네에게서 외면을 하고 지냈습니다만, 하늘에 달이 없는 그믐께에는 사정은 그와 아주 딴판이 되었습니다.

음 스무날 무렵부터 다음 달 열흘까지 그네가 만든 개피떡 광주리를 안고 마을을 돌며 팔러 다닐 때에는 "떡 맛하고 떡 맵시사 역시 알뫼집네를 당할 사람이 없지." 모두 다 흡족해서, 기름기로 번즈레한 그네 눈망울과 머리털과 손끝을 보며 찬양하였습니다. 손가락을 식칼로 잘라 흐르는 피로 죽어가는 남편의 목을 축이었다는 이 마을 제일의 열녀 할머니도 그건 그랬었습니다.

달 좋은 보름 동안은 외면당했다가도 달 안 좋은 보름 동안은 또 그렇게 이해되는 것이었지요.

앞니가 분명히 한 개 빠져서까지 그네는 달 안 좋은 보름 동안을 떡장사를 다녔는데, 그동안엔 어떻게나 이빨을 희게 잘 닦는 것인지, 앞니 한 개 없는 것도 아무 상관없이 달 좋은 보름 동안의 연애의 소문은 여전히 마을에 파다하였습니다.

방 한 개 부엌 한 개의 그네 집을 마을 사람들은 속속들이 다 잘 알지만, 별다른 연장도 없었던 것인데, 무슨 딴손이 있어서 그 개피떡은 누구 눈에나 들도록 그리도 이쁘게 만든 것인지, 빠진 이빨 사이를 사내들이 못 볼 정도로 그 이빨들은 그렇게도 이쁘게 했던 것인지, 머리털이나 눈은 또 어떻게 늘 그렇게 깨끗하게 번즈레하게 이쁘게 해낸 것인지 참 묘한 일이었습니다.

—「알뫼집 개피떡」[51]

---

51 서정주, 앞의 책, 50~51쪽.

그림 3 「알묏집 개피떡」의 주인공 알묏댁 조형물

이 두 인물들의 특성은 예술가다. 궁상이 늘 따라다니지만 아름다움에 대한 취향은 독특하다. 상가수는 소리를 하지 않는 날에도 늘 준비를 하는 심미파다. 그의 준비는 노래 연습이 아니라 거울 몸단장인데, 우스꽝스럽게도 똥오줌 항아리를 거울 삼아 하는 머리 다듬기다.

멋쟁이 머슴 '상산'이에 대한 추억이 「상가수의 소리」로 발전하는 과정에서 흥미로운 점은 인과율의 부여다. 농요와 저승노래에 일가견이 있는 이 노래꾼은 노래의 '두루 무성함'으로 이승과 저승을 이어주는 캐릭터다. 그는 심미적 인간인 동시에 제의적 인간이 되는데 그 원인이 특별한 거울에 있다는 게 '신화'의 핵심서사다.

이 인과율은 유머로 치장을 하고 있지만 전복적 상상력의 정점을 보여준다는 점에서 주목할 만하다. '똥오줌 항아리 명경'은 '때거울 툇마루'와 마찬가지로 세상을 두루 비치는 자질로 발전한다. 밭에 거름이 되고 말 뿐인 배설물의 기능이 머리 다듬는 데 쓰이는 거울로 바뀐다. 이 순간 삶의 실용적 감각은 심미적 감성으로 바뀐다. '비가 오나 눈이 오나 지붕도 앗세 작파해 버린 우리네 그 참 재미있는 똥오줌 항아리'가 '명경'이 되는 순간은 질마재 마을의 생활예술이 탄생하는 순간이다. 심미적 경험은 그 기원을 가리지 않는다. 똥오줌 항아리와 툇마루가 거울이 되는 곳이 질마재 마을이다. 이 마을에선 머슴도 할머니도 어머니들도 모두 거울의 예술가들이다. 이야기의 '지혜'가 여기에 있다.

전복적 상상력의 또 다른 유형은 윤리와 심미의 대결 구도를 가지고 있는 '알묏집'의 경우다. 인용시는 과부의 은밀한 사랑에 대한 비난성 쑥덕공론과 그녀의 떡 솜씨에 대한 심미적 공감이 반분되어 대치되고 있는 이야기다. 그러나 과부의 애욕과 떡 만드는 솜씨는 달의 상징을 통해서 통어되고 있으므로 개인 욕정이나 마을 윤리의 차원을 넘어서는 일면이 있다. 달 뜬 보름 동안 사랑을 갈망하는 여인의 이미지는 도덕적 타락으로 치부될 수 없다. 자연의 법칙에 따르는, 자연파로서의 삶의 주인공이 바로 '알묏집'이다. 문제는 사람들의 판단인데 비난성 쑥덕공론은 유자파의 습성이다. 자연파와 유자파의 담론 격돌은 심미파의 등장으로 새로운 국면을 맞이한다.

사랑이 식어가는 동안 그녀는 생계유지를 위해 떡을 만들어 판다. 맛있고 예쁘다. 안 먹을 수가 없다. 윤리적 판단보다 앞서는 게 본능이다. 이런 본능에 심미성이 더해진다면 더더욱 거부하기 어렵다. 그리하여 비난이 칭찬으로 바뀌는 전복적 상상력이 이 이야기 속에 자리하게 된다. 이 역시 삶의 조언으로서의 '지혜의 발견과 전수'를 지향한다. 이야기 복원의 의의가 장르상의 단순한 실험이 아니라 재미와 교훈을 동시에 준다는 것을 이들 인물들을 통해 실감할 수 있다는 게 『질마재 신화』의 또 다른 의의다.

논리와 이성의 유자파, 황홀한 감각의 자연파, 그리고 예술가로서의 심미파가 결합된 세계가 풍류미학 지속으로서의 질마재 마을이다. "답답지 않은 소슬한 기운을 유지하면서, 아직도 일본이 가져온 신문화의 혜택에선 멀리 그전 그대로의 전통 속"[52]에서 유지시키고 있었던 신라 역사 은유화의 현장, 그곳이 '질마재' 공간이다.

---

52 서정주, 「질마재」, 『미당 서정주 전집』 6(유년기 자서전), 은행나무, 2016, 67쪽.

05 ___ 이야기의 복원과 경험의 부활

이야기의 복원과 경험의 부활은 『질마재 신화』의 주요한 특성이다. 이 시집이 소설과 같은 양식 실험을 지향했음에도 불구하고 소설과는 분명히 구별되는 이야기—구연형 담화의 성격을 가진 것은 벤야민의 맥락에 따르면 근대현상에 대한 반성으로 읽을 수 있다.

장소와 역사와 사람은 질마재 '액션' 미학 구성의 핵심요소들이다. 특히 개인경험의 재현은 질마재 공간의 중요한 특성이다. 이 경우는 특정 장소에 대한 기억이 사건과 결합하는 양상을 보이며 따라서 '장소애'의 관점으로 접근이 가능하다. 특별히 '장소'를 중심으로 하는 친숙하고 사사로운 말솜씨가 '지혜의 발견과 전수'를 지향한다는 점은 『질마재 신화』의 중요한 성격이다.

두 번째 특성은 재발견 공간으로서의 신라를 질마재 마을의 경험세계와 결합시키는 역사 은유화 과정이다. 이는 공간의 역사성에 대한 고찰로서 '낭만의 왕국' 신라를 끌어와 현재와 결합시키는 방식이다. 신라가 '지속적 현존'의 형식으로서 현대의 '질마재'까지 온존된다는 관점은 양면성을 가진다. '존재의 영속성에 대한 탈근대적 탐구'는 근대 초극과 퇴행의 국면을 함께 가진다.

마지막은 '액션'을 구성하는 요소로서의 질마재 마을 사람들이다. 여기의 인물들은 다양한 성격을 가지고 있으며 그 연원이 신라풍류에 비견되는 융합의 형이상학이다. 유자파의 이성과 논리, 자연파의 황홀한 감각, 그리고 심미파의 예술정신이 결합된 세계가 풍류미학 지속으로서의 질마재 마을이다.

신라 역사의 은유화와 풍류미학의 지속에 대한 서정주의 질마재 기획은 현대의 파국적 상황에 대한 미학적 대안으로 마련되었지만 당대의 다양한 이야기 시편들이 보여준 현실 응전 양상과 다른 면모를 보여준다. 여기에 대한 평가 역시 양면적이다. 그것은 기층민에 대한 탐구를 통해 보다 더 분명하게 드러난다. 70년대 농경문화의 소외와 궁상조차 무갈등으로 접근하는 갈등 회피주의 관점은 서정주의 대부분의 시집들이 그렇듯이 『질마재 신화』의 극복되지 않는 과제다. 그러나 경험의 부활을 통해 기층민의 삶과 연관된 흥미로운 이야기─오래 반복되어도 재미있고 유용한 이야기들을 복원한다는 점에서 보면 『질마재 신화』는 근대성 반성의 한 사례로 평가할 만하다.

16장 「해동사화초」 교감

서정주의 새 자료 「해동사화초」 연구,
『국어국문학』 200, 국어국문학회, 2022.

01 ___ 「해동사화초海東史話抄」, 새로운 자료

　　서정주의 「해동사화초」는 아직 학계에 알려지지 않은 원고다. 이 원고는 신문 연재물인데 정확히 어떤 지면인지는 확실하지 않다. 동국대학교 중앙도서관에 보관 중인 신문 스크랩을 통해 미루어 짐작해 보면 1955년 10월부터 11월 사이에 34회에 걸쳐 연재한 것으로 파악된다.

　　서정주의 자전 기록을 종합해 보면 1952년 해남 대흥사에서 목포일보에 연재하기로 한 신라에 관한 글일 가능성이 높다. 서정주는 그해 여름에 이 글을 만들지 못하고 단식만 한 채 대흥사를 떠나오게 된다.

　　우여곡절 끝에 1955년에 이 글을 신문에 연재하기는 하지만 해당 연도의 목포일보를 현재 구하기도 어렵고, 시인이 남겨둔 스크랩 자료만을 가지고 확인해 본 결과 서정주가 1960년 교수자격인정 심사용 논문으로 제출한 「신라연구」의 저본임을 확인했다. 두 텍스트는 일란성 쌍생아처럼 닮았다. 1955년에 연재한 글을 모아서 1960년에 교수자격인정 논문으로 제출한 셈이다.

　　「신라연구」는 인쇄물이 아니라 등사판에 철필로 긁어 만든 문서기 때문에 자체 오류도 있을 수 있고 판독이 어려운 글자들도 많다. 그래도 이 텍스트는 서정주 '신라정신'의 원뿌리에 해당하기 때문에 그 중요성이 높다. 진창영이 이를 자신의 저술 속에 넣고 1차 텍스트 판독을 해서 많은 사람들이 「신라연구」를 비로소 쉽게 볼 수 있게 되었다. 그러나 진창영본은 판독이 쉽지 않은 철필용 「신라연구」를 저본으로 했기 때문에 미해결 과제를 안고 있는 점이 문제다.

「해동사화초」는 「신라연구」와 동일한 텍스트이기 때문에 이를 대조하면 진창영본의 미해결 부분을 상당 부분 해결할 수 있다. 본고는 이 점에 주목하면서 진창영본 「신라연구」의 성취 위에 미해결된 부분을 보완하고자 한다. 「해동사화초」와 「신라연구」와 진창영본 「신라연구」의 비교를 통해 「정본 신라연구」의 정착을 위한 교감 작업을 소개하고자 한다.

02 ___ 「신라연구」의 저본

「해동사화초」는 서정주의 유품 가운데서 발견되었다. 이 스크랩물은 신문 지면으로 추정되는 종이 면을 오려서 스크랩북에 저장한 유품인데 해당 지면만 가지고는 어느 시기 어느 지면인지를 알 길이 없다. 연재물 매회의 뒷면이 사설란이고, 사설의 내용을 미루어 이 연재물의 작성 시기가 1955년 10월부터 11월 사이라는 점을 짐작할 수 있다.[1]

그런데 이 연재 원고는 그 내용이 1960년 교수자격인정 심사용 논문으로 제출한 「신라연구」와 대부분 동일하다. 그러므로 「신라연구」에서 판독이 잘 안 되는 부분을 비교해 보면 원래의 모습을 알 수 있다. 국립중앙도서관 보관본 「신라연구」는 활자화된 적이 없어서 읽기가 쉽지 않다. 진창영 연구자가 이를 자신의 저서 속에 부록으로 넣으면서 처음 활자화했.

진창영의 활자화 과정은 「신라연구」를 판독하는 과정이며 이 과정이 까다롭다 보니 판독 오류와 읽을 수 없는 부분들이 생겨났다. 「해동사화초」는 「신라연구」의 저본이므로 「해동사화초」를 찬찬히 살피면 이런 문제를 해결하는 데 도움이 된다. 그리하여 서정주 「신라연구」의 정본을 새롭게 구축할 수 있다.

동국대학교 중앙도서관에 소장되어 있는 「해동사화초」는 총 34회 분량

---

[1] 예컨대 다음과 같은 정보들을 종합해 보면 알 수 있다. '후버 차관, 이승만 대통령 방문(1955년 10월 7일~8일. 연재 5회 뒷면.)', '제3회 교육주간 행사(1955년 10월 6일~12일. 연재 6회 뒷면.)', '10일부터 15일까지 실행되는 방첩주간(1955년 10월 10일~15일. 연재 9회 뒷면.)', '36회 전국체육대회 15일 개막(1955년 10월 15일. 연재 14회 뒷면.)'

이며 제3회분이 결락되어 있는 상태다. 삽화가 같이 있는데 이병주李丙周가 담당했다. 대부분의 원고가 「신라연구」와 똑같지만 내용이 조금 달라진 부분도 일부 있다. 이 스크랩 원고에도 오식이 많아 저자 자신이 자기 필체로 직접 교정한 부분이 많다는 게 또 하나의 특색이다.

「해동사화초」는 서정주의 '신라정신' 기획 과정에서 가장 이른 시기의 자기 공부 자료다.[2] 즉 한국전쟁 직전부터 고민해 오던 신라에 대한 미학적 기획을 본격화한 최초의 원고다. 동족상잔의 전쟁이 발발하면서 서정주는 현대의 파국을 대체할 수 있는 새로운 예술 세계를 우리의 고전에서 찾고자 했다. 신라는 당시의 시인에게 구원이자 희망이었다. 유럽의 르네상스가 고대 그리스 로마에서 그 원형을 찾듯 서정주는 신라에서 한국문화의 원형을 찾고자 했다. 유종호에 의하면 당대 지식인들에게 신라는 '환상적인 매혹'[3]의 공간이었다.

물론 신라는 일제강점기부터 새로 발견되기는 했다. 일본 역사학계와 고

---

[2] 한국전쟁 직전에 쓴 「모윤숙 선생에게」(『혜성』, 1950. 5.)에서는 신라에 대한 미학적 기획을 고민하고 있는 대목이 보인다. 이 원고는 「신라는 참 아직도 오리무중이군요」로 제목을 바꾸어서 『미당 서정주 전집』 9권에 수록되었다. "그러나 신라는 이런 것은 아니겠지요. 물론 그렇지만 이건 내가 신라란 무엇이라고 똑똑히 벌써 수개월 전부터 신라라는 것이 가능한 분위기를 내 속에 모아 보기 위하여 『삼국유사』와 『삼국사기』, 기타 신라에 관한 이야기가 한 조각이라도 남아 있는 것은 손이 닿는 대로 모조리 주워다가 읽어 보고 있는 중입니다만 신라는 아직도 개념이요, 아지랑이처럼 그 주위가 아물아물할 뿐 어떠한 정체도 보이지 않고, 아무 소리도 들리지 않는 채로 있을 뿐입니다. 신라는 생각건대 저 서구의 상대上代인 그리스와 비슷한 것일까요? 그리스 신화의 기름진 유기 흐르는 5월과 같은 것일까요? 아마 그 비슷하겠지요. 그러나 신화 한 권으로도 그리스는 우리 눈에 보이는 게 있지만, 신라는 아무것도 똑똑히 보여 주는 것이 없습니다. 다만 있다면 『삼국유사』 등에 전해 오는 몇 조각의 이야기들입니다. 김춘추의 씨를 처녀의 배 속에 지니고 장작더미 불 위에 얹혀져서도 오히려 한결같던 김유신 매씨의 이야기는 요새 신문에 전해지는 정화情話보다는 너무나 큽니다. 뒤를 이어 삼국을 통일한 문무왕 법민이 "내가 죽으면 호국룡이 되어 이 나라를 또 한 번 지킨다"고 임종에 유언하였다는 이야기도 현대인의 임종에서는 있을 수 없는 이야기 같습니다. 총명한 지혜의 사람인 선덕여왕이 자기를 짝사랑하다가 미쳐 버린 지귀란 사내를 자기의 수레 뒤에 따르라 하고, 잠든 그의 가슴 위에 왕자王者로서 팔찌를 벗어 얹어 주었다는 이야기도 물론 이조나 고려조의 일반 윤리로선 측정도 해 볼 수 없는 가화佳話이긴 합니다.", 서정주, 『미당 서정주 전집』 9(산문), 은행나무, 2017, 92~93쪽.

[3] 유종호, 『나의 해방 전후 1940~1949』, 민음사, 2004, 18쪽.

고학계는 잠들어 있던 신라를 깨워서 조선인의 제국신민화를 부추기는 데 교묘하게 활용했다. 예컨대 신라의 화랑은 제국주의의 충량한 신민으로 둔갑되어 카미카제 특공대로 연결되는데 이런 방식은 곧 일본인에 의해서 창안된 신라 에토스의 자연스러운 귀착에 해당한다. 그러나 또 한편으로 신라 담론은 민족적 영광과 자주독립 의지, 예술적 창조력의 극치와 조선 고유의 신성한 문화를 감지하는 역사적 상상계를 제공하기도 했다.[4]

서정주는 이 역사적 상상계를 문학적으로 활용한 최초의 기획자다. 그는 한국의 호머가 되고 싶었다.[5] 신라담론을 통해 한국의 문예부흥을 꿈꾸는 일은 현대의 파국을 만회할 수 있는 대문호가 되는 길이었다. 모윤숙에게 보낸 편지에는 그런 야심의 초기 모습이 보인다. 그렇기 때문에 전쟁통에 피난을 가서도 『삼국사기』와 『삼국유사』 등을 탐독하고 일일이 카드를 만들며 공부했다. 「해동사화초」는 이런 공부의 결과물이다.

---

4 황종연 엮음, 『신라의 발견』, 동국대학교 출판부, 2008, 15~51쪽 참조.
5 "이런 것들이 그러나 주옥인 채 그대로 온갖 잡토 속에 묻혀서 우리들 속에 아무런 빛도 재생하지 못하고 있음은 웬일일까요. 그것은 다름이 아닙니다. '제2의 호머'에 해당할 만한 시인도 이 나라엔 일찍이 고려에도 이조에도 없어서 그것을 재현하지 못한 때문이라 봅니다. 물론 문헌의 인멸이 심한 이곳이고 보니 혹시 그런 것이 있다가도 모두 타 버렸는지는 모르지요만. 하여간 선인들이 일찍이 우리에게 보여 준 일이 없는 신라정신의 집중적인 현대적 재현이 절실히 필요한 줄은 알겠습니다. 시로 소설로 희곡으로 이것들은 현대적으로 재형성되어서, 구미인들이 근대에 재활한 그리스 정신과 같이 우리가 늘 의거할 전통으로 화해야 할 것만은 알겠습니다.", 서정주, 앞의 글, 94쪽.

03 ___ 서정주 신라담론의
       초기 텍스트

「해동사화초」는 연재 전후에 그 일부가 잡지에 수록되기도 한다. 조사된 목록은 다음과 같다.

「신라인의 천지」, 『협동』, 1955.5.
「신라인의 영적 성격」, 『교통』, 1957.1.
「신라인의 애정」, 『교통』, 1957.4.
「신라의 부모와 자녀들」, 『교통』, 1957.7.
「신라의 해·달·별·구름」, 『교통』, 1957.8.

위의 자료들은 「해동사화초」와 중복된 것들이다. 따라서 정본 「신라연구」를 확정하는 데 참고할 만하다. 「해동사화초」는 『삼국사기』나 『삼국유사』 속의 이야기들을 약간 각색하여 소개한 '옛이야기'여서 순수한 창작은 아니다. 그럼에도 불구하고 이 자료가 갖는 중요성은 작지 않다. 한국문학계에 신라담론을 미학적 기획으로 시도하기 시작했다는 점, 시집 『신라초』(1961)를 촉발시킨 가장 이른 시기의 산문이라는 점, 여타의 신라담론을 탄생시킨 계기를 만든 텍스트라는 점에서 중요하다. 「해동사화초」 이후 발표된 신라담론 관련 산문 목록은 다음과 같다.

「신라인의 지성」, 『현대문학』, 1958.1.

「한국의 미」, 『현대문학』, 1969.3.~1970.2.
「한국의 여인상」, 『주부생활』, 1970.8.~1971.1.

이 중에서 '한국의 미' 연작은 일지사에서 간행한 『서정주문학전집』 4(1972)에 재수록되고 '한국의 여인상' 연작은 『서정주문학전집』 5에 재수록된다. 이 전집에는 발표지면이 확인되지 않은 신라담론들이 적잖이 있는데 그 목록은 다음과 같다.

「화장에 대하여」(수로부인 이야기. *필자), 『서정주문학전집』 4, 1972, 82~83쪽.
「풍류」, 『서정주문학전집』 4, 112쪽.
「신라풍류」 연작 13편,[6] 『서정주문학전집』 4, 240~262쪽.
「자연과 영원을 아는 생활」(박혁거세의 어머니인 사소부인 이야기. *필자), 『서정주문학전집』 5, 299~301쪽.
「신라찬」, 『서정주문학전집』 5, 315~316쪽.

이런 다양한 신라담론들의 기원은 물론 「해동사화초」다. 그러므로 「해동사화초」의 어느 부분이 어떻게 발전하였는지를 살펴보는 일은 서정주 신라정신의 구현 과정을 밝히는 데 유용하다. 뿐만 아니라 시집 『신라초』(1961)와 『동천』(1968)에 미친 영향 파악도 가능하다는 점에서 이 텍스트 분석의 가치는 작지 않다.

---

6 이 연작 산문의 상당 부분이 「해동사화초」에서 기초한 것이다. 같은 내용을 다루더라도 새로운 각색과 잘 다듬어진 문장으로 바뀐다.

04 ___ 진창영본
'신라연구 주해' 교감

진창영본 「신라연구」는 그의 저서 『우리 시의 신라정신과 노장의 생태주의』(국학자료원, 2007)의 부록으로 붙인 자료로서 공식 명칭이 '미당 서정주 미공개 자료 「신라연구」'다. 「신라연구」가 미공개 자료인 이유는 이 원고가 1960년 교수자격인증 논문으로 문교부에 제출한 원본으로서 국립중앙도서관에 소장되기는 했으나 일반에게 전면 공개되지 않은 상황을 고려한 것이다. 물론 그의 전집에도 없고 어떤 형태로든 발표된 적도 없어서 미공개 자료임은 분명하다. 그러나 국립중앙도서관에 있는 이상 누구나 열람할 수 있기 때문에 자료를 확인할 수는 있다.

하지만 이 자료는 당시 필경사가 가리방이라는 등사판에 철필로 기름종이를 긁은 다음 먹물을 묻혀 만들었기 때문에 판독이 어려운 부분도 많고 오식도 있어서 교정과 감수의 과정을 거쳐야 하는 텍스트다. 이 자료를 최초로 활자로 바꾼 게 바로 진창영본 「신라연구」다. 그러므로 이 텍스트는 ①「해동사화초」, ②국립중앙도서관 소장본 「신라연구」에 이은 ③진창영본 「신라연구」다.

③이 해결하지 못한 부분이나 잘못 판독한 부분 또는 원문의 오류(저자의 오류) 등을 수정하려면 ①과 대조하는 게 필수적이다. 이 작업만 해도 ②를 통해 해결하지 못한 부분을 상당 정도 바로잡을 수 있다. 저자의 오류는 『삼국사기』나 『삼국유사』를 일일이 대조해서 보정하는 수밖에 없다. 이런 과정을 통해서 정본 「신라연구」를 재구성해야 한다. 다음은 정본 「신라

연구」 재구성을 위한 교감본이다. ③의 띄어쓰기 오류는 여러 군데 있으나 일일이 지적하지 않는다.

1. 서장/序章 신라인의 천지

1) 처녀들은 그 찬란한 시절을 마치고 시집에 들 때, 그들의 속살이 묻은 옷을 벗어(○○)이 언저리에 바쳤고(진창영, 289. 이하 아라비아 숫자만 표기함.)
   ☞ ②가 판독 불가하여 '**여기**'라고 추정한다는 각주가 달려 있다. 국립중앙도서관 소장본 해당 부분에 도장이 찍혀 있어서 판독이 더욱 어렵다. ①과 대조해본 결과 '**먼저**'로 나와 있다. 이 원고는 『협동』 (1955.5.)에도 수록되어 있어서 확인해본 결과 '먼저'임이 판명되었다.[7]

2) 저 羅初女人네들에 對한 記錄은, 우리에게 이들 上代農民들의 農閑期의 餘裕의 모양을 뵈이는 것이지만, 이 擧國的 餘裕의 운律連(혹은 '建') (○)과도 같은 儀式의 本質은, 그들의 땅을 가꾸는 誠實性이 맺어낸 황홀한 感動이자 同時에 또 하늘로 向하는 讚嘆에 있는 것이다(290).
   ☞ 여기도 '원문 활자 불분명. 판독 불가'라는 각주가 있다(290). ①을 보니 '운律建築'이어서 '**韻律建築**'으로 교감한다. 『협동』에는 '韻律建築'으로 되어 있다. '운율건축'은 서정주가 창안한 용어다. 한가위 축제의식에 동원되는 길쌈놀이의 미학을 평가하는 시인의 안목이 창의적이다. 시간예술(운율)과 공간예술(건축)을 융합하여 독특한 개념을 창안했다.

---

7   서정주, 「신라인의 천지」, 『협동』, 1955. 5., 125쪽.

2. 제4장 별

1) 잊힌 자리에 또렷한 <u>아즈먼네</u>나, 處女나 또 聰明한 눈을 가진 어린 것들 (295)

"원문의 띄어쓰기가 되어 있지 않은 상태에서 전후 문맥을 헤아려 해석이 모호한 부분임. 그러나 다음과 같은 추정 판독이 가능함. '아즈'는 '아주'를 잘못 기록한 것으로 본다면 '아주 먼 네나'로 읽을 수 있음. 그러나 이는 추정일 뿐이며, '네나' 역시, 이웃 사람에 대한 고유명사 뒤에 붙이는 접미사 가령 '철수네 집안' 또는 '영희네 가족'이란 뜻의 '―네'로 읽을 경우 전후 문맥상 의미가 연결되는 판독이 가능함. 즉 '―네'를 '이웃 아무개 집안' 또는 '이웃 아무개 가족' 등으로 해석할 경우 '이웃들이나' 또는 '이웃 사람들이나'로 읽을 수 있을 것임. 이렇게 본다면 이 구절은 '아주 먼 이웃들이나' 또는 '아주 먼 이웃 사람들이나'로 판독이 가능함."(295)

☞ '아즈먼네'에 각주를 붙이고 다음과 같이 설명하고 있다. 서정주 텍스트에서 '아즈먼네'는 '아주머니'의 토속어다. '아주머네'와 같은 뜻이다. '아주머네'는 「진영이 아재 화상」(『미당 서정주 전집』1(시), 194쪽), 「줄포」(『미당 서정주 전집』6(유년기 자서전), 174, 180쪽) 등에 용례가 보인다. 새로운 정본을 만든다면 **"아주머니나 처녀나 총명한 눈을 가진 어린 것들"**로 확정할 수 있다.

2) 옛 東 물가 蜃氣樓에 놀은 城을랑 바래고 倭軍도왔다 烽룐가(邊) 있어라. (중략) 此也友(感歎詞) 무슴ㅅ 慧人기있을고(296)

☞ '烽(봉)룐가'는 '燧(수)룐가'의 오식이다. 이는 양주동 번역을 차용한 서정주가 「혜성가」 해독 과정에 지속적으로 '수燧 사룬 가[邊] 있어라'라고 옮기고 있기 때문이다.

옛 동햇가 신기루에

놀은 성城을랑 바래고

왜군도 왔다

수燧 사룬 가[邊] 있어라

삼화三花의 오름보심을 듣고

달두 바즐이 혀럴바에

길 쓸 별 바라고

혜성이여! 사뢰온 사람이 있다

아으, 달 아래 떠 갔더라

어즈버 무슴 혜성이 있을고

—융천, 「혜성가」(양주동 역)의 의미적 졸역[8]

☞ 봉烽과 수燧는 같은 뜻이지만 서정주는 삼국유사 원본의 '烽燒邪隱邊也藪耶'[9]의 '봉소烽燒'를 '수燧술얀 ᄀᆞ이슈라'라고 해독한 양주동 방식을 차용한다.[10] 이는 해독의 문제이기 때문에 '수燧'로 바로잡는다.

'혜인慧人'은 '慧ㅅ'의 오식이다. 사람 인(人) 글자가 아니라 사이시옷(ㅅ)이다. 이 부분은 또 「혜성가」의 한자음 자체가 오식이므로 '혜慧'를 '혜彗'로 바로잡아야 한다. '慧ㅅ'을 '彗ㅅ'로 교감한다. ①, ②, ③ 모두 수정해야 한다. ③의 '融天師作「彗星歌」(眞平王代)의 現代語譯' 부분만 '彗星'으로 수정되어 있다.

---

8 서정주, 『시문학원론』, '제5장 시의 내용', 『미당 서정주 전집』 12(시론), 은행나무, 2017, 155쪽, '제6장 시의 대상', 같은 책, 188쪽.

9 최남선 편, 『삼국유사』, 서문문화사, 1987, 228쪽.

10 "烽燒邪隱邊也藪耶 수燧술얀 ᄀᆞ이슈라. 烽. 音讀. 但「烽燧」는 一字론「烽」이라 하지안코「燧」라 칭하엿음을 左引例로써 알 수 잇다. (이하 사례 설명)", 양주동, 『고가연구』, 동국대학교 출판부, 1995, 581쪽.

3) 註—上擧 鄕歌의 現代語譯은 梁柱東氏의 것을 再譯한 것으로서 初句中 '蜃氣樓'의 原語 '乾達婆'는, 氏는 그 一方의 意味 '후 香神'[11]으로 봤으나 이건 LANKA(릉伽經) 等에 보이는 것과 같이 '蜃氣樓'로 읽음이 當然할 것 같아 그리해 두었고,(297)
☞ '후 香神'은 '嗅香神'으로 'LANKA(릉伽經)'은 'LANKA(楞伽經)'으로 교감한다.

3. 제5장 신선

1) 한 마리의 영약한 매(鷹)가 그의 길동무로 그를 따랐다(298).
☞ **'영약한'**으로 교감한다.

4. 제6장 신라의 상품商品

1) 하여 마침내 두 상고(商고)는 마치 읊조리기나 하듯이 말을 나란히 하였다—
☞ 한자음 한 글자가 누락되었다. ② 자체가 '두 상고(商고)'로 되었는데 진창영이 교정하지 않은 채 그대로 두었다. 교감하면 **'商賈'**다.

---

11 "乾達婆. 音讀. 「乾達婆」는 梵 「간달바」, 그 原意는 「嗅香」. 八部衆의 一인 天樂神의 名號이나, 「尋香」의 義로 西域에서 「俳優」의 稱이 되엿다.", 양주동, 앞의 책, 567~568쪽.

5. 제8장 처녀

1) 그냥 아무 까닭도 <u>속걸도</u> 別로 없는 구석의 꽃밭같은 데를 마지막 디딜판으로 해 <u>겨온</u> 山노루와 같이 있다가(307)
   ☞ '속걸도'는 **'속절도'**로, '겨온'은 **'쫓겨온'**으로 교감한다.

2) 背景과·訓練을 주지 못하고(307)
   ☞ 가운뎃점(·)을 삭제한다.

3) 제일 고웁다 하여 <u>허천나자 발·머리없어진</u> 者들(307)
   ☞ '허천나자 발·머리없어진'을 **'허천나 자발머리 없어진'**으로 교감한다.

4) 도가니 안에고 惑의 新酒와 같이 되어 있다가(307)
   ☞ **'안의 蠱惑의'**로 교감한다.

6. 제10장 피리와 노래

1) 삼국유사 <u>第5</u> '통감' 第7 '月明師兜率歌'條(310)
   ☞ 第5를 **'卷5'**로 교감한다.

2) 우리를 <u>하펌케</u> 하는(312)
   ☞ ①, ②는 '하펌케'로 ③에서는 '하평케'로 되어 있어 **'하펌케'**로 교감한다. 하펌은 헐뜯고 비방한다는 뜻.

3) <u>任意</u>를 게함으로써 훨씬(312)

☞ ②의 '임의롭게'와 비교하여 ①의 '**任意롭게**'로 교감한다.

4) 모든 신의 등명 <u>수닷군들의</u>(312)

☞ ①은 '수다ㅅ군'으로, ②는 '수닷군'으로 표기되어 있어 '**수다꾼**'으로 교감한다.

7. 제11장 영靈

1) 返上하는 배화제 '褒(?)火簾(?)' 같은(316)

☞ 한자가 명확하지 않아 판독이 어려웠던 듯하다. 각주 설명에는 이렇게 되어 있다. "'褒'와 '簾'는 불분명한 활자로서 유사한 글자로 추정한 것임. 불교용어에 '불을 붙여 올리는 제사'란 뜻의 '褒火祭'라는 말이 있으나 이 역시 '簾'자와 맞지 않아 확실치 않고, 원문의 희미한 글자를 추정한 결과 '簾'로 보이나 확실치 않음." '표簾'는 '가는 대나무'를 가리키니 문맥상 어울리지 않는다. ①, ②를 면밀히 본 결과 '鷹火策'으로 교감한다. '응화책'은 연에 불을 붙여 하늘에 올림으로써 떨어진 유성이 다시 올라갔다고 믿게 하려는 김유신의 전술에 대한 서정주식 표현이다. 그러나 매, 솔개, 소리개의 뜻을 가진 글자라도 '응鷹'보다는 '연鳶'이 더 적절하다. 진창영본 바로 앞 쪽(315)에 "이에 허수아비를 만들어 불을 둘러붙여 연鳶에게 달아서 날리니 마치 하늘의 짓 같더라"라는 구절이 있다. 『삼국사기』 원전에는 "乃造偶人抱大

載於風鳶而颺之若上天然"¹²으로 되어 있어서 문제의 구절은 최종적으로 '**연화책鳶火策**'으로 교감한다.

2) 슬기른 흔적을(316)
☞ ①, ②의 '**슬기론**'으로 교감한다. '슬기로운'의 줄임말이다.

3) 이 글의 第一章에서 본것과 같은(317)
☞ '第一章'을 '**第10章**'으로 교감한다. 월명사의 「도솔가」가 언급된 부분은 10장이다. ①에서는 '이 글의 拾壹話에서 본 것과 같은'으로 되어 있는데, 이는 미당이 이 부분의 연재물에 '第拾貳話'라고 했기 때문이다. 본인 스스로가 12화를 11화로 교정하고 있기 때문에 11화도 10화로 교감하며, 여기서는 10장으로 고친다.

4) 우리 人本主義的 '理性이라는(318)
☞ ①은 『理性』에 표기되어 있고, ②는 『理性이라', ③은 '理性으로 되어 있어 인용부호 ' '을 붙여 '**理性**'으로 교감한다. '靈'에 대응하는 개념으로 쓰고 있으므로 따옴표를 붙인다.

5) 무슨 별난 魔力(O) 같이 되어 있다(318)
☞ '魔力(O)'은 ①, ②와 같이 魔力에 조사 '과'를 붙여 '**魔力과**'로 교감한다.

6) 그 優生의 精神이야말로(319)
☞ 優生의 '生'은 ②, ③이 모두 '生'으로 되어 있지만 ①을 대조해보니

---

12 『삼국사기』 권41 열전 「제1 김유신(상)」

'性'으로 되어 있다. 이를 참조하여 '**優性**'으로 교감한다. 우성, 열성의 개념으로 사용한 것이다.

8. 제12장 정치

1) 거의 習慣化화되어(320)
   ☞ 習慣化화에서 '화'를 삭제하고 ①, ②의 '**習慣化**'로 교감한다.

2) 십사년 봄 여름 가물에,(320)
   ☞ '가물에'는 ②에서는 '가믈에'로 되어 있고, ①에서는 '가물어'로 되어 있다. 진창영은 '가믈'에 각주를 달고 '가뭄'이라고 하고 있으나, 서정주는 ①에서 '十四年 春夏旱'을 '十四年 봄 여름(기간 동안) 가물어,'라고 표기하고 있다. 이를 존중하여 최종적으로 '**가물어**'로 교감한다.

3) 雨露의 類 까지를 '洧情한 것'(321)
   ☞ 洧情의 '洧'를 ①, ②의 '**有情**'으로 교감한다. 이는 불교의 유정물有情物, 무정물無情物의 개념이다.

9. 제13장 사랑 其一

1) 사람노릇허는 첨일이니 좋은 딸을 안 골라선 안돼요.[13](324)

---

13 이 문맥은 백운(남)과 제후(여)의 사랑이 부모의 반대로 이루어지지 않고 새로운 남자인 교평과 맺어지려는 찰나 제후가 교평에게 제안하는 맥락에서 나온 것이다. 백운이 찾아올 수 있도록 시간을 벌기 위해 제후는 교평에게 다음과 같이 말한다. "혼인하는 건 사람노릇허는 첨일이니 좋은 날을 안 골라선 안돼요."

☞ 좋은 딸의 '딸'은 ②, ③이 '딸'로 되어 있지만 ①을 참조하여 '날'로 교감한다.

2) '하여 두어' 교평은 그 말 대로하고, 백운이 가얌나뭇골을 찾자(324)
☞ '두어'와 '찾자'는 ①, ②와 같이 ','을 넣고 붙여 쓰기를 하여 '**하여두어,**'와 '**찾자,**'로 교감한다. '찾자' 뒤에 쉼표를 붙인다.

10. 제14장 사랑 其二

1) 심화되어 가는 무슨 옷물과 같은(327)
☞ '옷물'을 ①, ②의 '**못물**'로 교감한다. 못물은 연못물의 뜻이다. 서정주 시의 「상리과원」에 용례가 있다. "우리가 이것들을 사랑할려면 어떻게 했으면 좋겠는가. 묻혀서 누어 있는 못물과 같이 저 아래 저것들을 비춰고 누어서, 때로 가냘푸게도 떨어져 내리는 저 어린것들의 꽃잎사귀들을 우리 몸 우에 받어라도 볼 것인가."[14]

11. 제15장 부모들과 자녀들

1) 때에 長槍幢(長槍兵團)은 홀로 別陳을 쳐 唐兵三千余人을 大將軍의 營에 잡아 보내니, 이에 諸幢은 공언하되 "長槍幢은 외로 陳쳐 成功해서 틀림없이 厚賞을 받을 것이니…(329)

---

14 서정주, 『미당 서정주 전집』 1(시), 은행나무, 2015, 148쪽.

☞ '동당幢'은 '당幢'의 오식이다. 당幢은 군대 편성 단위[兵團]를 나타낸다. ①, ②, ③이 모두 잘못되었다. 『삼국사기』 원문에 '당幢'으로 되어 있어서 교감한다. **'장창당長槍幢**'은 '장창이 지휘하는 부대'요, '제당諸幢'은 '여러 부대'의 뜻이다.

2) 淡凌이 말 곱비를 잡고 놓지 않아 죽지 못하다가 그의 윗 將軍이 蕪第嶺으로 갈 때 따라 가니라.(329)

☞ ①에 '蕪이嶺'으로 되어 있고, 미당이 '이'를 黃로 직접 교정했다. 『삼국사기』에도 '무이령蕪黃嶺'으로 나온다. '蕪第嶺'을 **'蕪黃嶺**'으로 교감한다.

3) 元沭이 잘못 때문에 이 지경이라." 가슴 미여 太白山에 들어가니라.(330)

☞ '원술元沭'을 ①, ②의 **담릉淡凌**으로 교감한다. 『삼국사기』 원문에도 "爲淡凌所誤至於此極"으로 되어 있다. 사람 이름이 바뀌었다. 원술이 자기를 보필하던 담릉 때문에 전쟁터에서 장렬하게 전사하지 못한 것을 후회하는 대목이므로 "淡凌 잘못 때문에 이 지경이라."로 옮겨야 한다.

☞ '太白山'은 『삼국사기』 원문에 '**大伯山**'으로 나와 있다. 태백산은 우리말로 대광명을 뜻하는 '한밝뫼'이고, 그 음을 따서 함박산㟴/咸朴山, 대박산大朴山, 함백산咸白山, 태백산太伯山 등 다양하게 불린다. 여러 정황으로 미루어 원문의 '大伯山'은 '**太白山**'과 같은 산으로 본다.[15]

4) 王이 장군 伊珍干 乾品 武梨屈梨伐 級干武殷 比梨耶 等에게(331)

☞ 伊珍干의 '伊'는 '波'의 오식이니 **'파진간波珍干**'[16]으로, 武梨屈梨伐은

---

15 태백산의 지명고에 대해서는 김장호, 『한국백명산기』, 평화출판사, 2009, 234~239쪽 참조.
16 을해목활자본에는 파진간波珍干, 정덕본에는 파진천波珍干으로 되어 있다. 진창영본 331쪽의 원문 인용 부분에서는 파진간波珍干으로 되어 있으나 한글로 옮기는 과정에서 오식이 생겼다.

'伊'를 삽입하되 두 사람이므로 '**무이굴武梨屈·이이벌伊梨伐**'로 교감한다. ①과 『삼국사기』 원문 대조 결과를 반영하여 교감한다.

5) 同一理念이고저 했고 겹하는 정이고저 했다.(332)
　☞ '고져'를 연결 어미 '**고저**'로 교감한다. ①을 참조했다.

12. 제16장 형제

1) 여기에서는 육친의 결연을 에워싸고 있는 ○○눈(은)(338)
　☞ '○○는' 원문 판독이 어려워 다음과 같이 각주를 달고 있다. "원본의 활자가 불분명하여 판독이 어려움. 그러나 전후의 문맥과 희미한 글자를 보아 짐작건대 다음과 같은 단어를 추론할 수 있음. '廣裏'(넓은 얼개 혹은 보자기), '廣囊'(넓은 주머니)" ②와 같이 ①도 판독이 쉽지 않다. 아래쪽 옷 의衣 변은 분명한데 위의 글자가 흐려서 여러 모양으로 짐작한 결과 '**광무廣袤**'로 교감한다. '광리廣裏', '광포廣襃' 등도 후보군으로 생각해볼 수 있으나 문맥상 '광무廣袤'가 적절하다. '광무廣袤'의 광廣은 동서, 무袤는 남북의 뜻으로, 땅의 넓이를 이르는 말이다. 이렇게 놓고 원문을 다시 읽으면 뜻이 훨씬 선명해진다. "여기에서는 육친의 결연을 에워싸고 있는 광무廣袤는 가정과 국가의 제한을 넘어서 한정 없이 넓은 것이 되어 이 형매兄妹를 홑된 가지 위의 두 개의 잎사귀와 같이 표현해서 그 사생死生하는 숙명을 먼저 세게 느끼고 알게 하는…" 즉 월명사와 그의 죽은 누이와의 관계를 육친 차원보다 훨씬 더 넓게 확장하여 보편적 인류애를 표현하고자 한 것이다.

2) 알게 하는 장포력으로서 작용하고 있고 도를 닦으면 이최표력은 그 작용의 질을 마꾸어 '으희'의 조은 상봉을 짓는 것으로 되어 있어(338)

☞ '장포력'은 ①과 같이 '장'을 '외'로 바꾸어 '**외포력**'으로 한다. '외畏'를 '장長'으로 잘못 판독하여 그리되었다. '두려워한다'는 뜻이다.

☞ '이최표력은'은 역시 '**이 외포력畏怖力은**'으로 교감한다.

☞ '마꾸어'는 '**바꾸어**'로 교감한다.

☞ '으희'는 '**의회意會**'로 교감한다.

☞ '조은'은 '**좋은**'이다.

3) '까닭모를 일(그가 有由의 병됨을)(338)

☞ '有由'는 '**염유冉有**'로 교감한다. ① 자체에 오식이 생겨 미당이 직접 '冉有'로 수정했다. 염유는 공자의 제자 중 한 사람이다.

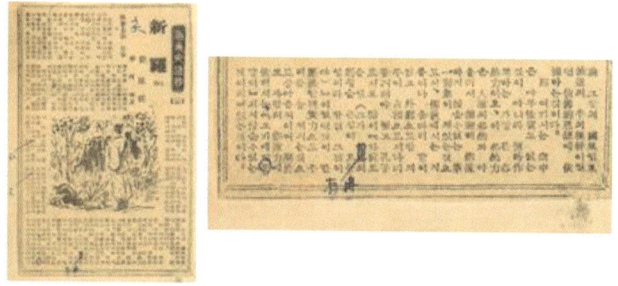

그림1 시인이 직접 교정한 부분. '유유有由'를 '염유冉有'로 수정했다.

이상으로 진창영본 「신라연구」의 교감 작업을 정리한다. 16장 형제 편 다음에 나오는 원고(339~342)는 박혁거세의 어머니 사소부인에 대한 이야기, 선덕여왕 이야기, 선도산 성모 이야기 등인데 핵심 화소는 '영원인永遠人'이다. 여기에 '영통靈通'의 형이상학이 처음 드러난다. 이 편목은 16장 이후의 다른 이야기인 셈인데 ①에서는 다루어지지 않았고,[17] ②와 ③에서는 아무 맥락도 없이 16장 이후에 이어져 있다. 그러므로 이 부분은 미스터리다. 진창영의 주장대로 '신라의 영원인' 정도의 내용 중 앞부분이 누락된 채 ②가 만들어진 것으로 볼 수 있다.

이 누락된 원고가 미당의 스크랩북 안에 다른 제목으로 보존되어 있어서 「신라연구」의 완전 복구가 가능하다. 이 역시 신문에 발표되었는데 지면 이름을 정확히 알 수 없다. 뒷면의 내용으로 미루어보아 1959년 2월 15일 즈음이다.[18]

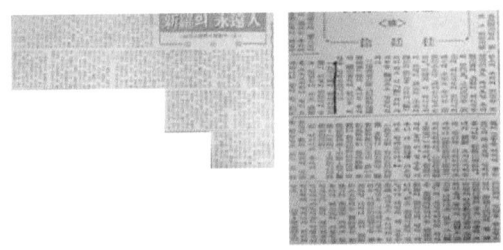

그림 2 「신라의 영원인」과 「신라의 영원인 <속>」

---

17 「해동사화초」 스크랩 자료는 제16화, 「신라」 34회로 끝난다.
18 원고의 제목은 「신라의 영원인—한국적 정신의 전통에 일언—글」이며, 다른 원고는 「신라의 영원인 <속>」이다. 「신라의 영원인 <속>」 뒷면 기사 내용은 다음과 같다. "교통부에 의하면 14일 하오 6시 43분 제 707열차가 진주선 '진영—덕산'간 선로에 이르렀을 무렵 왼쪽으로부터 돌이 날아와 유리창 한 장이 파손되는 동시에 승객인 진주 출신 민의원 김용진金溶珍씨가 왼팔에 타박상을 입었는데 범인은 육군 6282부대 통신대 소속 상병 이기후(23)군으로 판명되어 마산헌병대에 인계되었다." 이 사건이 일어난 시기는 1959년 2월 15일이다. 그러므로 「신라의 영원인」은 「해동사화초」 연재 후 3년여 기간이 지난 뒤의 발표작이다.

05 ___ 「신라의 영원인」 내용 복구

다음은 진창영본 339쪽 이전의 '신라의 영원인' 시작 부분부터 이어지는 내용으로서[19] 스크랩물의 내용을 그대로 전재한다. 「신라연구」의 16장 '형제편' 다음에 이어지는 내용이기도 한데 이를 끼워 넣으면 「신라연구」의 조각이 다 맞추어진다.[20]

(1)

신라정신新羅情神이 우리의 것보다 더 가지고 있던 것은 뭐냐 하면, 그것은 알아듣기 쉽게 요샛말로 하면 영원주의永遠主義입니다. 현생現生만을 중요시重要視하여 이치理致나 '모랄'이나, 지향志向이나, 감정感情을 가진 것이 아니라 영원永遠을 입장立場으로 해서 가졌었단 말씀입니다.

허나 이 일이 신라新羅 시절에만 그랬다가 고려高麗의 유학儒學 천하天下 이래以來 끊어져 버렸다고 생각하는 것은 어리석습니다. 전통력傳統力이라는 것이 어디가 그런 것인가요. 유학적儒學的 현실주의現實主義만 가지

---

19 진창영본 339쪽은 느닷없이 "이 神母의 한 일은 두말할 것도 없이 家庭이나 社會人—即 現生의 人倫 中心의 現實人으로서 한 일이 아니라 그것과는 딴 뜻을 가진 사람의 일입니다."라는 부분으로 시작된다. 338쪽에서 끊어진 제16장 '형제'에 이어, 제17장 '신라의 영원인' 원고의 앞부분이 사라진 것이다. 「신라연구」 자체가 이렇게 누락된 상태니 진창영본이라고 별수가 없었던 것이다.

20 국립중앙도서관본 「신라연구」는 이 부분이 누락되어 있지만, 영남대본과 고려대본에는 '신라의 영원인' 부분이 '종장' 형태로 제시되어 있다. 내용이 「해동사화초」와 동일하다. 진창영이 이 두 판본을 참고했으면 잃어버린 조각 문제로 고민하지 않았을 터다. 영남대본과 고려대본은 전 16장에 서장과 종장이 붙어서 전체 18장으로 구성되어 있다. 여기에 대한 선행연구는 김정신(2009)와 이유미(2018)을 참조하라.

고는 제외除外할 수 없던—이 정신情神의 또 다른 힘은 고려高麗 이래以來 모든 권위權威의 밑바닥에 숨은 한 개의 잠세력潛勢力이 되어 오늘날의 우리에게도 전승傳承되어 있습니다. 유교儒敎의 경전經典으로서는 도저히 해석解釋이 안 되는—오늘날도 우리가 가지고 있는 낭인정신浪人情神 같은 것은 바로 그것입니다. 모든 인륜중심人倫中心의 현생사現生事에 헝클어질 대로 헝클어진 사람이, 그래도 낙오落伍하지 않고 먼지 털털 털고 일어서서 피 맑혀 산수山水의 벗이 되어버리면 그걸로 또 한 번 살길이 마련되는 것은 우리에게도 생소한 일이 아니어니와 이것이 딴게 아니라 신라정신新羅情神의 특출特出했던 점點이 계승繼承된 것—바로 그것입니다.

이렇게 말씀하면 "그것 쉽다." 하실는지 모르지만 사실은 그 자세仔細한 실상實相을 늘 잊어버려 왔기 때문에 그것이 우리에게는 많이 어렵게 돼 있습니다.

무엇 때문에 이렇게 되었느냐 하면, 신라新羅 이후以後 이 민족民族 각자各自의 나약懦弱이 빚어낸 정신적精神的 정진精進의 결여缺如는 차치且置하고라도 제일 큰 장벽障壁은 여조麗朝 이래以來의 유교적儒敎的 인륜중심人倫中心의 현실주의現實主義의 눈과 또 개화開化 이후以後 신설新設된 그 소위所謂 '과학科學'의 눈 까닭이었습니다.

유학儒學은 아무래도 영원永遠을 원경遠景의 일로 취급取扱했고 과학科學의 눈은 이것을 또 까마득히 잊어버린 데 기인起因합니다. 그래서 이 두 겹의 눈의 습관習慣 성립成立 이래以來 영원永遠은 향수鄕愁의 대상對象이거나, 한恨이나 보낼 곳이거나 또는 목전目前의 사용물使用物이나 약간若干 가진 삭막索漠한 것이 되어 있기 때문에 '영원永遠과 동거同居하는 일'—그것이 사실은 어렵게 되었습니다.

그러므로 유교儒敎와 과학科學의 눈만 가지고는 신라新羅는 뵈지 않으니 무엇보다 먼저 이것들을 씻는 자세姿勢나 염두念頭라도 들여다 볼 수가 있을 것입니다. 그러니 신라新羅적 사실史實의 수집蒐集 기록가記錄家가 아니라 그 정신情神을 살결로 재경험再經驗함으로써 알려는 이는 결국 어쩔 수 없이 그 일을 위한 한 수도자修道者가 안 될 수 없는 것입니다.

(2)

석굴암石窟庵에서건 불국사佛國寺에서건 신라新羅가 남긴 것에서 우리 이상以上의 힘을 느끼는 사람들이 그때의 문헌文獻 속으로 들어갈 때 맨 먼저 눈앞에 아스라이 흘립屹立하는 것은 우리의 인격人格의 명칭名稱들과는 딴 여러 명칭名稱들입니다. '차차웅次次雄'이니 '신모神母'니 하는 것도 그것들 중中의 일부분一部分입니다.

우선 이런 것을 아는 것이 신라新羅를 아는 첩경捷徑이겠지요. '차차웅次次雄'에 대해서는 기록記錄이 적어 우선 상고詳考하기에 불편不便하니 기록記錄이 많은 '신모神母'가 무엇인가를 보는 것이 편리하겠습니다.

삼국유사三國遺事와 삼국사기三國史記를 종합綜合해보면 '신모神母'란 말이 여러 군데 보이는데 이것은 물론 '사람'을 말한 뜻임에 틀림없지만 지금 우리가 일반으로 알고 있는 '사람의 뜻'과는 다른 의미意味입니다.

유사遺事와 사기史記에는 박혁거세朴赫居世의 자당慈堂께서 처녀處女로 잉태孕胎하여 아버지한테 쫓겨나서 선도산仙桃山이라는 산山에 가 여태까지의 사회社會 내內에서의 수행修行과는 별개別個의 수행修行을 해서 그 때문에 그를 신모神母라고 부른 설이 기록記錄되어 있고 또 박제상朴堤上(일본日本에 사신使臣 가 고문살해拷問殺害된 대신大臣)의 부인婦人이 남편男便을 기다리던 끝에 치술신모鵄述神母로 불리어진 일이 씌어 있는데 [이 '신모神母'의 한 일은 두말할 것도 없이 가정인家庭人이나 사회인社會人—즉即 현생적現生的 인륜중심人倫中心의 현실인現實人으로서 한 일이

아니라 그것과는 딴 뜻을 가진 사람의 일입니다. (후략)][21]

「신라연구」에서 누락된 위의 인용문을 보면 서정주가 탐구하는 신라정신이 '유학儒學'이나 '과학科學'과는 다른 영원의 형이상학과 관련이 깊다는 것을 짐작할 수 있다. 원고의 후반부를 보면 '영원주의'라 명명하고 있는 이 기나긴 삶의 주체가 바로 '영靈'이며 그것[영靈]이 전생—현생—내생을 오가는 방식을 '영통靈通'이라고 부르고 있음을 확인할 수 있다. 그러므로 서정주의 신라정신의 핵심은 영원주의로 명명할 수 있고 이는 불교의 세계관으로부터 비롯된 것임을 인증할 수 있다.

「신라연구」는 그런 점에서 서정주 '신라정신'에 대한 가장 이른 시기의 착상이다. 이 바탕 위에서 수많은 신라 담론이 발전해 나오고 시집 『신라초』(1961)와 『동천』(1968)의 시편들이 창작된다. 찬란한 신라문화, 영통과 혼교魂交를 통해 오래도록 이어지는 사람살이, 시공을 초월하는 이런 삶의 형식을 통해서 서정주는 서양의 『일리아드』나 『오디세이아』에 비견되는 '한국의 미학'을 건설하고 싶어 했다. 그것이 장엄한 서사의 형태로 구축되지는 않았지만 후일 일상의 소소한 사람살이로 이어지기는 한다. 『질마재 신화』(1975)는 그런 점에서 「신라연구」라는 기획물의 미학적 산출물로 불러도 무방하다.

---

21 해당 부분은 진창영본에 수록되어 있으므로 책을 참조하면 된다. 진창영, 앞의 책, 339~342쪽 참조.

06 ── '한글판 정본 「신라연구」'를 위하여

　　서정주의 교수자격인정 논문인 「신라연구」는 '신라정신'이라는 미학적 기획을 형성시켜 가는 가장 이른 시기의 자료다. 이 자료는 국립중앙도서관에 보관되어 있는 등사판 자료로서 한 번도 활자화되지 않았다. 진창영이 이를 일일이 다시 입력하여 활자화한 다음 자신의 책에 부록으로 수록함으로써 원본에 접근하기가 쉬워졌다.

　　그러나 진창영본에도 미해결 과제가 많고 부정확한 판독들이 있어서 이를 바로잡을 필요성이 있었다. 그런데 서정주의 「신라연구」의 저본에 해당하는 「해동사화초」가 미당의 유품 속에서 발견되었다. 이 자료는 서정주 작품 목록에 전혀 소개된 적이 없는 새 자료다. 1955년 10월부터 11월 사이 모 일간지에 수록된 것으로 추정된다. 신문의 해당 지면을 오려서 스크랩 상태로 보존된 유품이기 때문에 정확한 지면을 확인할 수 없다. 뒷면 사설면의 내용으로 보아 시기 추정은 가능했다. 1952년에 이미 목포일보에 신라에 관한 글을 연재하기로 했다가 실패했기 때문에 그 지면일 가능성이 높지만 해당 자료들을 구하기가 어려워 최종 판단은 후속 연구에서 이루어지기를 기대한다.

　　「해동사화초」는 서장 포함 전체 17장, 34회에 이르는 연재물인데 제3회분만 누락되어 있다.[22] 이 내용은 「신라연구」를 통해 짐작할 수 있다. 「신라

22　이 3회분은 제1장 「노인헌화가」 부분이다. 종장인 「신라의 영원인」 부분만 결합하면 전체 18장이 완성된다.

연구」에서 판독이 어려운 부분은 「해동사화초」를 대조해보면 해결이 가능하다. 이렇게 하면 '한글판 정본 「신라연구」'를 재구성할 수 있게 된다. 진창영의 기초 작업 위에 새로운 보완 작업이 더해짐으로써 가능해진다.

본 논문은 이 과정을 위한 첫걸음에 해당한다. 1955년 무렵의 서정주의 미학적 기획 안에서 일어나는 신라정신의 희미한 실체를 보다 분명히 볼 수 있기 때문에 중요하다. 「해동사화초」가 수록된 신문지면에도 오식이 있어서 서정주가 직접 교정을 본 흔적들이 스크랩 유품에 적지 않다. 그런 점에서 이 유품은 자료적 가치가 크다. 진창영본 「신라연구」를 교감하는 과정에서 얻게 되는 수확은 다음과 같다. 판독 불가나 판독 오류의 경우 중 대표적인 것들을 확정했다.

'운율건축韻律建築'(290),

'연화책鳶火策'(316),

'광무廣袤'(338)

등이다. 잘못된 글자를 바로잡은 경우는 다음과 같다.

'봉烽된가'→'수燧된가'(296),

'혜인慧人'→'혜彗人'(296),

'하평'→'하폄'(312),

'우생優生'→'우성優性'(319),

'유정消情'→'유정有情'(321),

'딸'→'날'(324),

'옷물'→'못물'(327),

'동憧'→'당幢'(329),

'무제령無第嶺'→'무이령無荑嶺'(329),

'원술元述'→'담릉淡凌'(330),

'이진간伊珍干'→'파진간波珍干'(331),

'장포력'→'외포력'(338),

'유유有由'→'염유冉有'(338)

「해동사화초」는 서정주의 신라정신 연구에 관한 초기자료의 정확한 모습을 확인할 수 있는 좋은 자료다. 등사판 「신라연구」를 활자화한 진창영의 노력을 높이 평가하되, 거기에 보완해야 할 내용들이 재구축되었다. 특히 서정주의 유품에서 「신라의 영원인」 원고를 찾아 「신라연구」의 빈 곳을 복구한 것은 의미가 크다. 이는 영남대본과 고려대본을 통해서도 입증이 가능하다. 이로써 한글판 「신라연구」의 새 정본이 만들어지기를 기대한다.

17장 『미당 서정주 전집』 정본 확정의 원칙과 과정

서정주 시 정본 확정의 원칙과 과정,
『한국시학연구』 43, 한국시학회, 2015.

01 ___ 미당 시전집의 새로운 출발

미당 서정주는 15권의 시집과 한 질의 문학전집[1]을 통해 1천 편[2] 가까운 작품들을 남겼다. 창작 기간도 70년에 이르고 "심층 생의 매력의 간절함"[3]을 추구하는 주제와 풍성하고 다양한 제재들을 통해 한국문학의 지평을 크게 확장했다. 그의 문학적 자산인 시력詩歷의 장수성과 글감의 풍요로움과 모국어의 매혹적인 진경은 그 자체로 한국문화의 유산에 값한다. 서정주는 1933년부터 2000년까지 68년간 작품을 발표했다. 시, 산문(자서전, 수필, 여행기, 일기 외), 시론, 소설, 희곡, 평론, 동화, 민화, 논문, 전기, 번역 등 다양한 저작들 속에는 20세기를 관통해 온 한 생애의 문학적 전모가 고스란히 온존해 있다. 그토록 오랜 시간 다양하고 활달한 '문학'을 선보인 사례는 드물다.

미당의 1천 편 유산들은 『화사집』(1941)과 『귀촉도』(1948)를 제하면 대체로 시작 노트[4]의 초고와 첫 발표지면, 시집 수록 및 재수록의 과정을 거쳐 정착된다. 그러나 『서정주문학전집』(일지사, 1972)과 『미당 서정주 시전집』(민음사, 1983·1991·1994) 이래 온전한 전집이 아직 없다. 온전한 전집이란 서정주의 모

---

1 기존 시집에 미수록된 55편의 신작시가 포함되어 있는 『서정주문학전집』(일지사, 1972)을 말한다.
2 미당이 발표하고 시집에 수록한 시편들 중 중복 및 개작된 것을 제외하고, 나중에 다시 추가한 경우를 정리해서 합산하면 전체 950편이다.
3 서정주, 『서으로 가는 달처럼…』, 문학사상사, 1980, 3쪽.
4 1950년 1월부터 2000년 2월까지 기록한 미당의 시 창작 노트. 대학 노트 크기로 전체 10권 분량이며 많은 시편들의 초고가 들어 있다. 이 기록들은 미당 특유의 말버릇과 표기법에 대한 중요한 정보를 많이 가지고 있어서 원전 검토와 정본 확정 작업에 큰 도움을 준다.

든 문학적 결과물의 수집·정리·출간을 뜻하지 않는다. 이미 책의 형태로 출간되었더라도 중복된 것들은 가려 선정해야 하고, 책 속에 미처 수록되지 않은 개별 발표작들은 그 문학적 성취에 따라 전집 속에 포함시켜야 하는 경우도 있다.

시전집도 비슷하다. 일단 시집에 수록된 작품에 한정해서 선택하는 게 바람직하다. 그것은 시인의 자기 권리이자 바람인 동시에 후대 편집자들의 중대한 책무이기도 하다.[5] 다만 미수록작이나 미발표작[6] 들은 전문가들을 위한 연구 가치 측면이나 애호가들의 요청을 수용하여 단행본 간행을 적극 검토해 볼 만하다.

그림1 시작 노트(전 10권). 1950년~2000년의 창작시 육필 초고가 들어 있다. 50년간의 필체의 변화, 작품 교정 과정 등을 살펴볼 수 있으며 미수록작 및 미발표작이 100편 이상 수록되어 있다는 점에서 중요한 유품이다.

---

5   시집에 수록되지 않은 발표작이나 미발표작 들 중에서도 빼어난 작품들이 많다. 이들이 시집 속에 수록되지 않은 이유는 시인의 자기 엄격성도 있고, 수록 시기를 놓치거나 출간되는 시집의 주제와 어울리지 않는 까닭으로 배제된 경우도 많다. 『팔할이 바람』(1988)부터 『산시』(1991) 사이의 창작시들 중 『산시』 주제와 어울리지 않는 시편들이 대체로 이런 경우다.

6   미당의 미발표작들은 생전에 어떤 지면에도 발표하지 않은 그의 '시작 노트'(1950~2000) 속에만 있는 것들로 100편 이상 있다. 이들 중 약 30편 정도는 그의 사후에 이런 저런 경로로 발표된 바 있으며 그 작품성이 발표작들에 크게 뒤지지 않는다.

서정주 시전집은 탄생 100주년을 맞아 간행되는 『미당 서정주 전집』(은행나무, 전 20권)의 일환으로서 다음과 같은 방향성을 지향한다.

첫째, 전문 연구가들이 아닌 일반 독자를 위한 판본이어야 한다는 것. 한자를 한글로 바꾸고,[7] 띄어쓰기만 규정에 맞게 교정해도 가독성은 한층 높아진다. 이 판본은 기존 판본인 『서정주문학전집』과 『미당 서정주 시전집』의 문제점을 보완하면서도 미당 고유의 시어들을 존중하는 방식이어서 원전의 느낌을 최대한 살릴 수 있는 장점이 있다. 이런 원칙의 바탕 위에서 한글화 및 띄어쓰기 교정의 사례를 「부활」을 통해 잠깐 살펴보자.

(1) 燭불밖에 부홍이우는 돌門을열고가면 江물은 또 몇천린지,
　　한번가선 소식없든 그어려운 住所에서 너무슨 무지개로 내려왔느냐.
　　　　　　　　　　　　　　　　　　　　　　　　　—『화사집』

(2) 燭불밖에 부홍이우는 돌門을 열고가면 江물은 또 몇천린지, 한번가선
　　소식없든 그 어려운 住所에서 너 무슨 무지개로 내려왔느냐.
　　　　　　　　　　　　　　　　　　　　　　　　　—『서정주시선』

(3) 燭불 밖에 부엉이 우는 돌門을 열고 가면
　　江물은 또 몇천 린지, 한번 가선 소식 없던 그 어려운 住所에서
　　너 무슨 무지개로 내려왔느냐.
　　　　　　　　　　　　　　　　　　　　　　　　　—『서정주문학전집』

7　이것은 새로운 시전집의 가장 특징적인 변화다. 한자漢字의 기표와 그래픽 비주얼이 사라진다는 것은 기본적으로 한자음 읽기에 불편을 느끼는 독자들을 위한 현실적인 배려이면서, 문자의 '표의성보다 표음성을 중시하는 미당 정신'에 대한 공감 기능을 제공한다. 하지만 표의적 기표와 그래픽 비주얼 이미지가 필요하다고 판단되는 경우는 한글 옆에 작은 이미지로 붙여 놓는 게 좋다.

(4) 촛불 밖에 부흥이 우는 돌문을 열고 가면 강물은 또 몇천 린지, 한번
　　가선 소식 없든 그 어려운 주소에서 너 무슨 무지개로 내려왔느냐.

―새 판본

　　새 판본은 '쵹불'로 표기하지 않고 '촛불'로 표기한다는 점에서 한자의 한글 단순 독음이 아닌 한자 어휘와 한글 어휘 사이의 문화적 관습까지를 고려한다.[8] '부흥이'는 미당 특유의 시어여서 표준어로 바꾸지 않은 것이다. 띄어쓰기는 위의 예처럼, 특수한 시적 허용이 아닌 한 현대문법 규정을 적용하면 훨씬 가독성이 높아진다.

　　둘째, 서정주 시 전체의 확정판을 지향해야 한다는 것. 이는 생각보다 간단치 않다. 확정판이란 정본을 확정하는 일이고, 이를 위해서는 다양한 판본을 수집·비교한 뒤 텍스트 비평을 통해 '비판 정본editio critica'[9]을 편집해야만 한다. 비판 정본의 개념 속에는 완벽한 정본이 존재하기 어렵다는 현실적인 애로도 있고, 일관된 원칙 적용이 능사가 아닐 수 있는 상황에 대

8　'齒'를 '이[齒]'로, '남사당派'를 '남사당패'로, '雁行'을 '안항'으로 읽는 것도 같은 맥락이다. '쵹불'로 표기해야 한다는 의견이 학술발표장에서 있었다. '쵹불'이 1930년대 관습화된 표기이며 정지용 시에서도 등장하고 있다는 점 등이 그 근거가 되었다. 이 전집에서는 자연스러운 우리말 '촛불'을 택했다.

9　'비판 정본editio critica' 용어 사용의 맥락은 다음과 같다. "'원본'이 있다는 생각으로부터 '정본' 개념을 상정한다는 것은 후대의 문헌학자가 만든 '정본'이 원본이라는 보장을 할 수 없기 때문이다." 정본 앞에 "'비판'이라는 말을 덧붙인 이유는 정본과 원본 사이에 있는 거리를 최대한 좁히기 위해 노력하지만, 그것이 어쩌면 구조적으로 불가능하다는 점을 인정하기 때문이다. 그래서 후대의 문헌학자들이 만드는 본문이 원저자가 쓴 원본은 아닐 수 있다는 의미가 '비판'이라는 말에 함의되어 있다." 이와 관련해서는 안태원, 「왜 '정본'인가」, 『정신문화연구』 35-3, 한국학중앙연구원, 2012, 33~34쪽 참조. 미당 시의 정본 확정 작업도 이와 비슷하지만 훨씬 복잡하다. 원본이 시인의 개작을 거쳐 여러 판본으로 존재하는 경우, 잡지사나 출판사의 편집진이 원본 정착 작업에 영향을 미쳐 '정본' 형식으로 시집을 간행하는 경우를 염두에 두고 정본을 확정하고자 할 때, 그 미세한 세부의 차이들을 일률적으로 통어할 수 있는 원칙을 만들기 어렵다는 게 현실이다. 이 글에서는 새로 확정하는 정본이 원본은 아니지만 원본에 가까이 가고자 하는 정본이라는 맥락에서 '비판 정본'의 개념을 사용한다.

한 고려도 있다.

실제로 서정주 시전집 간행 작업에 참여해 보면 난제가 첩첩산중이다. 판본마다 다른 표기, 편집자의 개입이 의심되는 상황, 오랜 창작 기간에 따른 표기의 변화에 대해 일률적인 원칙의 적용이 불가능하다는 사실에 맞닥뜨린다. 다양한 예외가 나온다는 뜻이다. 그래서 '정본을 확정하고자 하는 비판 정본'의 개념이 불가피하다.

새로 간행하는 시전집은 기존의 것과 무엇이 다른가. 최초의 전집인 『서정주문학전집』(일지사, 1972)은 한글 맞춤법 통일안을 과감하게 도입한 경우다. 일부 고어나 방언, 미당의 특수한 표현 등을 표준어로 고치고 띄어쓰기를 철저히 지켰다. 그러나 원전의 한자 어휘는 그대로 두었으며 세로 편집도 존중함으로써 원전의 모습을 일정 부분 지키고 있다. 일지사 판본은 쉽게 읽힌다는 의의는 있었으나 상당수의 표기를 표준어로 고침으로써 원전을 훼손했다는 비판에 직면한다. "방언과 구어체와 의성어들을 지극히 민감하게 의식하며 구사하고 있는 미당 시의 '소리 형태'가 지닌 개성을 맥없이 평준화"[10]한다는 것이다.

민음사 시전집(1983, 1991, 1994)은 이런 문제를 해결하고자 원전을 철저히 따랐다. 해당 시집별로 출간 순서에 따라 편집을 했으며, 세로쓰기만 가로쓰기로 전부 다 바꿨다. 대체로 원전에 충실하다는 평가를 받지만 결함도 지적되었다. "방대한 시집 속에서 처음 목차 부분을 제외하고는 본문 속에서 이미 간행되었던 각 시집의 제목 구분을 전혀 해주지 않고 있다는 점은 시적인 시기의 변화를 눈여겨보고자 하는 독자에게는, 그리고 700쪽이 넘는 방대한 시집의 경우에는 적지 않은 불편을 준다는 점",[11] 또 시인이 확실하게 개작을 해서 『서정주문학전집』에 재수록하거나 추가한 작품들을 전혀

---

10 김화영, 『미당 서정주의 시에 대하여』, 민음사, 1984, 12~13쪽 참조.
11 김화영, 앞의 책, 15쪽.

반영하지 않음으로써 원전 개념을 지나치게 기계적으로 적용하고 있다는 점,[12] 오탈자가 많다는 점[13] 등이 거론된다. 『팔할이 바람』을 중심으로 이런 결함을 검토해보자.

---

12 이는 민음사 시전집(1983, 1991, 1994)이 『서정주문학전집』(1972)을 전혀 참고하지 않았다는 뜻이 된다. 표기법에 대한 불만은 그렇다 치더라도, 중요한 시편들을 누락시키는가 하면 시인에 의해 내용이나 어휘들이 바뀐 경우도 고려하지 않아 전집 출판에 필수적인 서지 개념이 의심스러울 정도다.

13 초기 시편들에 보이는 대표적인 사례만 봐도 '오열嗚咽'이 '명열嗚咽'로, '조수潮水'가 '호수湖水'로, '열번'이 '열민'으로 잘못 나와 있다. 『팔할이 바람』(1988) 재수록의 경우는 한자를 한글로 음독하는 과정에서 22군데나 오류를 범하는 수준 이하의 편집이다. '능엄경'을 '화엄경'으로, '제주도 체류'를 '제주도 대유'로 읽는 판본은 연구용 정본으로 부적합할 뿐만 아니라 시인과 독자에 대한 모독이다. 대시인의 전집을 내면서 원전 확인이라는 출판의 기본 상식도 무시한 채 초판본 출판사인 혜원출판사의 오류를 그대로 답습하는 게 전집 출간에 대한 우리 출판계의 안일한 현실인식이다.

02 ___ 『팔할이 바람』의 기본 오류

담시로 쓴 자서전인 『팔할이 바람』은 1987년 7월 5일부터 12월 28일까지 일간스포츠 지면에 연재 형식으로 발표되었다. 그것이 혜원출판사(1988)를 통해 시집으로 간행되고, 다시 민음사의 『미당 서정주 시전집』(1991)에 재수록된다. 이 과정에서 원전의 한자를 한글로 옮기는 작업이 대대적으로 이루어졌으며, 결정적인 오류가 많아 판본의 가치를 인정받기 어렵다. 혜원출판사의 한자 오독을 민음사가 고스란히 반복하고 있다는 점은 충격적이다. 원전을 대조하는 기본적인 책무만 수행해도 이런 사태는 생기지 않는다.

민음사 시전집은 그것이 '전집'이라는 이름 때문에 더욱 심각하다. 다른 출판사의 오류를 아무 생각 없이 그대로 반복하고 있다는 점에서 전집의 권위와 품위를 다 잃었다. 순수한 오탈자 이외에 한자를 한글로 옮기는 과정의 오류만 살펴보기로 한다.

표1 혜원출판사본(1988)과 민음사본(1991) 『팔할이 바람』의 오류

번호	제목	일간스포츠	혜원출판사	민음사
1	영호 종정 스님의 대원암 강원	楞嚴經	화엄경樗嚴經 *'樗'는 가죽나무 '저' '楞'을 '樗'로 오기 하고 '화'로 오독	華嚴經 '능엄경'을 '화엄경'으로 오독
2	금강산행	摩訶衍	마사연摩詞衍 *'마하연'의 오독	摩詞衍
3	금강산행	宋滿空	미만공 *'송宋'을 '미未'로 오독	미만공
4	제주도에서	滯留	대유 *'체류'의 오독	대유
5	구식의 결혼	纛述	독술 *'뚝술'의 오독	纛述

번호	제목	일간스포츠	혜원출판사	민음사
6	구식의 결혼	蒙里	몽리 *'몽니'의 오독	蒙里
7	큰아들을 낳던 해	蘆洞	허동 *'노동'의 오독	허동
8	만주에서	高粱모개	고양모개 *'고량모개'의 오독	고양모개
9	뜻 아니한 인기와 밥	杏村洞	부촌동 *'행촌'을 '부존'로 오독	부촌동
10	사립국민학교 교사	杏村洞	부촌동 *'행촌'을 '부존'로 오독	부촌동
11	종천순일파?	心像	이상 *'심心'과 '이以'를 혼동	이상
12	해방 바람에	賣價	매매 *'매가'의 오독	매매
13	동아대학교의 전임강사 시절	呵呵呵呵	하하하하 *'가가가가'의 오독	하하하하
14	동아일보 사회부장, 문교부 초대 예술과장	行政官吏	행정관사 *'리吏'를 '사史'로 오독	행정관사
15	청산가리와 함께	朗讀	낭송 *'낭독'의 오독	낭송
16	전주 풍류 일 년간 2	吐劑	토재 *'토제'의 오독	토재
17	광주에서 1	綠豆	연두 *'녹두'의 오독 *'녹綠'을 '연緣'으로 오독	연두
18	춘천행 시절	正月	5월 *'정월正月'을 '5월五月'로 오독	5월
19	관악산 봉산산방	誓約	철약 *'서誓'를 '철哲'로 오독	철약
20	관악산 봉산산방	騷音	굉음 *'소음騷音'의 오독	굉음
21	관악산 봉산산방	唐海棠花	군해당화 *'당唐'을 '군窘'으로 오독	군해당화
22	제2차 세계 여행	夫婦	부처 *'부부夫婦'를 '부처夫妻'로 오독	부처

혜원출판사 판본은 미당이 '자서自序'에서 밝힌 "일간스포츠지에 연재하

여 전부 52장으로 매듭지은 것이다"[14]라는 진술이 무색하게도 51편만 수록된 황당한 경우다. 「제1차 세계 일주 여행」이 상·하 두 편인데, 출판사의 실수로 '상'만 실리고 '하'는 빠뜨렸다. 민음사 시전집도 마찬가지. 시인의 서문을 읽고 기초적인 확인 작업도 하지 않는 편집진들의 안이한 자세가 놀라울 따름이다. 이는 전집에 대한 책임의식 부재 때문이다. 원문 대조도 하지 않은데다가, 한자의 한글 전환에 따르는 음독의 기본 기량도 갖추지 못한 채 출판한다는 것은 우리 문화계 전체의 부끄러움이다.

전문 편집자들도 이럴진대 한자를 그대로 노출시킬 경우 가독성도 떨어지고 시의 이해에 많은 장애를 초래하게 된다. 그래서 새로운 전집은 원전의 한자를 한글로 바꾸고 꼭 필요한 한자만 병기하는 게 현실적이라는 판단에 이르렀다.

다음은 혜원출판사 판본과 민음사 판본에서 사라져 버린 작품이다. 일간스포츠 1987년 12월 25일 자에 게재되었다. 따로 소개하지 않으면 독자나 연구자들이 찾아 확인할 길이 어려워 여기 함께 소개한다.

> 멕시코의 병원에서 여드레 동안,
> 다시 미국의 큰아들 사는 곳의 병원에서
> 또 한 달 동안쯤
> 치료를 받은 뒤에 의사가
> "여행 중단하고 네 나라로 돌아가라" 하는데도
> 나는 여기 따르지 않고
> 3월 중순경부터는 다시 여정에 올랐나니,
> 이것은 물론

---

14 서정주, 「자서自序」, 『팔할이 바람』, 혜원출판사, 1988.

"도중에 시체로 남는 한이 있더라도
이 기회를 놓칠 수는 없다"는 집념에서였네.

하여
파나마 사람들의 '아스타 마냐나'—
"일은 쉬었다가 내일하면 어떤가?
우선 마시고 춤추고 놀아보세"도,
페루의 당나귀들의 가장 노회한 미소도,
칠레의 바람과 포도주와 여자—
3W[15]의 비쌀 것 없는 괜찮은 맛도,
아르헨티나의 주격 없는 산만,
브라질의 삼바춤의 광란,
아프리카, 케냐의 남쪽 국경 암보쎌리에서 사자들과 함께
우러러보는 거산巨山 킬리만자로의 위용도,
그 비싼 악어도 대개는 구워서 먹어버리고 마는
상아 해안국의 밀림지대도
스페인의 투우와 플라멩코 춤,
파리의 행길가의 지붕도 없는 카페도
또 몽파르나스의 보오들레에르의 묘지도,
영국의 원귀 많은 런던 탑,
독일의 괴테의 집, 베토벤의 집, 또 라인 강도,
스위스의 검정 꾀꼬리—암젤 새 떼들의 신나는 노래도,
비엔나의 싼 식당 주인의 마음씨 고운 에누리도,

---

15 'wind, wine, woman'을 가리킨다.

암스테르담의 '꽃과 사람들은

하늘의 애인하고 매양 눈을 맞추고 지낸다'는 이야기,

또

노르웨이의 어느 바다고기는 인간의 미인하고도 놀아난다는 이야기,

또 아일랜드의 시인 예이츠는

어떤 모녀를 이어서 짝사랑만 하다 죽었다는 것도 새로 알고,

이태리의 지랄병 같은 미녀,

희랍의 코린토스의 목신용의 갈대 피리 소리도,

이스라엘의 예루살렘의 할렐루야의 소고 소리도

터키의 싼 술집 앞의 한국인 같은 건달들,

또한 이집트의 밤의 뱃살춤과

아 4, 50도의 불타는 아라비아 사막,

모든 것이 다 종교적 신성이기만 한

인도인 남녀의 그 회색 눈동자의 미소,

또 사억 삼천이백만 년간의 겁이라는 시간 단위를

아직도 지켜서

세수에는 비누도 쓰지 않고,

똥 눈 뒤엔 돌막으로 먼저 닦고

그다음엔 맑은 물로 또 씻는 네팔 사람들,

오오 그리고 소승불교를 어떻게 그렇게 부드럽게 연마했는지

모든 것이 부들부들 난들난들하기만 한 태국 남녀들,

호주 시드니의 방랑 여인과 수작도 좀 하고,

대만과 일본을 거쳐

피곤에 지쳐 반쯤은 새들새들 감기는 눈으로

1978년 9월 어느 날 다시 서울로 돌아왔나니,

> "배운 게 무어냐?"고 누가 물었다면
> 거기 대답할 말은 내게는 없었지만
> "얻은 게 무어냐?"고 물었다면, 나는
> "그건 자신自信이다"고 대답했을 것이다.
>
> ─「제1차 세계 일주 여행 2」

멕시코에서의 결정적인 와병 이후에 이어지는 제1차 세계 일주 여행 전반에 대한 개괄인데, 주요 여행지들의 핵심 이미지를 전달해 주는 매우 중요한 작품이다. 편집진들의 무관심 때문에 "그건 자신自信이다"라는 미당의 세계 일주 여행의 '성취 결과'가 결락되어 버린 것이다.

정본 시전집 작업은 이처럼 만만치 않은 과제를 안고 있다. 950편을 일일이 검수 대조해야 하고 판본 비교를 통해 원칙을 세워야 하며, 세부적인 사안에 가서는 편집자의 조정과 결단이 필요하다. 100편 이내를 다루고 있는 『정본 백석 시집』(2007),[16] 『미당과의 만남』(2013)[17]보다 훨씬 복잡하고 어렵다. 무엇보다 해당 어휘가 오류인지 미당의 혼란인지 편집자의 개입인지 판단해야 하고 그 결과에 따라 어휘를 확정해야 하며, 그 어휘들 사이의 통시적·공시적 맥락을 가늠해 보아야 한다.[18]

---

16 고형진 교수의 역작인 이 전집은 정본 확정의 지난한 과정을 섬세하게 보여주고 있다.
17 이숭원 교수가 심혈을 기울여 출간한 이 책은 미당의 대표시 80편을 선별하여 정본 확정의 과정을 보여주고 이와 관련한 상세한 해설을 첨부하고 있다.
18 2013년 6월 구성된 『미당 서정주 전집』 편집위원회(위원장. 이남호 고려대 교수)는 책임편집위원 제도를 제안, 미당의 오랜 제자이자 미당이 주관했던 『문학정신』(1986.10.~1988.12.) 기자 출신인 전옥란이 그 역할을 맡아 진행했다. 이 과정에서 새로 발견된 흥미로운 사실도 많다. 판본 연구만으로 많은 논문을 쓸 수 있을 정도다. 예컨대 '솔작새, 솟작새, 소쩍새'의 표기 변화라든지, '우에'와 '위에'의 선택 상황이라든지, 「광화문」의 개작 과정을 비롯한 일련의 개작시편들에 대한 연구가 대표적이다.

03 ___ 정본 확정 과정의 과제

『서정주문학전집』(1972)은 맞춤법 표기 규정을 전폭적으로 적용한 사례다. 이는 일정 부분 편집자의 권한으로 결정했을 가능성이 높다.[19] 『서정주시선』(1956)의 사례를 통해 비교해 보자. 앞의 것은 시선본(1956)이고 뒤의 것은 재수록된 전집본(1972)이다.

을마나 크다란 슬픔으로 **태여났기에,** 저도 **징그라운 몸둥아리냐**
→ 얼마나 커다란 슬픔으로 **태어났기에/**저도 **징그러운 몸뚱어리냐.**

―「화사」 중에서

어린것들이 서투른 말을 배우고 **이쿠는**것과,
→ 어린것들이 서투른 말을 배우고 **익히는** 것과,

―「무제」 중에서

---

19 당시의 편집 책임자인 이기웅(현 열화당 대표)은 현대식 맞춤법 표기로 바꾸는 문제가 편집자의 재량이 아닌 미당의 승인하에 이루어졌다고 한다. 그럼에도 불구하고 '승인'의 문제는 간단치 않다. 미당이 이 시기 이후부터 맞춤법 관행을 따랐냐 하면 그렇지 않기 때문이다. 편집자의 권유를 '너그럽게' 수용하는 게 미당의 일반적인 태도였으며, 그는 자신의 '소리 중심의 시어'가 이후의 수많은 편집자들에 의해 변형을 겪어도 크게 문제 삼지 않았다. 그럼에도 불구하고 그는 생래적으로 언어의 소릿값에 매우 민감하게 반응한다. 그의 창작 초고들은 이 습관을 50년간 지속적으로 유지하는 성향이 강해서 이미 그 자체로 특수한 시어가 된다. 미당이 '보단도', '인제는'으로 줄기차게 써서 주면 잡지사나 출판사에서는 '보다도', '이제는'이라고 고치기도 하고 시인의 표기를 존중해 주기도 한다. 들쑥날쑥인 것이다. 그것이 서정주 시가 안고 있는 표기 혼란의 중요한 국면 가운데 하나다.

못견디게 서러운 몸짓을 **허며**/붉은 **꽃닢은** 떨어져 **나려**/펄펄펄 펄펄펄 떨어져 **나려**

→ 못 견디게 서러운 몸짓을 하며/붉은 꽃잎은 떨어져 **내려**/펄펄펄 펄펄펄 떨어져 **내려**

—「신록」 중에서

폭으은히 내려오는 눈발속에서는

→ **포근히** 내려오는 눈발 속에서는

—「내리는 눈발 속에서는」 중에서

노오란 네 꽃닢이 **필라고**

→ 노오란 네 꽃잎이 **피려고**

—「국화 옆에서」 중에서

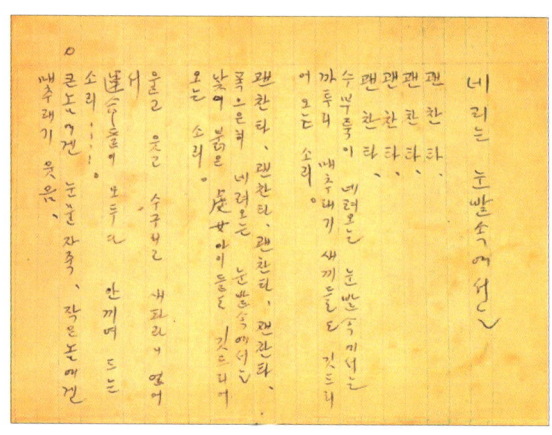

그림 2 「내리는 눈발 속에서는」 초고

미당 시의 표기를 맞춤법 규정에 따라 바꿀 수 있다는 발상은 현대 독자를 위한 편의 제공이라는 미덕 때문에 가능하다. 그러나 '말맛'이나 '소릿값'

에 대한 독특한 미감을 버려야 한다. 이 문제는 '미당스럽다' 혹은 '서정주적이다'라고 이야기할 수 있는, 한국어 공동체 안에서의 특별한 말맛을 지속적으로 추구하는 '시적 개성'에 대한 성찰을 촉발하게 한다.

그러나 또 한편으로 미당 시편들 속의 수많은 사례들을 통해 이 '시적 개성'을 온전하게 살려내는 일은 지난하기만 하다. 시인이 '떠러져 나려'라 원고지에 써서 건네고, 출판사에서는 '떨어져 내려'로 고쳐 인쇄하고, 이제 다시 전집을 만들면서 '떨어져 나려'로 정착시킨다면 얼마나 논란이 많을 것인가.

오류가 명백하다는 사실을 알면서도 수정하지 않고 특정 판본을 따랐다고 주장하면 그만이지만 그것이 과연 정본이 될 수 있을 것인가 하는 의문이 강하게 들기 때문이다. 이런 사례는 수백 건도 더 된다. 하지만 "심금을 건드리는 그의 음악적 명향성鳴響性, 그리고 으밀아밀하게 그늘진 밀어, 한여름 날 담을 넘어가는 노련한 파충류와도 같은 그의 언어미각"[20]은 시전집 판본 확정에서 고려해야 할 주요한 요소임이 명백하다. 이것은 『서정주문학전집』(1972)을 비판적으로 수용해야 하는 이유가 되기도 한다.

또 다른 사례를 보자. 이는 고어와 현대어, 지방어와 중앙어 사이의 선호도 및 권위적 지위 확보 과정의 문제이기도 하다. '눈섭'은 '눈썹'의 고어로서 『화사집』(1941)부터 『동천』(1968)에 이르는 기간 동안 자주 등장한다. 그러나 여러 종류의 시집에서 '눈섭'과 '눈썹'은 혼용된다. 시인 자신이 헛갈린 적도 있지만 편집자의 개입이 명백해 보인다. 『서정주문학전집』(1972)은 전부 '눈썹'으로 고쳤으며, 『떠돌이의 시』(1976) 이후는 대체로 '눈썹'으로 확정되는 편이다.

결국 서정주적 특성이 가장 잘 드러난다고 판단되는 판본을 존중해야 하는데 여기에는 최초 발표지나 시집 간행 출판사의 편집자 오류를 추정하여 바로잡는 일도 포함된다. 편집자가 미당 특유의 고어나 방언을 표준어로

---

20 고은, 「미당 담론」, 『창작과 비평』, 창작과비평사, 2001년 여름호, 305쪽.

바꾼 사례도 허다하다. 당대에는 그것이 별문제가 되지 않았을지라도 시력 68년을 총괄하면 미당 고유의 어휘들은 그 독특한 소릿값을 존중받아야 할 필요가 있다. '아조', '이뿐', '모다', '우에', '마닥', '치운', '하눌', '구먹', '누깔', '쐬주', '알발', '이애기', '쏘내기', '뻑다귀', '간지람', '이쿠는', '뇌이듯', '맞나는', '끼리고', '인제는', '보단도' 등등은 미당의 특별한 시어들이다.

04 ___ 정본 확정의 원칙과 과정

이제 보다 현실적인 접근을 해보자. 시전집 간행을 통해 정본을 확정하고자 할 때, 표기법에 차이가 나는 문제를 구체적으로 어떻게 해결해야 하는가. 여기에는 몇 가지 방법이 있다.

첫째, 시집 표기 원칙을 고스란히 따르는 것. 이렇게 되면 각 출판사에서 발간한 시집들을 그대로 옮겨 놓으면 된다. 그러나 이 원칙은 현대의 독자들에게 친절하지 않을 뿐만 아니라, 전집에 대한 기본 개념조차 부족하다. 전집 편집은 개별 시집들을 영인하는 것이 아니며,[21] 텍스트에 대한 편집자의 치밀한 해석과 조정과 선택의 과정을 거쳐야 하는 문학연구의 기초 분야다. 전문 학자들과 헌신적이고 전문성 높은 편집자들이 머리를 맞대고 논의를 거듭해야만 한다. 어려운 한자 음독 혼란, 맞춤법 규정에 따르지 않는 표기 혼란, 오탈자, 원문 누락 등 정본 전집 간행 시 발생할 수 있는 문제들을 안정적으로 해결하는 게 중요하다.

둘째, 시인이 지속적으로 개작을 한 경우 어느 것으로 확정해야 하는가의 문제도 어렵다. 가장 마지막 판본을 받아들이는 게 상례일 테지만 여기에도 문제는 있다. 같은 작품이 여러 시집에 중복 수록되는 동안 개작이 이루어진 경우는 매우 많다. 『화사집』(1941)과 『귀촉도』(1948) 중 26편(『화사집』 12편, 『귀촉도』 14편)은 『서정주시선』(1956)에 재수록되고 『서정주문학전집』

---

21 예컨대 『팔할이 바람』(1988)을 시집 판본 그대로 옮겨 놓는 것은 독자들에 대한 결례다.

(1972)에 이르면 모두 재수록된다. 뒤이어 『서정주육필시선』(1975)이 간행되는데 여기에 자선 55편이 다시 수록된다.

『서정주육필시선』은 대체로 『서정주문학전집』 판본을 놓고 필사한 경우인데 간혹 새롭게 고쳐 쓴 부분들도 보인다. 「간조干潮」의 경우 원전인 『귀촉도』에 「조금」으로 되어 있고, 10행에는 '조금의 오름ㅅ길에 해와같이 저무를 뿐'으로 표기된 것이 『서정주문학전집』에 와서 「간조」로 제목이 바뀌고 10행도 '조금의 오름길에 해와 같이 저물을 뿐,'으로 약간 다듬어진다. 『서정주육필시선』에 오면 제목은 「간조」이고 10행은 '조금의 막다른 길에 해와 함께 저물을 뿐,'으로 '오름길'이 '막다른 길'로 바뀐다. 게다가 마지막 행인 11행도 '다시는 다시는 만나지(도) 못하리라.'처럼 '도'가 첨부되어 있다. 이런 경우는 시인의 가필이 확실하다고 보고 정본 확정에 있어서 마지막 판본(1975)을 존중하는 게 바람직하다.

그러나 이 텍스트가 원래 수록되어 있는 『귀촉도』 표기 및 당대의 어휘를 존중한다는 차원에서 '만나지'를 원래의 고어인 '맞나지'로 확정하는 게 바람직하다고 판단한다.[22] 이렇게 되면 제목은 『서정주문학전집』 판본을 따르게 되고, '막다른 길'과 '만나지도'에서의 '도'의 시어는 마지막 판본인 『서정주육필시선』을 따르게 되며, '맞나지'는 『귀촉도』 판본을 취하게 되는 이상한 상황에 직면하게 된다. 결국 전체적으로 보면 미당의 시편들은 어느 특정 판본만을 따르기 어렵다는 점을 절감하게 된다.

그렇다면 정본을 어떻게 확정해야 하는가? 초판 시집본인지 가장 나중의 판본인지를 기계적으로 확정하면 마음은 편해진다. 판본 확정의 최종 권한은 누구에게 있는가? 결국은 편집자의 책임인 것이다. 미당의 시 세계를 전관하는 종합적 판단능력이 개입하지 않으면 누군가가 정하는 완고하지만

---

22 '만나다'를 '맞나다'로 표기하는 사례가 미당 시력 전체에 걸쳐 많이 나타난다는 점도 고려되었다.

편리한 원칙에 따라 일괄 처리되기 쉽다. 이것이 '비판 정본'이 직면하게 될 험난한 과제다. 잠시 뒤「동천」의 경우를 살펴보기로 하자.

셋째, 출판사마다 표기가 달라지는 미당의 독특한 시어에 대한 정리 문제다. 시인의 원고를 잡지사나 출판사 편집진들이 당대의 표기 관행대로 바꾼 예가 숱하게 많다. 이럴 때 시집 표기 원칙을 어느 정도 선에서 존중해야 하는가의 문제가 원천적인 검토 대상이 된다. 고어나 방언은 살려둔다 하더라도 맞춤법 규정에 어긋나는 표기법을 전체적으로 바로잡는다는 원칙을 세워야 한다. 그러나 실제로는 그렇게 하기 어려운 경우가 비일비재하다.

'**바눌**에 꼬여 두를까부다. **꽃다님보단도** 아름다운 빛……'(『화사집』, 1941), '**바늘**에 꼬여 두를까부다. 꽃다님보단도 아름다운 빛……'(『서정주시선』, 1956), '바늘에 꼬여 두를까 부다. **꽃대님보다도** 아름다운 빛……'(『서정주문학전집』, 1972)을 비교해보자. 『서정주시선』 이전까지의 시편들 중 『서정주문학전집』 재수록본은 특별히 주의를 기울여야 한다. '꽃다님보단도'와 '꽃대님보다도'는 의미 전달의 문제가 아닌 소릿값과 뉘앙스 향유의 문제로 보아야 한다. 그래서 표준어 맞춤법으로 통일하는 게 능사는 아닌 것이다.

넷째, 독자층에 대한 배려. 이것은 '이 전집의 독자는 누구인가?'라는 질문에 대한 정직한 대답이어야 한다. 전문 연구가를 위한다면 발표 당시의 원전 모습이 중요하다. 민음사에서 간행한 『미당 서정주 시전집』이 이 원칙을 따른다. 그러나 일반 독자를 위한 전집이라면 몇 가지 배려가 필요하다. 전집 전체의 통일된 편집 원칙이 있어야 한다. 그것은 이미 간행된 수많은 전집들에도 해당된다. 다음과 같은 기본 원칙이 요청된다.

1. 『서정주시선』에 재수록된 『화사집』과 『귀촉도』의 작품은 『서정주시

선』본을 기준으로 삼는다.[23]

2. 판본마다 표기가 다른 경우 첫 발표지와 초판 시집, 『서정주시선』, 『서정주문학전집』, 『서정주육필시선』, 시작 노트 등을 종합 비교하여 시인의 의도가 가장 잘 반영된 것으로 보이는 표기를 선택하며, 시인이 직접 교정한 것이 확실한 경우 반영하고 편집자 주를 단다.

3. 원문의 세로쓰기는 가로쓰기로 바꾸며, 띄어쓰기는 특별한 경우가 아니면 현대 표기법에 따른다. 한자는 한글로 바꾸고 뜻의 파악을 위해 필요한 경우에만 함께 적는다.

4. 작품의 소릿값 존중을 원칙으로 하되, 소리의 차이가 없는 경우 표준어로 바꾼다.

5. 미당 특유의 시적 표현(고어, 방언, 시인 특유의 개성적 소리언어 등)은 살리고, 맞춤법 규정에 어긋난 표기와 명백한 오탈자는 바로잡는다.[24]

---

23 이런 사정은 『서정주시선』이 시인이 직접 책임 교정한 판본이라는 믿음에서 기인한다. 하지만 전체적으로 보면 시전집 편집에 있어 출간 시집별로 배열한다고 해서 반드시 해당 시집 판본만을 고집할 필요는 없다. 1과 2의 규정은 충돌하지만, 앞의 것을 기준으로 하고 뒤의 규정을 보완하여 적용하면 된다.

24 '밤이기퍼도 오지않었다'를 '밤이 깊어도 오지 않었다'로 고친 사례가 이런 경우다. '기퍼노'는 '깊어도'를 연철하여 표기한 경우로 맞춤법 규정에 어긋난다. '않었다' 역시 '않았다'가 바른 표기법이다. 그런데 '기퍼도'는 맞춤법 규정에 따라 '깊어도'로 바로잡고 '않었다'는 바로잡지 않았다. 그 이유는 '소릿값'에 대한 존중 때문이다. '기퍼도'와 '깊어도'는 소릿값이 같은데 이럴 경우는 맞춤법 규정을 따르기로 정한 것이고, '않었다'는 '않았다'로 고치면 맞춤법 규정을 준수하게는 되지만 소리의 차이가 생기므로 원전을 그대로 두는 것이다. '어느 가시덤풀 쑥굴헝에 뇌일지라도' 역시 맞춤법 규정에 어긋나더라도 '고어, 방언 및 시인 특유의 개성적 소리언어'의 맛을 살린다고 판단했기 때문에 원전을 존중했다.

이 중에서 2항의 '시인의 의도가 가장 잘 반영된 것으로 보이는 표기'는 서정주 시의 소리 지향, 음성 중심의 표기를 존중하는 것으로, 표준어로 치환하거나 현대 맞춤법으로 바꿔서는 안 되는 독특한 시어들을 최대한 살려야 한다는 뜻이다. 여기에는 고어도 있고 방언도 있으며 시인의 독특한 조어도 포함된다. '오부룩이 도란그리며 안끼어 오는 소리'(「내리는 눈발 속에서는」)를 '오보록이 도란거리며 안기어 오는 소리'로 바꾸게 되면 미당 특유의 '말맛'이 사라진다.

이것은 단순히 음운론적 문제만은 아니다. '시작詩作에서의 한자 문제'를 다루는 어느 글에서 "민중 일반의 생활어"[25] 즉 "민중 속으로 들어가서 우리 민족 생명과 바로 짝해 있는 민족어의 진생맥眞生脈"[26]을 찾으려는 그의 태도와 관련이 있다. 외형상으로는 일본적 한자어 수입 현황을 비판하는 모습이지만 사실은 '민중들의 일상구어'의 중요성을 강조한 맥락이다.

미당은 생활구어 속에 '민족 생명'이 있다고 믿었으며 그의 작시 활동에서 이를 철저히 구현하려고 했다. 소릿값을 중시한다는 것은 이런 까닭이다. 그는 언어의 개념이나 의미 내용이라는 추상의 영역보다는 문자와 음성을 다루는 감각의 영역에 예민하게 반응한다. 그런 점에서 서정주는 '시니피에signifié'보다 '시니피앙signifiant'의 문제에 더 예민하게 반응하는 시인이다.

> 연애지상주의파의 한 노처녀가
> 사내인 그대의 사십 대 후반기쯤에 나타나서
> "나는 줄곧 당신을 혼자서 사모해 왔거던요."
> 한다면,

25　서정주, 「민족어의 진생맥을 찾자」, 『신문예』, 1959. 5., 18쪽 참조.
26　앞과 같은 곳.

> 그러고 또 그대가 이미 처자를 거느린 가장이라면,
> 이거 이런 경우엔 어떻게 하면 좋지?
>
> '너 좋알라 나 좋알라' 받아들여서
> 사람들 눈 피해서 붙고 노는가?
> ─「하눌이 싫어할 일을 내가 설마 했겠나?」 중에서

이 시의 매혹 중 하나가 바로 '좋알라'라는 시니피앙이다. "너 좋아 나 좋아", "너 좋아라 나 좋아라", "너 좋구 나 좋구" 등 같은 의미의 다양한 표기가 있을 수 있지만 '좋알라'라는 음성의 느낌이 주는 쾌감은 비교대상들보다 선호된다. 이런 쾌감을 설명 없이 공유할 수 있는 게 진정한 '민족 언어공동체'고 시인은 바로 그 공동체를 이끌어 가는 '소리의 지도자'인 것이다. 민중의 삶이 배어 있는 풍성한 일상구어라든지, 언어공동체의 집단무의식에 호소하는 소리[27]를 현실 세계로 불러내어 사람들을 공명케 하고 전율케 하는 직분의 소유자, 그리하여 '언어의 주술사'로 불리는 그런 시인이 우리 역사에 있다면 그가 바로 미당 서정주다.

'시니피앙의 시인'에게 자유분방한 일상구어를 규범화된 표기로 통일시키는 것은 정본화 작업에서 경계해야 할 태도다. '이 다수굿이 흔들리는 수양버들 나무와/벼갯모에 뇌이듯한 풀꽃뎀이로부터,/자잘한 나비새끼 꾀꼬리들로부터/아조 내어밀듯이, 향단아'(「추천사」)를 보자. '풀꽃뎀이'를 '풀꽃데미'로 바꾸는 것은 용인이 가능하다. 그러나 '풀꽃뎀이'를 '풀꽃더미'로, '다수굿이'를 '다소곳이'로, '뇌이듯한'을 '놓이듯 한'으로, '아조'를 '아주'로 바꾸는 것

---

[27] 「수대동 시」에 나오는 '별 생겨나듯 돌아오는 사투리'가 여기에 근접한 이미지다. '흰 무명옷 갈아입고 난 마음/싸늘한 돌담에 기대어 서면/사뭇 숫스러워지는 생각, 고구려에 사는 듯/아스럼 눈 감았든 내 넋의 시골/별 생겨나듯 돌아오는 사투리.'

은 미당 시의 본질에 대한 훼손이다.

소릿값이 달라지지 않는 선에서 해당 시어가 표준어와 같은 경우는 표준어로 수정하고(언친→엊힌, 가라입고→갈아입고, 다라난→달아난, 떠려져→떨어져, 도라간→돌아간), 표준어로 수정해도 음가가 같지만 미당 특유의 시적 표현은 그대로 두는 게 좋다(박아지꽃, 목아지, 괜찬타).

'~던'과 '~든'의 혼용이 혼란스럽다. 소릿값이 달라지긴 하지만 과거형은 '~던'으로, 선택형은 '~든'으로 정리한다. '~드라'와 '~더라'는 대체로 시작 노트를 참고해 시집 판본을 존중한다. '~읍니다'는 소릿값도 같고 이미 표준화된 '~습니다'로 고친다.

3항의 한자를 한글로 바꾸면 시집 『학이 울고 간 날들의 시』(1982)의 경우 가독성이 좋아져서 독자의 이해도가 높아진다.

(1) 나 娑蘇는 몽땅 早熟하고 그리움 많은 處女라, 시집도 가기 전에 애기를 배서 法에 따라 마을에서 쫓겨났지만, 國祖檀君 이래의 風流思想으로 神仙 중의 암神仙 仙女가 하나 되어 不老長生 八字 되기로 하고 慶尙道 仙桃山에 들어가 숨어 살았었도다. 山골에 널려 여무는 仙桃를 따 팔기도 하고, 매사냥을 해먹고 살면서, 내 외아들 朴赫居世를 낳아 큼직한 神仙으로 길러 냈도다.

―「朴赫居世王의 慈堂 娑蘇仙女의 自己紹介」

(2) 나 사소娑蘇는 몽땅 조숙하고 그리움 많은 처녀라, 시집도 가기 전에 애기를 배서 법에 따라 마을에서 쫓겨났지만, 국조단군 이래의 풍류 사상으로 신선 중의 암신선 선녀가 하나 되어 불로장생 팔자 되기로 하고 경상도 선도산에 들어가 숨어 살았었도다. 산골에 널려 여무는 선도仙桃를 따 팔기도 하고, 매사냥을 해먹고 살면서, 내 외아들 박혁거세를 낳아 큼

직한 신선으로 길러 냈도다.

—「박혁거세왕의 자당 사소선녀의 자기소개」

05 ___ 새로운 정본
텍스트의 사례

결과적으로, 혼란스러운 표기법 문제를 어느 정도 정리하고 전집의 일관된 원칙을 고수하면서 현대의 독자들을 위한 가독성 높은 정본의 확정이 절실히 필요하다. 새로운 정본 확정을 위한 원칙을 정한다 해도 텍스트 확정의 세부는 불만스러울 수 있다. 그러나 그 불만은 일정 정도 감수해야만 한다. 모두를 만족시킬 수 있는 정본은 어느 누구의 권한으로도 행사하기 어렵다. 이제 몇몇 사례를 중심으로 논의를 진전시키고자 한다.

1. 「밀어」의 경우: 텍스트 해석 능력 중시

(1) 密語

順이야. 英이야. 또 도라간 南아.

굳이 잠긴 재ㅅ빛의 門을 열고 나와서
하눌ㅅ가에 머무른 꽃봉오릴 보아라

한없는 누에실의 올과 날로 짜 느린
채일을 둘은듯, 안윽한 하눌ㅅ가에
뺨 부비며 열려있는 꽃봉오릴 보아라

順이야. 英이야. 또 돌아간 南아.

저,

가슴같이 따뜻한 三月의 하늘ㅅ가에

인제 바로 숨 쉬는 꽃봉오릴 보아라

『백민』(1947.3.)에 수록된 원전이다. 이후에 (2)『귀촉도』, (3)『서정주시선』, (4)『서정주문학전집』, (5)『서정주육필시선』에 두루 수록되는데 그 판본을 비교해보자.

표 2 판본별 「밀어」 수록 양상

	(1) 백민	(2) 귀촉도	(3) 서정주시선	(4) 서정주문학전집	(5) 서정주육필시선
1행	順이야	순이야	**순이야**	순이야	순이야
1행	英이야	영이야	**영이야**	영이야	영이야
1행	또 도라간 南아	또 도라간 남아	**또 돌아간 남아**	또 돌아간 남아	또 돌아간 남아
2행	재ㅅ빛의	재ㅅ빛의	**잿빛의**	잿빛의	잿빛의
2행	門을	문을	**문을**	문을	문을
3행	하눌ㅅ가에	하늘ㅅ가에	하늘ㅅ가에	**하늘가에**	하늘 가에
3행	꽃봉오릴	꽃봉오리ㄹ	꽃봉오리ㄹ	**꽃봉오릴**	꽃봉오릴
4행	누예실의	누예실의	**누예실의**	누에실의	누예실의
4행	짜 느린	짜 느린	짜 느린	**짜 늘인**	짜 느린
5행	채일을	채일을	**채일을**	차일을	채일을
5행	둘은듯	둘은듯	두른듯	**두른 듯**	두른듯
5행	안윽한	아늑한	**아늑한**	아늑한	아늑한
6행	뺨 부비며	뺨 부비며	**뺨 부비며**	뺨 비비며	뺨 부비며
8행	三月의	삼월의	**삼월의**	삼월의	삼월의
8행	하눌ㅅ가에	하늘ㅅ가에	하눌ㅅ가에	**하늘가에**	하늘가에
9행	바로	바로	바로	바로	**새로**

『귀촉도』 수록 시편 중 『서정주시선』 재수록분은 『서정주시선』을 따른다

했으므로 정본의 기준은 (3)이 된다. 그러면 '하늘ㅅ가에'에 보이는 '사이시옷'의 문제, '꽃봉오리ㄹ'에서의 '리을 첨가'가 시전집 전체적인 기준과 충돌한다. 그래서 자연스럽게 (4)와 (5)의 기준을 따르게 된다. 소릿값이 달라지지 않기 때문에 허용이 가능하다.

결정적인 문제는 마지막 행의 '새로'다. '바로'와 '새로' 중 전체 문맥에 보다 잘 어울리는 것은 '새로'다. 시인이 직접 교정한 '새로'는 죽음의 세계로부터 삶의 세계로 돌아 나오는 구조에 잘 어울린다. '잿빛의 문을 열고 나온 하늘가→채일을 두른듯 아늑한 하늘가→가슴같이 따뜻한 삼월의 하늘가'의 시상 전개과정으로 보아서 '봄이 되어 새로 돋아나는 생명에 대한 경의'를 나타낸다는 해석이 타당성이 있다. 그래서 '비판 정본'은 특정 발표지나 시집에만 한정되지 않고 종합적으로 고려하여 새롭게 구성할 수 있는 가능성을 열어두어야 하는 것이다. 새로 제안하는 정본은 다음과 같다.

순이야. 영이야. 또 돌아간 남아.

굳이 잠긴 잿빛의 문을 열고 나와서
하늘가에 머무른 꽃봉오릴 보아라

한없는 누예실의 올과 날로 짜 늘인
채일을 두른 듯, 아늑한 하늘가에
뺨 부비며 열려 있는 꽃봉오릴 보아라

순이야. 영이야. 또 돌아간 남아.

저,

가슴같이 따뜻한 삼월의 하늘가에

인제 새로 숨 쉬는 꽃봉오릴 보아라

2. 「선운사 동구」의 경우: 한 단어를 여러 번 고친 예시

禪雲寺 고랑으로
禪雲寺 동백꽃을 보러 갔더니
동백꽃은 아직 일러 피지 않았고
막걸릿집 여자의 육자백이 가락에
작년것만 오히려 남았읍디다.
그것도 목이 쉬어 남았읍디다.

『동천』 수록본이 일반적으로 많이 수용된다. 그러나 다양한 판본을 함께 검토해 보아야 한다. (1) 시작 노트(1967.3.26.~6.7. 추정), (2) 『예술원보』(1967.12.15.), (3) 『동천』(1968.11.30.), (4) 『서정주문학전집』(1972.10.30.), (5) 선운사 시비(1974.5.19.) 등이 있다.

표3 판본별 「선운사 동구」 수록 양상

	(1) 시작 노트	(2) 예술원보	(3) 동천	(4) 서정주문학전집	(5) 선운사 시비
1행	고랑으로	고랑으로	고랑으로	고랑으로	골째기로
3행	않았고	않았고	않았고	않았고	안했고
4행	막설리집	막걸릿집	막걸릿집	막걸릿집	막걸릿집
4행	육자백이	육자백이	육자백이	육자배기	육자배기
5행	아직도/섞기여/오히려	아직도	오히려	시방도	상기도
5행	남었읍디다	남었읍디다	남았읍디다	남았읍디다	남었읍디다
6행	쉬여	쉬어	쉬어	쉬어	쉬어

여기에 대한 비판 정본 제안은 다음과 같다. 여러 판본을 비교한 결과 시인이 제일 고심한 부분은 5행의 부사어다. 시작 노트 속에 '아직도, 섞기여, 오히려'가 보이며 첫 발표지에는 '아직도'를 선택한다.

그러나 이는 3행의 '동백꽃은 아직 일러 피지 않았고'와 중복되므로 시집에 수록할 때 '오히려'로 바꾼 듯하다. 그러다가 전집(1972)을 만들면서 다시 '시방도'로 고친다. 이는 출판 인쇄물에 의한 최종본이라는 점에서 확정판 기준에 제일 가깝다. 그러나 이 시는 또 한 번의 놀라운 변화를 보여준다. 고창 라이온스 클럽에서 선운사 입구에 세울 시비 건립(1974)을 제안하자 미당은 친필로 이 시를 써준다. '상기도'는 그래서 생겨났다. 뿐만 아니라 '고랑'은 '골째기'로, '않았고'는 '안했고'로 바뀌면서 이전 판본과 달라졌다.

'시방'은 '지금'의 뜻이 강한 표준어. '상기'는 '아직'의 뜻을 가진 사투리다. '오히려'는 표준어로서 문맥상 '예상과는 다르게'의 뜻. 따라서 서정주 시 전체 분위기에 가장 근접하는 판본은 (5)라고 본다. '골째기'나 '안했고' 역시 규범 문법을 벗어나는 민중의 일상구어 실현으로 볼 만하다. 다만 '~읍디다'의 경우는 '~읍니다'를 '~습니다'로 통일하는 전집 편집 규정(소릿값이 같을 경우 표준어를 선택)에 따라 '~습디다'로 정한다. 다음은 그 판본이다.

선운사 골째기로
선운사 동백꽃을 보러 갔더니
동백꽃은 아직 일러 피지 안했고
막걸릿집 여자의 육자배기 가락에
작년 것만 상기도 남었습디다.
그것도 목이 쉬어 남었습디다.

3. 「동천」의 경우: 고어 선택과 리듬감

(1) 시작 노트(시기 모름. 제목은 '겨울 하늘')
내 마음 속 우리님의 고은 눈섭을
즈문 밤의 꿈으로 맑게 씻어서
하늘에다 옴기어 심어 놨더니
동지섯달 날르는 매서운 새가
그걸 알고 시늉하며 비끼어 가네.

(2) 『현대문학』(1966.5.)
내 마음속 우리 님의 고은 눈썹을
즈믄 밤의 꿈으로 맑게 씻어서
하늘에다 옮기어 심어 놨더니
동지섣달 날으는 매서운 새가
그걸 알고 시늉하며 비끼어 가네.

(3) 『예술원보』10호(1966.12.)
내 마음 속 우리 님의 고은 눈섭을
즈믄 밤의 꿈으로 맑게 씻어서
하늘에다 옴기어 심어 놨더니
동지 섯달 날르는 매서운 새가
그걸 알고 시늉하며 비끼어 가서
수무살쯤 더 있다 눈을 감으면
그때는 감기리라 생각 하나니.

(4) 『동천』(1968.11.)

내 마음 속 우리 님의 고은 눈섭을

즈문밤의 꿈으로 맑게 씻어서

하늘에다 옮기어 심어 놨더니

동지 섣달 나르는 매서운 새가

그걸 알고 시늉하며 비끼어 가네.

(5) 『서정주문학전집』(1972.10.)

내 마음 속 우리 님의 고운 눈썹을

즈믄 밤의 꿈으로 맑게 씻어서

하늘에다 옮기어 심어 놨더니

동지 섣달 날으는 매서운 새가

그걸 알고 시늉하며 비끼어 가네.

    모든 판본이 조금씩 다른데 흥미로운 것은 판본 (3)이다. 다른 판본들과 달리 두 행이 더 추가되어 있는데 창작 당시의 심경을 헤아려 볼 수 있다. 그러나 심미적 효과가 떨어져서 시인이 스스로 회수한 것으로 보인다. 미당 자신은 물론 수많은 비평가 및 전문 학자들이 미당의 최고작으로 손꼽는 「동천」의 정본을 어떤 기준으로 확정해야 하는가? 고어 표기가 존중되는 『동천』의 맥락을 고려하여 '고은 눈섭'과 '즈믄 밤'의 시어를 택한다. 그 결과 가장 근접한 사례가 (2) 『현대문학』(1966.5.) 판본이다. '눈썹'을 '눈섭'으로만 고치면 된다.

내 마음속 우리 님의 고은 눈섭을

즈믄 밤의 꿈으로 맑게 씻어서

하늘에다 옮기어 심어 놨더니

동지섣달 날으는 매서운 새가

그걸 알고 시늉하며 비끼어 가네.

  이 새로운 정본은 기존의 어떤 판본도 따르지 않는 경우다. 미당 시전집의 정본 확정 문제에는 이런 사례가 적지 않게 나온다. 기존 판본을 따르지 않는다 해도 주저하거나 난감해 할 필요는 없다. 소릿값 존중의 원칙을 지키고, 미당의 독특한 말버릇과 취향을 고려하여 기존 판본을 미세하게 수정하는 일은 미당 문학연구의 도전적 과제인 동시에 또 다른 즐거움이다.

06 ___ 남는 문제

　미당 시 950편의 정본을 확정하는 과정은 미당 자신도 하기 어렵다. 「무슨 꽃으로 문지르는 가슴이기에 나는 이리도 살고 싶은가」와 같은 토속적 오라aura가 넘치는 시 속에 등장하는 수많은 고어와 방언들을 그대로 존중한다고 해도 '우에'와 '위에'가 원칙도 없이 뒤섞여 나오는 국면에 이르면 맥이 풀린다. 시인의 의도인지 실수인지 출판사의 오류인지 분간이 안 된다. 창작 당시의 기분에 따라 자유롭게 선택했다손 쳐서 그대로 존중한다고 하면 모든 기표들을 존중해야 한다. 원전의 '머언 유명幽明에서처럼 그 소리는 들려오는 것이나, 한 마디도 그 뜻을 알 수는 없다'의 '유명幽明'은 '유명幽冥'으로 바로잡아야 하는데 바로잡는 기준이 '우에'나 '위에'를 선택하는 기준과 같은지 확신하기 어렵다. 이러한 미세한 차이가 도처에 산재한다.

　『질마재 신화』 소재 「신발」에는 '아마 내 이 신발은 벌써 변산 콧등 밑의 개 안을 벗어나서 이 세상의 온갖 바닷가를 내 대신 굽이치며 놀아다니고 있을 것입니다'라는 구절이 나오는데, '놀아다니다'는 우리말 사전에 없는 말이다. 시작 노트에는 분명하게 '돌아다니고'라 적혀 있다. 오식이 분명한데, 『서정주문학전집』(1972) 말미에 있는 '질마재 신화' 편목에도 『질마재 신화』(1975) 재수록본에도 다 같이 '놀아다니고'로 나온다. 두 군데 다 오식이어서 바로잡으려 하다가 '놀아다니다'가 시인이 창안한 새로운 국어일 수도 있다는 가능성을 고려하게 된다. '유행遊行'의 한자어를 우리말로 바꿨을 때 적격이고 이는 시의 문맥에 잘 어울린다. 950편 중 단 한 번 나오는 시어여서 확증하기는 어렵지만 시인에 의한 모국어의 새로운 탄생과 확장 차원에서 적극적으로 수용할 만하다.

그러나 '놀아다니다'가 의도인지 우연인지 실수인지는 정확하게 판단하기 어렵다. 미당이 우리말을 새롭게 만드는 방식에 미루어보면 새로운 국어일 개연성이 높다는 것이고 이는 전적으로 주관적인 느낌인 것이다. 미당 시전집 정본 확정의 원칙과 과정에 이런 궁극의 난제가 있다는 점은 공유하는 게 좋겠다.

18장 『세계민화집』에 나타난 몽골 민화의 각색 양상

서정주의 『세계민화집』에 나타난 몽골 민화 각색의 특성,
『동악어문학』 70, 동악어문학회, 2017.

01 ___ 시인의 새로운 장르, 민화

서정주의 『세계민화집』(1991)은 그의 후기 작업 중 독특한 영역에 속한다. 미당의 문학적 생애에서 이 저작이 차지하는 의의는 예사롭지 않지만 그간 연구가 전무하여 본격적인 조망이 필요한 시점이다. 순수 창작이 아니라는 점에서 『세계민화집』의 가치는 소홀히 다루어질 수 있지만, 이야기를 수집하고 조사하여 문학의 보편적 성격을 공유하고 싶어 했던 '시인의 의도' 측면에서 보면 이 저작에 관한 탐구도 본격화될 필요가 있다. 특히 세계의 민화들을 원전이나 번역 텍스트를 참고하여 '미당식'으로 각색하였다는 점에서 미당이 즐겨 쓰는 독특한 어휘나 문구, 맥락적 표현, 해석의 창의성 등을 살펴볼 수 있다.

본고는 『세계민화집』에 수록된 몽골 민화의 수용 양상에 초점을 맞추어 살펴보고자 한다.[1] 대상 텍스트는 「1만 년을 큰 소나무에서 살아온 새」, 「목동 스호오의 해금」 두 편이며 주로 각색의 특성을 조명하는 데 주목하고자 한다. 각색 텍스트들은 이전까지 진행시켜 온 서정주 문학의 주요한 주제─신라정신이나 해원상생, 불교의 유심론과 전통 정서로서의 정한情恨의 요소들뿐만 아니라 미당 특유의 소나무 바람 모티프, 독특한 문체 등을 풍성하게 살필 수 있어서 서정주가 세계의 민화들을 어떻게 '자기화'하고 있는지를 확인할 수 있는 주요한 사례기도 하다.

---

1 이 논문은 2016년 7월 20일 몽골 국립대학교에서 열린 국제학술대회(한국─몽골의 언어 문화 교섭 양상) 발표 원고를 수정·보완한 것이다.

02 ___ 『세계민화집』 출간 의의

『화사집』(1941)에서 『동천』(1968)에 이르기까지, 서정주는 한국 현대 서정시의 중요한 성취를 이룬다. 이어서, 이 무렵까지의 성과를 모아 『서정주문학전집』(1972)을 간행하는데 발표된 주요 시편들 외에 자서전, 산문,[2] 시론, 소설, 희곡, 전기, 번역문 등이 망라된다. 이후 서정주는 『질마재 신화』(1975)를 간행함으로써 문학 인생의 새로운 장을 열게 된다. 자신의 고향 마을 '질마재'를 중심으로 한 독특한 이야기시의 창작은 '이야기성'의 본격적인 발현이라는 점에서 주목할 만하다. 시인은 마을에서 일어났던 사건들을 구연담화 양식으로 보고하기도 하고, 역사와 민속과 풍습과 소문들을 정리하여 독자들에게 들려주는 이야기꾼의 자질을 보여주기 시작한다.[3] 이 이야기 시집은 특정 공간에서 오랜 시간 이어져 오는 '정착형 담화'의 특성을 가진다.[4]

---

2   서정주 산문의 전모는 아직 제대로 드러나지 않고 있다. 발표한 산문만 6백 편 가까이 되는데 다양한 저작이나 발표지 속에 흩어져 있어서 일목요연하게 정비되지 않고 있는 실정이다. 최초의 결집은 『서정주문학전집』(1972) 4~5권이며, 이후 다양한 산문집을 간행했다. 초기 산문들 중에는 전집 미수록 작품들도 상당수 있으며 80년대와 90년대에 여러 지면에 발표한 산문들도 결집되지 않은 상태다. 이들 산문들은 시인의 '여기餘技'가 아니라 그의 문학적 풍모를 이해하는 데 중요한 경우가 많아서 세밀한 검토가 필요하다.

3   시집 『질마재 신화』(1975)에서 보이는 이야기꾼의 자질은 만주를 유랑하고 난 후(1940~1941) 고향에 돌아와 집중적으로 발표한 '고향 이야기 연작'(「질마재 근동 야화」, 「향토산화」, 「고향 이야기」, 1942)에서부터 발아된 것이다. 이들 연작 기획은 고향의 인물들에 대한 이야기 형식의 산문들인데 이런 '산문 충동'이 공간 확장을 통해 50년 뒤에 『세계민화집』으로 발전하고 있는 점은 서정주의 생애사를 정리하는 과정에서 진지하게 고려해야 할 요소다.

『학이 울고 간 날들의 시』(1982)는 한국의 반만년 역사를 시로 변형시킨 작업이며, 『안 잊히는 일들』(1983)과 『팔할이 바람』(1988)은 개인 자전을 다루고 있는 시집이다. 민족의 거시 역사와 개인의 미시 역사를 다루었다는 점에서 '시를 통한 민족과 개인의 사적 개관'의 의의가 있는 작업들이다.

이런 작업들이 '문학—시간'을 다루고 있다면 '문학—공간'을 다루는 특별한 작업들도 이어진다. 세계여행의 경험을 다룬 시집『서으로 가는 달처럼…』(1980), 산문집『떠돌며 머흘며 무엇을 보려느뇨』(1980), 세계 전역의 주요한 산들을 다룬 시집『산시』(1991)는 공간을 확장시킨 '떠돌이형 담화'다.

서정주 문학의 활동 범주가 광범위함에도 불구하고 대체적인 연구가 그의 시에 국한되고 있다는 점은 아쉽다. 개인사나 민족사, 공간 확장형 담화에 대한 연구는 거의 없으며 이는 서정주 문학연구의 새로운 영역이 아직도 많다는 뜻이기도 하다.

『세계민화집』은 전형적인 공간 확장형 담화다. 즉 세계의 누구라도 좋아하고 향유하는 이야기들을 수집·정리, 각색함으로써 문학의 보편성을 탐구하고자 하는 작업으로 이해할 수 있다. 이 저작과 비슷한 시기에 이루어진 또 다른 작업은『우리나라 신선 선녀 이야기』(1993)의 출간이다. 한국의 전래 동화 모음집인데 주로 신선이나 선녀들과 관련된 이야기들을 미당식으로 각색한 내용들이다. 유아나 초등학교 저학년들을 위한 저작이므로 일러스트가 풍부하게 배치되어 있다. 도교적 입장에서 전래 동화를 각색한 경우로 보면 된다. 그러나 미당이 유아들에게 도교를 전파하기 위해 기획했다기보

---

4 발터 벤야민의 분류에 따르면『질마재 신화』의 '정착형 담화'는 '농부형 이야기'다. 이에 반해 세계 여러 곳을 떠돌며 다양한 장소에서의 경험을 들려주는 이야기 유형으로 '선원형 이야기'가 있다. 벤야민은 이야기꾼의 유형을 농부형과 선원형으로 분류하는데 단순하기는 해도 보편성이 있다. 이들 이야기는 문화적 양식의 산물로서 농경문화와 유목문화의 전형적 특성들이 잘 드러난다. 그런 점에서 서정주의 또 다른 이야기 문학인『서으로 가는 달처럼…』(1980)과『산시』(1991), 『세계민화집』(1991)은 '떠돌이형 담화'이며 '선원형 이야기'다. 벤야민의 이론에 관해서는 다음을 참조하라. 발터 벤야민, 반성완 역, 「이야기꾼과 소설가」, 『발터 벤야민의 문예이론』, 민음사, 1983.

다는 신선과 선녀의 캐릭터 이미지를 '우리 것'으로 알리고자 한 문화 전달자로서 역할을 자임한 성격이 강하다. 『세계민화집』이 세계문학의 보편성을 탐구하는 작업이라면 『우리나라 신선 선녀 이야기』는 한국문학의 특수성을 검출하는 작업의 일환으로 보면 된다.

미당의 문학적 생애에서 『세계민화집』은 '원로 시인의 색다른 문학 작업'[5]으로 포장되어 출판·홍보되긴 하지만 이는 상업출판사의 판매 전략일 뿐이지 실제로 '색다른 문학 작업'의 의의에 대한 탐구는 뒷받침되지 않고 있는 실정이다. 이 저작은 미당의 '이야기 문학'의 중요한 영역인 동시에 다양한 문학 장르에 대한 그의 관심을 입증하는 좋은 사례가 된다. 뿐만 아니라 세계문학에 대한 소개를 통해 문학의 보편성 탐구에 기여하고자 했던 노시인의 문학적 행로를 가늠해 볼 수 있다는 점에서 의의가 있기도 하다.

『세계민화집』은 1권 '거짓과 참다움' 편, 2권 '어리석음과 지혜' 편, 3권 '태어남과 죽음' 편, 4권 '욕심과 사랑' 편, 5권 '용기와 희망' 편 등 주제별로 구성되어 있다. 각 권은 해당 책 속의 대표적인 민화의 제목을 골라 표제로 삼고 있으며 이는 출판사의 편집 마케팅 전략에 따른 것이다.[6] 전체 64개 국가(부족 포함) 160편의 이야기가 수록되어 있고 수록작이 많은 나라를 순서별로 보면 한국(12편), 중국(12편), 그리스(10편), 미국(9편), 인도(7편), 영국(6편), 이스라엘(5편), 브라질(5편), 일본(4편), 포르투갈(4편) 등이다.

---

[5] 이 책의 앞표지 날개에는 이런 홍보 문구가 있다. "어느 나라의 것이건 옛날이야기 속에는 그 나라 선조들의 생활과 정신이 깃들어 있습니다. 그리고 그 이야기마다 재미와 웃음, 눈물과 교훈이 배어 있습니다. (중략) 미당 서정주는 일흔이 넘은 나이답게 마치 우리 할아버지가 들려주듯 구수한 옛날이야기를 술술술 풀어 들려주고 있습니다. 서정주 할아버지의 옛날이야기는 신기하고 재미있고 또 어떤 때는 슬프고 아름답습니다. 이제 여러분은 우리나라의 큰 시인인 미당 할아버지와 함께 신나는 세계로 여행을 떠나고 있는 것입니다." '할아버지-저자' 마케팅을 공개적으로 표방하고 있는 이 기획은 그즈음 폭증하던 어린이 도서 시장에 발 빠르게 대응하려는 출판사의 전략으로 볼 수 있다. 그러나 미당의 생애에서 이 저작이 가지는 의의는 학계에서 아직도 탐구되지 않고 있다.

[6] 1권(쑥국새 이야기), 2권(아프리카 껌정 양반들의 수수께끼), 3권(모기는 어떻게 해서 생겨났는가), 4권(혼자서만 다 먹어버리는 여자), 5권(개구리가 코끼리 딸과 결혼한 이야기)

미당이 왜 세계의 민화 출판에 관심을 두었는지는 그의 『산시』 출간과 관련하여 생각해 볼 필요가 있다. 그의 노년기는 세계의 산을 이름별로 암송하는 과정을 거치게 되는데 무려 1,628개의 산 이름을 아침마다 뜰에 나가 암송함으로써 기억력의 감퇴를 막고 새로운 창작 의욕을 불태우고자 했다.

산 이름을 외운다는 것은 단순한 암기가 아니라 그 산들에 대한 '문학적 여행'을 뜻하는 것이었으며, 이를 위해 그는 방대한 양의 자료를 섭렵해야 했다. 이 과정에 등장하는 것이 세계의 산들에 관한 민속, 전설 등이었으며 그는 자신의 자전시집인 『안 잊히는 일들』, 『팔할이 바람』을 두 번에 걸쳐 출간한 이후 새로운 창작 영역을 개척하기 위한 일환으로 이 작업에 도전하게 된 것이었다. 즉 『산시』는 '자기 계발'의 새로운 형식 창안의 산물이었던 셈이다. 산에 관한 자료 수집 과정에서 자연스럽게 세계의 민화 자료 수집과 공부가 이어졌다. 그 산출물이 『산시』와 『세계민화집』이다. 세계 전역의 흥미로운 이야기들을 수집하여 시와 민화의 두 장르에 걸쳐서 창작을 한 경우로 보면 된다. 그러므로 두 텍스트는 상호보완성이 강하다. 예컨대 『산시』에 수록된 「헝가리의 케케스 산이 말씀하시기를」은 민화집 3권 「헝가리의 홍길동 '야노쉬 죠르하'」와 같이 읽어야 해독이 수월해진다. 이런 상호 보완적 관계는 시와 산문(민화) 텍스트에 많이 나타난다. 『세계민화집』이 『산시』 해독의 중요한 열쇠라는 뜻이다. 이는 독자적인 연구 과제다.

『세계민화집』이 순수 창작이 아님에도 불구하고 서정주 문학의 주요 연구 영역에 속할 수 있는 보다 중요한 이유는 보편적 내러티브에 대한 미당의 관심, 세계의 이야기들을 자기 방식대로 각색하려는 수용의 주체성 때문이다. 미당 문학의 전반기를 '서정의 발화와 폭발적 팽창'으로, 후반기를 '서사 충동 및 그 확장과 변주'로 분류하는 게 가능하다면 이 민화집은 그 '확장성'의 대표적인 사례로 볼 수 있다. 미당 자신도 이런 과정을 잘 인지하고 있었으며 적극적인 의욕을 보이기도 했다. 『세계민화집』 서문을 참고할 만하다.

내가 요 몇 해 동안 살아온 가장 큰 재미 중의 하나는 이 세계 나라들 구석구석의 옛이야기들을 몇 나라의 말로 읽고 지내 온 일이었습니다. 예부터 오래 전해져 오는 이야기들은 어린이들이나 젊은이들이나 늙은 이들이나 언제 읽어도 그게 재미있고, 또 그것은 그걸 만들어 낸 민족의 슬기와 정을 잘 소화해서 담고 있는 것이어서, 각기 민족의 정신의 실상을 이해해 거기 통하고자 하는 사람들에게는 무슨 이론보다도 가장 빠른 지름길이 된다고 나는 알고 이것들을 음미해 왔기 때문입니다.

그래 나는 이 재미와 이익을 나만 혼자 누리는 건 미안해서, 이것들을 우리글로 옮겨 그중 몇몇 이야기들은 소년한국일보에 연재해 오기도 했는데, 거기에 더 많이 세계 각국의 옛이야기들을 써 보태서 이번에 다섯 권의 책이 되어 빛을 보게 되었으니, 민음사에 감사하며 스스로 축하해야 할 일로 압니다.

이 책들을 쓴 내 글은 번역이 아니라, 내가 좋다고 생각한 이야기들의 줄거리들을 소재로 하면서, 그 글의 표현만은 내 독자적인 표현 노력을 통한 것이라는 걸 아울러 여기 말씀해 두어야겠습니다.

이 책들은 우리 10대의 맑고 발랄한 느낌과 지혜의 친구가 되기 위해 마음을 써서 써 모은 것이지만, 더 나이가 많은 이들에게도 마음 터놓는 벗이 되기를 희망합니다.

서문을 보면 세계의 민화를 몇 나라의 언어[7]로 읽고 지낸다는 점, 재미와

---

[7] 동국대학교 중앙도서관 내의 미당 소장도서를 보관하고 있는 '미당문고'에 이와 관련한 자료들이 꽤 있다. 다음을 참고하라. Edith Hamilton, *MYTHOLOGY*, LITTLE, BROWN AND COMPANY·BOSTON, 1942; Translated by Norbert Guterman from the collections of Aleksandr Afanas'ev, *Russian Fairy Tales*, Pantheon Books, New York, 1945; Richard M. Dorson, *Folktales Told around the World*, The University of Chicago Press, 1975; 小澤俊夫 編, 笹谷 雅 譯, 『世界の民話』, ぎょうせい, 1976; Peter Christen Asbjornsen and Jorgen Moe, *Norwegian Folktales*, Pantheon Books, New York, 1982; Roger D. Abrahams, *African Folktales*, Pantheon Books, New York, 1983; Richard Erdoes and Alfonso Ortiz, *American Indian Myths and Legends*, Pantheon Books, New York, 1984.

슬기와 정을 담고 있어서 각기 민족의 정신의 실상을 이해하는 가장 빠른 지름길[8]이라고 판단하는 점, 이런 재미를 공유하고 싶다는 점, 단순 번역이 아니라 창의적 각색[9]이라는 점 등이 강조되어 있다.

Edith Hamilton, *MYTHOLOGY*,
LITTLE, BROWN AND COMPANY·BOSTON, 1942.

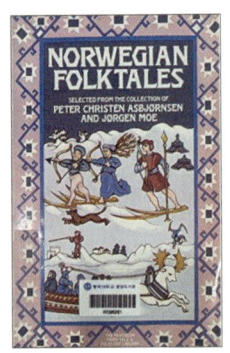

Peter Christen Asbjornsen and Jorgen Moe,
Norwegian Folktales,
Pantheon Books, New York, 1982.

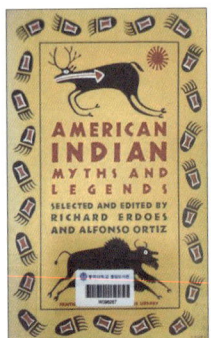

Richard Erdoes and Alfonso Ortiz,
American Indian Myths and Legends,
Pantheon Books, New York, 1984.

Richard M. Dorson,
Folktales Told around the World,
The University of Chicago Press, 1975.

그림 1 『세계민화집』 출간을 위해 미당이 참고했던 외국 서적들
동국대학교 중앙도서관 미당문고(연꽃 위의 방) 소장본

---

8   주제별 분류 기획은 이런 판단의 결과이므로 미당의 이야기 '수용 능력'을 평가해 볼 수 있다.
9   미당의 번역문학에 이런 특징들이 나타난다. 『만해 한용운 한시선역』(1983), 『석전 박한영 한시집』 (2006) 등이 대표적이다.

그러므로 『세계민화집』 출간 의의는 '전형적인 공간 확장형 담화, 이야기를 통한 세계문학의 보편성에 대한 탐구, 어린이 문학 출판 시장에 대한 관심 제고, 자기 계발의 새로운 형식 창안을 위한 자료 수집, 주체적이고 창의적인 각색을 통한 이야기 문학의 재미 부여' 등으로 정리할 수 있겠다.

'아직 덜 완성된 사람'이라는 뜻의 '미당未堂'답게 그는 칠순이 훨씬 넘어서도 새로운 공부에 매진했다. '한국의 시인 미당'에서 '세계의 이야기꾼 미당 할아버지'로 나아가고자 했는데 그 성취에 대한 평가가 없다는 점이 이 글의 촉발 계기다. 이 글은 저본이 있는 몽골 민화[10] 두 편에 한정해서 분석하고자 한다. 연구용 저본은 몽골어본[11]이 아니라 일역본 『世界の民話』 9권 (小澤俊夫 編, 笹谷 雅 譯, 아시아 편 1)이며 이 저본과 미당 각색본의 차이를 비교하는 방식으로 진행하고자 한다. 일역본은 편의상 한국어 직역으로 소개한다.

---

10 『세계민화집』 1권에 수록된 「1만 년을 큰 소나무에서 살아온 새」, 「목동 스호오의 해금」이 그 대상이다. 4권에 수록된 「바위가 된 젊은이」는 저본을 확인하지 못해 다음 기회로 미룬다.
11 몽골어본 원전에 가장 가까운 자료는 주채혁 역주 『몽골 구비 설화』(백산자료원, 1999)다. 이 저작은 『몽골민족민간고사선蒙古民族民間古事選』(내몽골언어문화연구소, 상해 문예출판사, 1979)의 우리말 초역 번역본 『몽골민담』(정음사, 1984)을 15년 후 다시 출간한, 원형에 가장 가까운 증보 주석 한글 번역본이다. 미당이 참고한 텍스트는 일역본이므로 이를 연구 대상 텍스트로 놓되 주채혁본(1999)는 필요 시 참고용으로 다루고자 한다.

03 ___ 각색의 특성

　　전체적으로는 번역에 가깝지만 자세히 보면 미당이 서문에 쓴 그대로 상당 부분 각색이 되었음을 알 수 있다. "번역이 아니라, 내가 좋다고 생각한 이야기들의 줄거리들을 소재로 하면서, 그 글의 표현만은 내 독자적인 표현 노력을 통한 것"이라는 이 민화집은 세계 여러 나라의 옛이야기들을 '한국화'하는 작업이면서 동시에 '미당화'하는 특별한 작업이기도 하다. 미당의 많은 시편들을 외국어로 번역하여 해외에 소개하는 작업이 미당 문학의 원심력으로 작동한다면, 『세계민화집』의 경우는 세계의 문학들이 미당 문학의 자장 안으로 들어오는 구심력으로 작동하는 경우다. 대면 상황을 염두에 둔 구연형 담화체는 『세계민화집』의 전반적인 특성이다. 몽골 민화에도 이 특성이 고스란히 적용되고 있다. 이야기 듣는 사람을 고려하는 말하기 방식은 '어린이 독자'들 내면에 '이야기를 들려주는 할아버지 앞에 앉아 있는 어린이 청자'의 느낌을 전달하는 데 효과적이다.

　　<u>한동안은 이 세계를 짓이기고 다녔고, 또 우리 고려까지도 손아귀에 넣었던 영웅 칭기즈칸의 나라 몽골을 잊지 않으셨겠지요?</u> (중략) 아주 높은 낙락장송 소나무 위에 1만 년을 하루처럼 지내 온 대단한 새 한 마리가 살고 있었는데요. 이 새는 (중략) <u>말을 할 줄도 알았다고 해요.</u>
　　<u>그래 이 이야기를 들은 몽골 사람들은 누구나 이 새를 한번 만나보기가 소원이었고,</u> (중략) 어느 날 동쪽 나라의 일테겔이라는 왕이 쓰윽 나서서,

"내가 그놈을 기어코 손에 넣고 말겠다."

—「1만 년을 큰 소나무에서 살아온 새」[12] 중에서

옛날 몽골의 차하르 지방의 어느 목장에서 양을 몰고 다니며 풀을 뜯기는 스호오라는 목동이 <u>살고 있었는데요</u>. (중략) 그런데 어느 날은 해가 꼬박 지고 난 뒤 한참이 되어도 양을 몰고 나간 스호오가 천막으로 돌아오지 않아 <u>늙은 할머니는 걱정이 태산 같았는데요</u>. (중략) 그래 스호오는 망아지의 등에 재빨리 올라타고 늑대를 쫓아가서, 올가미 줄을 던져 늑대를 사로잡아 <u>질질질 끌고 왔는데요</u>. 이 늑대는 상당히 큰 것으로, 잿빛 털이 <u>꽤나 예쁘장했어요</u>.

<u>이렇게 하여 스호오와 흰 망아지는 마음에 맞는 일을 늘 함께하면서, 시간이 갈수록 점점 더 깊이 정이 들어갔지요.</u> (중략) 여기 모인 어중이떠<u>중이들 사이를 버둥거리고 다니는 바람에</u>, 말에서 떨어졌다가 다시 일어난 왕은 화가 머리끝까지 치솟아 올라서, (중략) 조금 뒤에는 바로 그 말이 그가 누워 있는 머리맡에 나타나 또 <u>흑흑 흐느껴 울고 있는 것 아닙니까?</u>

—「목동 스호오의 해금」[13] 중에서

인용문을 보면 일역본(부록 참조)과 어떻게 다른지 금세 확인된다. 밑줄 부분은 문어체와 구어체의 차이를 드러내는 곳들인데 역사적 사실을 활용해 동기와 흥미를 유발하는 서두, 친근한 구어체 어미 처리, 담화의 연속성을 구현하는 구어형 접속어, 박진감 있는 대화를 통한 직접 제시 등을 구사함으로써 이 이야기가 단순 번역이 아니라 창의적 각색임을 입증한다.

---

12 서정주, 『미당 서정주 전집』 16(옛이야기), 은행나무, 2017, 51~52쪽.
13 서정주, 앞의 책, 87~90쪽.

한국어에서 관용적으로 쓰이는 어법이나 어구들도 상당수 등장하기 때문에 '외국문학'이라는 느낌이 들지 않는다는 점도 주요한 특성 가운데 하나다. 원작에 없는 부분들 중에 한국 어법이나 미당 특유의 입담으로 추가한 부분들, 예컨대 '호언장담을 하며', '1만 살짜리 새',[14] '그 이야기는 얼추 아래와 같은 것이었습니다', '알바이는 억울하게 죽은 까마귀에게 머리를 들 수가 없었습니다', '노랫가락에 마음들을 같이해 주곤 했습니다', '할머니는 걱정이 태산 같았는데요', '여기 모인 어중이떠중이들 사이를 버둥거리고 다니는 바람에' 등과 같은 표현들은 단순한 의미 전달 기능을 넘어서 '읽고 듣는 재미'를 배가시키는 요소들이다. 이런 개괄적 특성 외에 기타 개별 논점을 중심으로 각색의 특성을 검토하도록 하자.

두 편의 몽골 민화를 소재, 주제, 기법 등 일률적 기준을 가지고 살피기는 어렵다. 각 텍스트들의 가장 두드러진 각색 요소들을 중심으로 살피되, 그 두드러진 특성들이 기존 서정주 문학과 어떤 연관 관계를 갖는지를 중심으로 고찰해 보고자 한다.

---

14 한국어의 나이를 뜻하는 '―살'에 접미사 '짜리'를 붙이는 방식은 미당의 독특한 관용구다. 어른이나 노인들에게는 좀처럼 적용하지 않는 이 접미사를 미당은 과감하게 사용함으로써 '낯설면서도 동시에 친근한' 느낌을 만든다. 다음을 보라. "눈들 영감 마른 명태 자시듯'이란 말이 또 질마재 마을에 있는데요. 참, 용해요. 그 딴딴히 마른 뼈다귀가 억센 명태를 어떻게 그렇게는 머리끝에서 꼬리끝까지 쬐끔도 안 남기고 목구멍 속으로 모조리 다 우물거려 넘기시는지, 우아랫니 하나도 없는 여든 살짜리 늙은 할아버지가 정말 참 용해요.", 서정주, 「눈들 영감의 마른 명태」, 『미당 서정주 전집』 2(시), 은행나무, 2015, 34쪽. 「목동 스호오의 해금」의 주인공 스호오 역시 '열일곱 살짜리 소년'으로 묘사된다.

1. 「1만 년을 큰 소나무에서 살아온 새」

1) 제목

'영리한 마법의 새'[15]를 '1만 년을 큰 소나무에서 살아온 새'로 바꿨다. 새 캐릭터의 특성을 '영리하다'에서 '높고 험한 산 위의 아주 높은 낙락장송 소나무 위에 1만 년을 하루처럼 지내 온 대단한 새'로 바꾼 것이다. 일역본 '아름다운 침엽 적송'은 '아주 높은 낙락장송'이 되고 '영리한'의 자질적 특성은 '1만 년을 지내 온'이라는 생명체의 생태환경을 초월하는 신비주의적 속성으로 전환된다. 미당 문학의 주요 주제인 '영원주의'의 흔적이 반영된 경우로 볼 수 있다. 여기의 '1만 년'은 물리적 시간 단위라기보다는 '길고 오랜 시간' 즉 '영원을 사는' 불사조의 의미 맥락이다. 제목 속에 이미 미당 문학의 주요 사상인 '영원주의'가 구체화된 경우다.

2) 주인공의 성격

제목에서 암시되는 것처럼 주인공 새의 성격이 특수하게 형상화되고 있다. 이 새는 몽골 새의 특성보다 한민족 정체성의 중요한 원형인 솔바람 숨결 소리로 성격화되는데 이는 미당의 유년기 체험을 문학적으로 형상화한 작품들에서 쉽게 확인되는 것들이기도 하다. "이 새는 오랫동안을 그 큰 소나무의 솔바람 소리에 숨결을 맞춰 살아온 나머지, 참으로 미묘하게도 아름다운 노래를 불렀고, 또 언제부턴지 사람들의 말도 잘 알아듣고 또 말을 할 줄도 알았다고 해요." 같은 대목은 원전이나 일역본에 없는 순수한 창작

---

15 일어 번역본 제목이다. 주채혁본(1999)에는 '슬기새[智慧鳥]'로 되어 있다. 이 민화의 최초 중국어본 번역은 "1955년 2월에 우르몽골 민중출판사에서 출판한 몽골글로 된 『英雄 古那干』(runaɣanɣbaatur, 세살박이 영웅)을 근거로 해서 번역한 것"이라는 각주가 붙어 있다.

에 해당한다.[16] 즉 이 새를 한국화하고 미당화시킨 것이다.

더구나 이 새의 나이는 만 살이다. '만 살을 자시도록 살아온 새'는 인간의 보편적인 희로애락을 성찰하고 있으며 모든 인간들이 이로부터 벗어나기 어려움을 상징적으로 보여주고 있다. 또한 자신을 소유하고자 하는 '오만한'[17] 왕에게 들려주는 이야기가 '영원히 지속될 수밖에 없는 무수한 사례들'이라는 점을 암시함으로써 '인간은 희로애락의 포로'이자 '시간을 오래도록 소유할 수 없다'는 지혜를 전한다. 그리고 그 새가 돌아가는 곳은 '큰 소나무의 미묘한 솔바람 소리 속'이다. 원전이나 일역본과는 달리, 이 새는 일종의 무조巫鳥며, 『산시』 속에 나타나는 '몽고 산의 점쟁이새'의 원형에 가깝다.

몽고에서 가장 높은 산
몬흐하이르한에서는
한 이만 년 전 옛날부터
크나큰 점쟁이새 한 마리가
불타는 밝은 눈으로
살아오고 있었네.

몬흐하이르한 산에서
짜스트복福드 산으로
튀르겐 산으로
이크복福드 산으로
또다시 몬흐하이르한으로

---

16 원전에 가까운 주채혁본에는 '푸른 소나무'로만 서술되어 있다.
17 일테겔(Irteger, 伊爾特格爾) 언어 자체에 '오만한'의 뜻이 있다. 주채혁, 앞의 책, 34쪽 참고.

옮겨 다니며 옮겨 다니며

몽고 사람들 신수를 점치고 살았네.

—「몽고 산의 점쟁이새」[18] 중에서

사람으로 치면 고전 서사에 자주 등장하는 '현명한 노인'인 셈인데 인간의 언어를 자유자재로 구사하는 걸 보면 '솔바람 소리'[19]의 음악적 리터러시가 발달한 문인에 가까우니 '음유시인'의 상징으로도 볼 수 있다.[20] 각색된 주인공의 성격으로 보면, 이 이야기는 지상의 어떠한 권력자일지라도 세상사 모든 희로애락을 다 알고 있는 '현명한 이야기꾼'은 속박할 수 없다는 교훈담인 셈이다.

3) 소나무, 솔바람 소리의 모티프

미당에게서 소나무는 솔바람 소리나 숨결 소리의 객관적 상관물로 작동하는 경우가 대부분이다. 다양한 갈래에 걸쳐 지속적으로 등장하는 일종의 모티프기도 하다.

---

18 서정주, 『미당 서정주 전집』 5(시), 은행나무, 2015, 35쪽.

19 '솔바람 소리'는 장자 「제물론」에서 보이는 '지뢰地籟' 즉 '바람에 의존하는 음악'으로서 수많은 의성어를 탄생시키게 된다. '솨……'로 수용되는 이 청음감각이 미당에게는 예민하게 발달되었으며 사람의 숨결 소리와 비슷하게 들림으로써 소나무와 사람의 유비적 관계를 만들어 낸다. 안동림 역주, 『신역 장자(상)』(내편), 현암사, 1973, 65~66쪽 참조.

20 서정주 문학에서 시인과 새와 샤먼이 오묘한 연관성을 가지고 있음은 여러 곳에서 확인된다. "불교의 연기설에 의하면 글 쓰는 사람들은 대개 후생엔 날즘생이 된다지만 나는 아마 날시도 못할 것만 같다.", 서정주, 「나의 방랑기」, 『인문평론』, 1940.3., 66쪽. "그 뒤 며칠 뒤에 그분 방에 불려 갔더니/"자네는 중노릇할 그릇은 아닌가 부네./이백이니 소동파니 그런 사람들마냥으로/황새처럼 화알화알 날아다니면서/시나 쓰고 어쩌고 살 사람인 모양이여", 서정주, 「석전 박한영 대종사의 곁에서 2」, 『미당 서정주 전집』 3(시), 은행나무, 2015, 253쪽. 이런 맥락에서「귀촉도」는 이승과 저승을 이어주는 샤먼적 새이며 시인은 이 텍스트에서 '귀촉도'에 거의 동화되고 있다. 그의 문학에 무수히 등장하는 '솥작새'며 '학'도 같은 방식으로 이해가 가능하다. 이는 새로운 연구 주제다.

아마 이때까지도 어머니 버선발을 에워싸고 있던 것은 육날 메투리였을 것이다. 오는 도중엔 오 리쯤이나 거의 되는 개안[內浦] 바다가 있어, 마치 조금 때라 발들을 빼고 그 진펄을 더듬어 건너 언덕 밑 생수 구멍에서 발의 개흙들을 씻었는데, **그때 그 옆 산 언덕배기의 솔빛과 솔 소리가 살아나던 일은 커서도 가끔 내 힘이 된 기억의 하나다.**

나는 이때를 처음으로 해서 소년 시절을 자주 이 개안 바다를 건너다니며 이 생수에 발을 씻는 걸 즐겼지만, **그 생수가 내 두 발을 얼싸안자 별일도 없던 옆의 솔 무데기가 히히덕이며 금시에 눈들을 뜨고 내 가슴속을 종달새 웃기듯 하며 가까워 오는 것은 참 희한한 효과였다.**[21]

그런데 그 웃음이 그만 마흔 몇 살쯤 하여 무슨 지독한 열병이라던가로 세상을 뜨자, 마을에는 또 다른 소문 하나가 퍼져서 시방까지도 아직 이어 내려오고 있습니다. 그 한물댁이 한숨 쉬는 소리를 누가 들었다는 것인데, 그건 사람들이 흔히 하는 어둔 밤도 궂은 날도 해 어스름도 아니고 아침 해가 마악 올라올락 말락한 아주 맑고 밝은 어떤 새벽이었다고 합니다. 그리고 그것은 그네 집 한 치 뒷산의 마침 이는 **솔바람 소리에 아주 썩 잘 포개어져서만 비로소 제대로 사운거리더라구요.**

그래 시방도 맑은 아침에 이는 솔바람 소리가 들리면 마을 사람들은 말해 오고 있습니다. "하아 저런! 한물댁이 일찌감치 일어나 한숨을 또 도맡아서 쉬시는구나! 오늘 하루도 그렁저렁 웃기는 웃고 지낼라는가 부다"고……

―「석녀 한물댁의 한숨」[22] 중에서

---

21 서정주, 「줄포」, 『미당 서정주 전집』 6(유년기 자서전), 은행나무, 2016, 132~133쪽.
22 서정주, 『미당 서정주 전집』 2(시), 은행나무, 2015, 56~57쪽.

소나무 속엔

대한민국 농군들의 손이 들었고

소나무 속엔

대한민국 학생들의 눈이 들었다.

그래서 바람이 부는 날이면

너무나 아까워

단군의 할아버지 하느님께선

여기 내려 묘한 한숨을 쉰다.

솨…… 솨…… 솨…… 솨…… 솨……

―「소나무 속엔」[23]

그 솔잎에 일어나는 솔바람 소리에는

이 목숨의 숨소리도 포개 평안하거니,

내 언제 이 세상을 하직하고 갈 때엔

그 소리에 합쳐져서 웃으면서 가리라.

―「우리나라 소나무」[24] 중에서

    유년기의 솔바람 소리 체험이 오래도록 창작의 모티프가 되는 사례들이다. 솔바람 소리라는 대상에 대한 감각적 수용이 민족적 정체성의 범주로 확장되는 경우이기도 한데, 사람의 숨결 소리와 연계시킴으로 해서 표현의 순간에 은유의 원리가 작동한다. '소나무에 부는 바람 소리=사람의 숨결 소리=1만 년 이상의 오래된 소리'는 '초시간적·초대상적' 연관성을 가지면서 한국문학의 특수성의 한 국면을 만들게 된다. 특히 「1만 년을 큰 소나무에

---

23 서정주, 앞의 책, 100쪽.
24 서정주, 『미당 서정주 전집』 4(시), 은행나무, 2015, 71쪽.

서 살아온 새」에서의 소나무는 전통적인 사군자의 표상에서 벗어나 사람이 숨 쉬는 것처럼 '솨……'하는 소리를 자질적 특성으로 가짐으로써 '미당식'으로 바뀐다.

> 이야기가 여기서 끝나자, 왕은 또 바로 이어 뭐라고든 말해야 할 판이 되어서
> "서러운 것은 그 좋은 고양이군!"
> 하고 한마디를 안 할 수가 없었는데요.
> 그러자 그 만 살을 자시도록 살아온 새는 사르르 날아올라 **큰 소나무의 미묘한 솔바람 소리 속에 안기고 말았습니다.**[25]

'솔바람 소리 속에 안기는' 행위는 곧 '솔 무데기가 히히덕이며 금시에 눈들을 뜨고 내 가슴속을 종달새 웃기듯 하며 가까워 오는 것'과 같은 구체적인 감각의 차원이며, '솔바람 소리에 아주 썩 잘 포개어져서만 비로소 제대로 사운거리더라'는 해석의 경계이기도 하고, '이 목숨의 숨소리도 포개 평안해지는 물아일체의 경험이기도 하다.[26]

4) 서술자의 개입과 논평

원작이나 번역문에는 없는 독특한 문구들 중에 불교적 화법이 녹아 있는 경우도 이채롭다. 일역본에 "새는 그렇게 말하고 순식간에 날아가 버렸다"[27]는 부분은 "그러자 어느 사인지 그 만 살짜리 새는 쏜살같이 날아가서

---

25 서정주, 『미당 서정주 전집』 16(옛이야기), 은행나무, 2017, 54쪽.
26 이런 점에서 '1만 살짜리 새'는 원로시인 서정주 자신의 초상으로 읽을 수도 있다. 1만 살짜리 새와 서정주는 '이야기꾼'의 속성과 '솔바람 소리 숨결'의 자질을 공유한다.
27 주채혁본도 이와 유사하게 단순 설명으로 일관하고 있다.

그의 소나무 위에 가 다시 앉고 말았습니다. 왕이 불쌍히 여겨 서러워하는 감정을 잠시나마 마음속에 일으켰기 때문이지요"로 되어 있다. '마음속에 서러워하는 감정을 일으켰다'는 내레이터의 개입은 일종의 불교적 논평이다. 즉 '일체유심조一切唯心造'의 불교어법을 착색하여 맥락을 보다 풍부하게 해석할 수 있도록 배려하고 있다.

이 같은 관점은 다른 징후들에 의해서 보완되기도 한다. 같은 글의 "왕은 다시는 무슨 이야기에도 서러운 느낌을 일으키지 않기로 단단히 작정하고 며칠 뒤 두 번째로 항가이 산 위의 만 살 먹은 새를 찾아 산길을 더듬어 올라갔습니다"라든가, "새는 이날도 억울한 목숨의 서러운 이야기를 시작했습니다", 또는 "그래 아직도 서투른 마음을 한탄하면서 왕궁으로 돌아온 왕은 많은 마음의 훈련을 쌓은 다음에 '이번에는……' 하면서 다시 항가이 산으로 그 새를 찾아가서" 등에서 쉽게 확인된다. 이런 '마음'의 문제는 다음 민화인 「목동 스호오의 해금」에서도 주요하게 나타나는 현상이다.[28] 미당은 원작의 주요 사건들을 불교적 해석을 통해 각색하고 있는 것이다.

2. 「목동 스호오의 해금」

1) 제목

「마두금은 어떻게 만들어졌을까」[29]가 「목동 스호오의 해금」으로 개작되었다. 마두금이라는 고유명사, 마두금 탄생의 유래보다는 주인공 스호오를 부각시키고자 하는 의도가 보인다. 마두금도 우리식 '해금'으로 바꾸고 있

---

28 목동 스호오와 그가 사랑하는 흰말 사이에는 '마음의 소통'이 중요한 제재가 되고 있다.
29 주채혁본은 「마두금馬頭琴」이다.

다. '스호오스ホー'는 몽골어 '수케Süke(蘇和, 도끼)'³⁰의 일본식 표기다. '스호오'를 보면 미당이 일본어 번역본을 참고했음이 확실해진다.

2) 주요 제재로서의 정情

목동과 그의 흰말 사이의 깊은 유대감이 이 이야기의 핵심이다. 죽음을 초월한 사랑과 음악으로 다시 태어나는 서러운 원한이 서사의 주요한 두 축인데 곧 정情과 한恨으로 각색된다. 일역본에는 없는 한국식·미당식 해석이다.

"이렇게 하여 스호오와 흰 망아지는 마음에 맞는 일을 늘 함께하면서, 시간이 갈수록 점점 더 깊은 정이 들어갔지요." 일역본에는 "그 이후로 스호오와 흰말은 가까운 친구가 되어, 조금이라도 떨어져 있으면 어느 쪽도 참지 못할 정도였다"³¹로 되어 있다. 두 캐릭터 사이의 관계를 '정'으로 파악하는 미당의 해석은 '정'을 친연적 유대감의 한국적 표상이자 한국적 정체성의 중요한 특색으로 파악하고 있는 미당 문학관의 반영이기도 하다.

> 배맥이소라는 것을 제군은 아는가. 배맥이라는 것은 가난하고 돈이 없는 농부가 소를 살 실력이 없어서 남의 송아지를 빌려다가 그 송아지가 새끼를 낳는 것을 기대려 그 애미를 돌려주는 마련일세나그려. 이만하면 '배맥이소'라는 것을 알겠구면—그렇언 소를 한 마리 우리 집에서는 가져왔든 것일세. 그 배맥이소가 새끼를 낳아놓고 제 주인이 찾아가자 그 새끼 송아지가 자라나는 것은 마침내 아우가 자라나는 것과 다름없었네.

---

30 주채혁, 앞의 책, 217쪽. '수케 이야기'는 한때 일본의 지배를 받은 내몽골 전설로 알려져 있다. 일본 학자들이 내몽골 민담을 채집하고 번역하는 과정에서 'スホー'로 표기했을 가능성이 높다.
31 주채혁본에는 이렇게 되어 있다. "정말 하나님의 은총을 한 몸에 모두 받고 태어난 듯한 말이 너무 사랑스러워 수케는 어쩔 줄을 몰랐다.", 주채혁, 앞의 책, 218쪽 참조.

나는 그놈을 끌고 구석진 둠벙 찔레나무 덤풀 떡갈나무 수풀—모든 언덕을 한없이 헤매여 다니었네. 그때마다 소는 나를 보고 컸고 나도 소를 보고 컸을 것일세. **우리 그때 함께 지낸 정의**情義**야 남이야 알라든가… 아침 노고지리보단 먼저 일어나 그놈의 고삐를 끌고 즈슴길을 더듬어 나가든 일과 초생 반달과 함께 그놈을 끌고 돌아오든 내 소년 시절**이 지금도 눈에 삼삼 보는 것 같네.[32]

눈과 얼음이 다 녹아 스러지고, 우리 걸어가는 길가에 쓰거운 쑥애풀들과 토끼풀 같은 것들이 자욱이 돋아나고, 남쪽에서 불어오는 마파람이 우리 어린것들과 **우리들의 가슴속의 정을 부채질해서 한정 없는 먼 길과 영 잘 안 되는 답답함을 우리에게 또다시 간절하게 느끼게 하고 있을 때**, 나는 아무래도 우리의 풍류를 내 가까운 사람들에게 권할 수밖에 없다. 모든 기류의 앞잡이로서, 그러나 영 없어지는 일 없이 인정의 사이를 왕래하며 그 영원한 끈질긴 계속만을 속삭이고 다니는 저 뺄 수 없는 바람을 상징으로 하는 우리 전래의 풍류의 흘러 굽이치는 소리를……[33]

미당 문학에서의 '정'의 문제는 그간의 논의가 전무한 논제로서 미당의 유년기부터 싹트기 시작한 독특한 문학문화적 속성이다. 미당을 일러 가장 한국적 시인으로 부르는 데에는 그가 다루는 문학적 제재나 표현법의 특성만이 아니라 세상과 관계 맺는 방식으로서의 '정의情誼·情義의 태도' 역시 자리하고 있다. 미당 스스로 인용하고 있는 김소월의 「초혼」에 보이는 그 '항정恒情'처럼, 미당의 '정'은 불멸의 영속적 가치로 내재화된다.

---

32 서정주, 「머언 추억: 소의 이야기」, 연합신문, 1949. 6. 23.
33 서정주, 「풍류」, 『서정주문학전집』 4, 일지사, 1972, 114쪽.

이 「초혼」이란 시 속에서 아직 살아 있는 애인은 이미 죽어간 애인만을 생각하고 그 넋을 부르며 '선 채로 이 자리에 돌이 되어도/부르다가 내가 죽을 이름이여!'라고 하며, 언제까지고 변할 수 없는 그의 사랑의 느낌을 진정을 다해 마음속으로부터 고백하고 있는 게 보이는데, 이것이야말로 우리가 찾고 있는 그 변덕을 부리지 않는 감정—항정恒情 바로 그것의 표현이기 때문이다.

이 항정을 갖기 위해서는 거듭거듭 생각하고 또 늘 우리의 그 감정이라는 걸 다독거려 나가는 데서 될 일이지만 첫째 우리는 우리가 사랑하는 사람들에 대한 사랑에서는 절대로 변덕꾸러기가 되지 않고 그 사랑의 지조와 의리를 이어서 지켜 나가야만 한 항정인恒情人의 자격은 비로소 이루어지기 시작할 것이라고 생각된다.[34]

미당 문학에서의 '정'은 구체적 경험으로부터 출발하는 것이며, 간절함과 영속불멸성을 가지는 문학의 가치이자 삶의 미덕이다. 목동 스호오와 그의 흰말 사이의 관계를 바라보는 미당의 시선에는 어린 날 '배맥이소' 체험이 내면화되어 있으며, '간절한 감정의 영속'을 높이 평가하는 미당의 문학관이 투영되어 있다고 볼 수 있다.[35] 몽골 민화조차도 미당식으로 해독하는 개성적인 각색 작업이라는 뜻이다.

---

34 서정주, 「두 번째 집어든 사과는 배고파도 맛이 없다」, 『세계여성』, 1991.8., 63쪽.
35 '정의情誼·情義'의 문제는 서정주 문학의 중요한 성격이자 국면이며, 여기에 대해서는 다양한 시론을 통해서도 그 의의를 피력하고 있다. 서정주는 감정(감성, 정서)을 지성이나 이성과 구별시키는 플라톤적 사유체계에 반대하여, 그 두 영역의 종합된 '마음'으로써 동양 전통문학과 한국문학의 특성을 이해하고 있다(여기에 대해서는 「시의 지성」, 『문학춘추』, 1964.12., 272~277쪽을 참조하라.). 이 같은 문학관의 영향으로, 몽골 민화의 각색 과정에 '정의'의 요소가 부각되고 있는 것이다.

3) 한恨의 모티프 활용

흰말의 억울한 죽음을 '한恨'으로 처리하는 방식 역시 한국적 각색으로 볼 만하다. "또 무슨 한이 남아 이렇게 한밤중에 찾아들었니?"는 일역본에서 추가된 구절이다.[36] 한이 풀어지는 해원解冤 의식이 곧 마두금 연주다. 일역본은 흰말을 죽게 한 나쁜 왕을 잊지 않고자 하는 스호오의 결의가 부각되고 많은 백성들이 이 음악을 좋아한다는 내용으로 귀결되지만, 서정주본은 두 캐릭터 사이의 '정의소통情誼疏通'을 통한 '해원상생解冤相生'이 독특하다. 곧 '영통'과 '혼교'를 중시했던 서정주 신라정신의 흔적이 여기에서도 발견된다.

> 아닌 게 아니라 스호오가 이 해금을 켜며 목청을 뽑아 노래를 부르면 언제나 **그의 흰말은 어김없이 스호오의 마음속에 나타나서 그를 태우고 머언 구름 밖으로 달려가는 것이었습니다.**[37]

죽은 흰말이 스호오의 '마음속'에 나타나서 '그를 태우고 머언 구름 밖으로 달려가는' 결말은 자못 초월적이고 종교적이다. 원전이나 일역본에는 없는 미당식 해석이다. 『삼국유사』, 『삼국사기』, 『대동운부군옥』 등의 고전 읽기를 통하여 일찍이 그 문학과 사상에서 '영원주의'를 탐구해 왔던 서정주 특유의 미학이 몽골 민화 각색 과정에서도 반영되고 있는 것이다.

---

36 이와 달리 주채혁본에는 '원한'의 감정이 드러나 있다. "수케는 백마의 죽음을 못내 서러워하고 원통해 했다. 어찌나 슬프고 한이 맺혔던지 며칠 밤을 그대로 뜬눈으로 새울 지경이었다.", 주채혁, 앞의 책, 221쪽 참조. 이로 보면 '한'의 정서는 몽골과 한국 사이에 공통적으로 작용하는 요소일 가능성이 높다. 실제로 주채혁은 몽골 구비 설화의 특징적 요소 중의 하나가 '원을 쌓고 푸는 일련의 해원解冤 모티프'라는 주장을 설득력 있게 제시하기도 한다(주채혁, 앞의 책, 464쪽 참조.). 그런 점에서 '해원상생'은 '한-몽골 문학의 공통적인 주제이며 이에 대한 심층적인 연구는 비교문학이나 비교문화론적 차원에서 수행해야 할 향후 과제이기도 하다.

37 서정주, 『미당 서정주 전집』16(옛이야기), 은행나무, 2017, 91쪽.

04 ___ 해원상생의 미학

　서정주의『세계민화집』은 전형적인 공간 확장형 담화로서 세계문학에 대한 소개를 통해 문학의 보편성 탐구에 기여하고자 했던 노시인의 문학적 행로를 가늠해 볼 수 있다는 점에서 의의가 있다. 그러나『세계민화집』이 순수 창작이 아님에도 불구하고 서정주 문학의 주요 연구 영역에 속할 수 있는 보다 중요한 이유는 보편적 내러티브에 대한 미당의 관심, 세계의 이야기들을 자기 방식대로 각색하려는 수용의 주체성 때문이기도 하다. 본고는『세계민화집』에 수록된 두 편의 몽골 민화―「1만 년을 큰 소나무에서 살아온 새」와 「목동 스호오의 해금」을 중심으로 세계의 민화를 수용하는 서정주의 각색 특성을 살핀 것이다. 결과는 다음과 같다.

　'영리한 새'의 캐릭터 특성을 '소나무'나 '솔바람 소리' 같은 한국의 문학문화 속으로 이식해 왔으며, 미당 문학의 독특한 성향을 반영하고 있다. '1만 년을 큰 소나무에서 살아온 새'는 결국 '현명한 노인'으로서의 '음유시인'의 상징이다. 지상의 어떠한 권력자일지라도 세상사 모든 희로애락을 다 알고 있는 '현명한 이야기꾼'은 속박할 수 없다는 교훈담이 이 이야기의 성격이다. 원작의 주요 사건들을 불교적으로 해석하는 '유심론적 성향'도 가미되어 있다.

　「목동 스호오의 해금」에서 주목할 특징은 미당 문학의 중요한 특성인 '정의情誼·情義의 태도'가 수용된다는 점이고 해원상생의 방식에 영통과 혼교의 신라정신이 도입된다는 것이다. 해원상생은 '한―몽골' 문학의 공통적 주제라는 점도 차후의 흥미로운 연구 과제로 부각된다.

요약하면, 서정주의 몽골 민화 각색에 차용된 중요한 사상적 기저는 불교의 유심론唯心論과 한국 전통 정서의 정한론情恨論으로 볼 수 있다. 주요 캐릭터들의 속성 속엔 미당 문학의 독특한 특성인 소나무의 상징, 영원주의 미학 등이 결합되어 있으며, 여기에 한국어의 일상적 관용구와 미당 특유의 표현법 등이 더해져서 단순한 번역이 아닌 창의적인 각색의 면모를 보여주고 있다.

■ 부록1: 서정주 각색본

「1만 년을 큰 소나무에서 살아온 새」, 『세계민화집』 1권, 민음사, 1991.

<u>한동안은 이 세계를 짓이기고 다녔고, 또 우리 고려까지도 그의 손아귀에 넣었던 영웅 징기스칸의 나라 몽고를 잊지 않으셨겠지요?</u>

그 몽고의 북쪽에 있는 항가이라는 높고 험한 산 위의 아주 높은 **낙락장송 소나무** 위에 일만 년을 하루처럼 지내온 대단한 새 한 마리가 살고 있었는데요. 이 새는 그 오랜 동안을 그 큰 소나무의 솔바람 소리에 그의 숨결을 맞춰 살아온 나머지, 참으로 미묘하게도 아름다운 노래를 불렀고, 또 언제부턴지 사람들의 말도 잘 알아듣고 또 말을 할 줄도 알았다고 해요.

<u>그래 이 새의 이야기를 들은 몽고 사람들은</u> 누구나 이 새를 한번 만나보기가 소원이었고, 또 될 수 있으면 이 새를 사로잡아 가지기가 소원이었으나 이 새는 어떻게나 영리한지 아직은 아무도 이 새를 사로잡아 데리고 지내본 사람은 하나도 없었는데요.

어느 날은 동쪽 나라의 왕인 일테겔이란 사내가 쓰윽 으스대며 나서서,

"내가 그놈을 기어코 손에 넣고 말겠다."

하고 호언장담을 하며, 그 험한 항가이 산을 신하들과 함께 조심조심 올라갔습니다.

그래 드디어 그 큰 소나무 위에 앉은 <u>일만 살짜리 새</u>를 만나게 되었는데요.

그 새가 먼저 왕에게 말하기를,

"당신은 나를 잡아 가지고 싶어 오셨으니까, 자, 어서 가져 보세요."

하고는 왕인 일테겔의 오른손 위에 사뿐히 내려앉았습니다. 그리고는 다시 이어 말하기를,

"그렇지만 말이라는 건 하기로 하면 끝이 없는 것이니까, 우리 둘이 주고

받는 말도 그만 뚝 끊어져 버려서는 절대로 안 되고요, 또 우리가 하는 말을 듣는 쪽에서는 잠시도 슬퍼한다든지 하는 그런 느낌을 가져서도 안 됩니다. 이 두 가지만 끝까지 잘 지킨다면 나는 당신이 오지 말래도 당신을 따라가겠지만, 못 지킨다면 당신은 당신의 권력 전부를 동원한대도 나를 손에 넣을 수는 없을 겁니다. 자, 그럼 시작해 볼까요?"

<u>하면서 이야기를 시작했는데요, 그 이야기는 얼추 아래와 같은 것이었습니다.</u>

"대왕님, 들어 보세요. 이 나라에 한 사냥꾼이 있었어요. 어느 날 그의 사랑하는 개와 함께 사냥을 나갔다가, 산길에서 고장이 난 소달구지를 멈춰 세우고 어쩌지를 못하고 있는 한 사내를 만났거든요. 그래, 그 고장난 소달구지 임자가 그 달구지를 고칠 기술자를 데리러 간 사이 이 소달구지의 짐과 소를 함께 지켜 주고 있었는데요. 문득 끼니때가 되자, 이 사냥꾼은 장님인 그의 어머니가 끼니를 제대로 못 챙길 것을 걱정해 그의 개에다가 이 소달구지를 지키는 일을 대신 맡기고는 집으로 돌아가서 그의 어머니의 끼니를 차려 드리고 왔어요. 그런데 그 사이에 이 고장난 소달구지의 임자는 기술자를 데려와 그 소달구지의 고장난 곳을 말쑥히 잘 고쳐 가지고 가면서, 그걸 잘 지켜 준 사례로 은전 한 닢을 개의 입에 물려 주고 갔었는데요, 그 뒤에 와서 그의 개가 물고 있는 은전을 본 사냥꾼은 저 혼자의 상상으로 그의 개가 소달구지의 짐 속에서 훔쳐낸 걸로 생각하고 몽둥이로 쳐 죽여 버리고 말았대요."

이야기가 여기까지 와서 뚝 끊어지자, 왕 일테겔은 어떻게든 새의 그 말을 받아 이어야 하기 때문에,

"그거 안되었군. 가엾은 건 그 개로군!"

하고 한마디를 하지 않을 수 없었는데요.

그러자 어느 사인지 그 만 살 먹은 새는 쏜살같이 날아가서 그의 소나무

위에 가 다시 앉고 말았습니다. 왕이 불쌍히 여겨 서러워하는 감정을 잠시나마 그 마음속에 일으켰기 때문이지요.

그래 다시는 무슨 이야기에도 서러운 느낌을 일으키지 않기로 단단히 작정한 일테겔 왕은 며칠 뒤 두 번째로 항가이 산 위의 만 살 먹은 새를 찾아 산길을 더듬어 올라갔습니다. 그래서 **솔바람 속에서 곱게 울고 있는 그 새**를 불러내어 다시 그의 손 위에 앉게 했는데요.

그 새는 이날도 억울한 목숨의 서러운 이야기를 시작했습니다.

"이 나라에 아기를 가진 젊은 어머니가 있어, 어느 날 먼 샘에 물을 길러 가면서 그녀가 기르는 고양이더러 그 아기를 잘 좀 지켜 달라고 부탁을 했었는데요. 그 고양이가 아기 얼굴에 달라붙는 파리들을 날리며 아기를 지키고 있노라니까, 어디서 쥐란 놈이 기어들어 와서 아기 옆으로 오는지라, 이것을 쫓아내며 뒤따르다가 잠시 밖으로 나갔어요. 그런데 그 틈에 또 한 마리의 쥐란 놈이 아기 옆으로 침입해 들어와서 아기의 한쪽 귀를 물어뜯었습니다. 그래 그 아기의 울음소리에 깜짝 놀란 고양이는 아기 곁으로 달려오다가 이 고약한 쥐를 보고 그 자리에서 물어 죽여 놓았어요. 그런데 샘에서 돌아온 주인 여자는 자기 아기의 한쪽 귀가 물어뜯긴 걸 보고 '이놈의 고양이가 주인의 부탁을 어기고 흉한 마음을 먹고 귀 한쪽을 베어 먹었다!' 하고 잘못 생각하고 즉시 그 애꿎은 고양이를 쳐 죽여 버렸습니다."

이야기가 여기서 끝나자, 왕은 또 바로 이어 뭐라고든 말해야 할 판이 되어서

"서러운 것은 그 좋은 고양이군!"

하고 한마디를 안 할 수가 없었는데요. 그러자 또 그 만 살을 자시도록 살아온 **새는 사르르 날아올라 그 큰 소나무의 미묘한 솔바람 소리 속에 가 안기고 말았습니다.**

그래 아직도 서투른 그의 마음을 한탄하면서 자기 왕궁으로 돌아온 왕

은 많은 마음의 훈련을 쌓은 다음에 '이번에는……' 하면서 다시 그 새를 항가이 산으로 찾아가서 불러내어 손 위에 앉히고, 산을 내려가며 이야기를 듣기로 했는데요, 새는 왕이 걸어가는 길길이 그 손등 위에서 이야기하기를,

"어느 해에 이 나라에 지독한 가뭄이 몰아닥쳐서 알바이라는 사내는 가뭄이 없는 곳에 가 품팔이라도 해 먹으려고 샘도 두루 말라붙은 어떤 산을 올라가다가 지쳐 잠시 쉬고 있었는데요, 바로 그의 머리 위에서 똑 똑 똑 똑 하는 물방울 듣는 소리가 귀에 들려서 우러러보니 그건 정말 물방울이었어요. 그래 그의 보따리에서 잔을 하나 꺼내어 그걸 한참 받아 모아 보니 한 잔 가까이 되었습니다. 그래 그걸 마시려고 마악 입에 갖다 대려는 순간에, 문득 난데없는 까마귀가 한 마리 날아들어 그 잔에 부딪쳐 그 물을 엎질러 버렸어요. 그래 알바이는 화가 치밀어서 그 까마귀를 그만 돌팔매를 쏘아 맞추어 죽였습니다. 그런데 바로 그 뒤에 이곳을 떠나려고 몇 걸음 더 걸어 오르면서 보니, 거기에선 큰 독사 한 마리가 깊이 낮잠에 들어 있었는데, 그 벌린 입의 독이빨들 사이에서 독한 침이 한 방울씩 이어서 떨어지고 있는 것 아닙니까? 그래 이것이 바로 알바이가 그의 잔에 받았던 그 물방울의 정체라는 걸 비로소 알자, <u>알바이는 억울하게 죽은 까마귀에게 머리를 들 수가 없었습니다.</u>" 하는 것이었습니다.

그래 또 왕은 뭐라고 한마디를 하지 않을 수 없어,

"아, 참 가엾은 것!"

하고 그 까마귀를 생각하며 혼잣말을 했더니, 그 서슬에 그 새는 다시 왕의 손등을 떠나 항가이 산 위의 그의 소나무를 향해 날아가며 말했습니다.

"대왕님, 그래 가지고는 당신은 나하고 같이 살 자격은 없구만요."

「목동 스호오의 해금」,『세계민화집』1권, 민음사, 1991.

　옛날 몽고의 차하르 지방의 어느 목장에서 양을 몰고 다니며 풀을 뜯기는 스호오라는 목동이 살고 있었는데요. 그의 부모는 일찍 세상을 떠나서 그는 늙은 과부인 할머니의 손에 자라나서 열일곱 살짜리 소년이 되어 있었습니다.
　그는 몇 마리밖에 안 되는 할머니의 양들을 기르는 한편, 두 식구가 먹을 밥도 짓고, 그들이 들어 사는 천막도 고치고 지냈는데, 그의 특기는 노래를 부르는 것이어서, 그가 노래를 부르고 있으면 근처의 목동들은 모두 귀를 기울여 들으며 **그 노래의 가락에 마음들을 같이해 주곤 했습니다.**
　그런데 어느 날은 해가 꼬박 지고 난 뒤 한참이 되어도 양을 몰고 나간 스호오가 천막으로 돌아오지 않아 늙은 할머니는 걱정이 태산 같았는데요. 마침내 늦어서 돌아온 스호오를 보니, 그의 품에는 아주 귀여운 흰 망아지 한 마리가 안겨 있는 것이었어요.
　"집에 오는 길에 보니 이것이 혼자 엄마도 없이 길에 나자빠져 있지 뭐야. 그래 늑대 밥이 될까 봐 안고 왔지."
하고 스호오는 그의 할머니에게 말하는 것이었습니다.
　그래 이날부터 스호오는 이 흰 망아지를 제 친아우 돌보듯 정성껏 보살펴서, 드디어 이 망아지는 스호오를 태우고 달릴 수 있을 만큼 자라게 되었는데요.
　어느 날 밤엔 이 망아지의 걱정스런 울음소리에 스호오가 선잠을 깨어 밖으로 나가 보니, 그건 양들의 우리를 습격해 온 늑대를 상대로 버티면서 스호오의 응원을 청하기 위해 그 망아지가 그렇게 울고 있는 것이었습니다.
　그래 스호오는 이 망아지의 등에 재빨리 올라타고 그 늑대를 쫓아가서, 올가미줄을 던져 이 늑대를 사로잡아 질질질 끌고 왔는데요. 이 늑대는 상당히 큰 것으로, 잿빛 털이 꽤나 예쁘장했어요.

　이렇게 하여 스호오와 흰 망아지는 마음에 맞는 일을 늘 함께하면서, 시간이 갈수록 점점 더 깊이 정이 들어갔지요. 그리고 그 사이에 그 망아지도 스호오도 더 자라고 튼튼해져서, 마침내 이 망아지는 망아지가 아니라 의젓한 한몫을 하는 말로 성장하게 되었습니다.

　그런데 화창한 봄이 되자, 이 나라의 왕은 경마 대회를 열 것을 발표하고, 여기에서 우승하는 사내에게는 귀여운 공주를 상으로 내리겠다고 약속하고 나서는 일이 생겼습니다.

　그래 우리 스호오도 친구들의 권유에 못 이겨서 여기 한바탕 끼기로 되었는데요.

　스호오의 지기 싫어하는 마음을 자기 마음속처럼 너무나 잘 아는 스호오의 흰말은 그 스호오를 제 자신보다도 더 사랑하는 마음으로만 뛰어 달렸기 때문에 온몸이 땀에 젖은 채 드디어 그 우승을 차지할 수가 있었습니다.

　그런데 우승한 스호오를 불러들여 가까이에서 꼬치꼬치 여러모로 뜯어보고, 또 그의 신분을 물어 자세히 알게 된 왕은,

　"너는 아직도 풋내기의 일개 목동일 따름이니 내 딸까지 맡길 수는 없다. 네 말 값으로 금돈 세 닢을 주니 그리 알고 받아라."

하며 애초의 약속을 어기고 말까지 뺏고 나서는 것이었습니다.

　그러나 스호오는,

　"저는 경마에 나온 것이지 말을 팔려고 온 게 아닙니다."

하고 돈 받기를 거절했지요. 그랬더니 왕은 신하들을 시켜 스호오를 두들겨 패고, 쓰러지자 또 발로 차서 계단 아래로 굴러떨어지게 하였습니다.

　그래 스호오는 그의 친구들의 도움으로 집으로 돌아와서, 그의 할머니의 정성을 다한 돌봄으로 간신히 다시 건강을 회복하게 되었는데요.

　어느 날 밤엔가 그가 잠자리에서 막 잠이 들려고 하는 판인데, 누가 그의

천막 앞 기둥을 두들기는 소리가 나서 나가 보니, 거기에는 왕에게 빼앗긴 그의 사랑하는 흰말이 나타나 머리를 숙이고 울고 있는 것이었습니다. 자세히 보니 이 말의 몸에는 여러 군데 화살이 박혀 있고 거기에는 피가 아직도 흘러내리고 있는 것으로 보아, 바로 얼마 전에 어떤 자들에게 쫓기면서 활로 많이 쏘인 것이 분명했습니다.

스호오가 뒤에 들어서 안 일인데요, 이날 낮에 이 나라의 왕은 이 스호오의 좋은 말을 손에 넣은 기념으로 일가친척과 높은 신하들을 초대해 모으고 잔치를 베푼 다음에, 왕 스스로 한번 시험 삼아 이 말을 타 보기로 하고 말의 등에 올랐는데요.

이 왕이 바르지 못한 것을 너무나 잘 알고 있는 말은 앞발들을 위로 치켜들고 몸부림을 쳐 왕을 땅 위로 떨어뜨리고는 다시 사정없이 여기 모인 어중이떠중이들 사이를 버둥거리고 다니는 바람에, 말에서 떨어졌다가 다시 일어난 왕은 화가 머리끝까지 치솟아 올라서,

"저놈의 말을 어서 붙들어 잡아라! 만약 도망쳐 가거든 여럿이서 활로 쏘아 죽여 버려라!"

하고 명령을 내려 놓았던 것입니다. 그래 무수한 화살에 맞아 피를 흘리며 반죽음 상태가 되면서도 마지막 남은 목숨의 힘을 다해 죽을 자리를 찾아서 제 옛집을 이렇게 찾아들었던 것입니다.

그래서 이 억울한 말은 우리 목동 스호오의 흐느끼는 울음 속에 그 숨을 거두었던 것이죠.

그런데 그 뒤 한동안이 지난 어느 날 깊은 밤의 일인데요, 그의 사랑하던 말의 일을 생각하며 밤잠을 못 이루고 있는 스호오의 귀에는 그 말의 우는 소리가 똑똑히 들리는 듯하더니, 조금 뒤에는 바로 그 말이 그가 누워 있는 머리맡에 나타나 또 흑흑 흐느껴 울고 있는 것 아닙니까?

"또 무슨 한이 남아 이렇게 한밤중에 찾아들었니?"

하고 스호오가 그 사랑하는 말 귀신에게 물으니,

"주인님. 제가 묻힌 데서 제 시체를 파내, 그 뼈와 힘줄과 꼬리털로 당신이 노래할 때 반주하는 해금을 하나 새로 만드세요. **그래야만 저승의 어둠 속에서 가물거리기만 하는 제 넋도 그 소리가 들리면 다시 소생해 나와서 당신 곁을 찾아 당신의 마음과 함께 있을 수 있을 것 아니에요?**"
하고 그 말 귀신은 대답하는 것이었습니다.

그리하여 목동 스호오는 그의 사랑하던 말 귀신의 말대로 죽은 말의 시체를 파내, 그 뼈로는 그가 사랑하던 말의 머리와 같은 말 머리 하나를 조각해 해금의 머리 부분으로 하고, 그 힘줄로는 해금의 줄을 만들고, 꼬리털로는 이 해금을 켜는 활을 만들어서, 그것들을 붙이고 달고 하여 <u>한 채의 해금을 꾸몄습니다.</u>

아닌 게 아니라, 스호오가 이 해금을 켜며 목청을 뽑아 노래를 부르고 있으면 언제나 **그의 흰말은 어김없이 스호오의 마음속에 나타나서 그를 태우고 머언 구름 밖으로 달려가고 있는 것이었습니다.**

※ 밑줄 부분은 구연형 담화체의 문체 특성을, 굵은 글씨체는 각색의 주요한 내용 국면을 표시한 것이다.

■ 부록2: 서정주가 참조한 몽골 민화 일본어 번역본

「영리한 마법의 새」, 『世界の民話』 9권, ぎょうせい, 1976.

옛날, 북쪽의 항가이 산속에 한 마리의 영리한 마법의 새가 있었다. 이 새는 머리가 매우 좋아서 사람이 하는 말을 할 수가 있었다. 많은 부족의 군주나 영주 들, 부자나 권력자 들은 이 새의 곁에 하인을 보냈다. 하인들은 새를 볼 수는 있었지만, 누구도 붙잡지는 못했다. 하지만 영리한 마법의 새는 도망치려고도 하지 않았다. 새는 1만 년도 전부터 바람에 나부끼고 있는 아름다운 침엽 적송 위에 머무르고 있었다. 새는 흔들리는 나뭇잎 한가운데에 앉아 아름다운 소리로 노래하고 있었다.

이런 식으로 영리한 마법의 새를 붙잡겠다고 나선 사람들은 끊이질 않고, 모두 이 위태로운 길을 더듬어 찾아갔다. 이 영리한 마법의 새에 대한 이야기를 동쪽 인민을 지배하고 있던 일테겔 왕도 들었다. "얼마나 신기한 새일까. 이 새를 찾아 나선 사람은 누구든 속아서 돌아올 것이다."라며 왕은 말했다. 왕은 "내가 나선다면 분명 어떻게든 붙잡을 수 있을 것이다."라고 말하며 찾아 나섰다.

일테겔 왕이 북쪽의 항가이로 가서 1만 년도 전부터 바람에 나부끼고 있던 아름다운 침엽 적송 아래에 다다르자, 영리한 마법의 새는 도망치지 않았다. 새는 날아오르지 않고 온순하게 붙들렸다. 일테겔 왕은 매우 기뻐했다. 힘든 길을 돌아 왔을 때, 영리한 마법의 새는 이렇게 말했다. "고상한 대왕님, 저를 붙잡는 건 어렵지 않았지요. 하지만 저를 붙잡고 있는 동안, 당신은 슬퍼해서는 안 되고, 또 입을 다물고 한마디도 하지 않으면서 여행을 해서도 안 됩니다. 그렇지 않으면 저는 바로 날아올라 도망칠 겁니다. 만일 그렇게 된다면 그걸로 끝입니다. 우리 둘 중 하나는 걸으면서 쉬지 않고 이야기를 해야 합니다."

새가 그렇게 말하자, 일테겔 왕은 "그러한가, 그렇다면 네가 먼저 이야기를 해라."라고 했다. 그러자 영리한 마법의 새는 "네, 대왕님. 제가 지금부터 이야기를 들려드릴게요."라고 말하고, 다음과 같이 이야기했다.

"이 지방에 한 젊은 사냥꾼이 한 마리의 개와 살고 있었어요. 그러던 어느 날, 사냥꾼은 개를 데리고 함께 사냥에 나섰어요. 그런데 산 고갯길에서, 은을 가득 실은 이륜 짐수레가 넘어져 있었어요. 수레 주인은 어찌할 바를 모르고 앉아 있었어요. 사냥꾼은 지금 이 주인을 만났습니다. 인사를 나누고, 사냥꾼은 짐수레 주인을 마주보고 앉았어요. 두 사람이 담배를 피우고 있을 때 주인은 말했습니다. '존경하는 사냥꾼님, 저는 저쪽 동네에 가서 수레 목공을 불러오려 합니다. 그 착한 개와 함께 앉아 저의 수레를 지켜주세요.'

이를 들은 사냥꾼은 '그런가. 그렇다면 그렇게 하지.'라고 답했고, 그곳에 앉아 짐수레를 봐주기로 하자 수레 주인은 몹시 기뻐하며 산골짜기를 넘어갔어요.

밤이 될 때까지 기다려도 수레 주인이 돌아오지 않자 사냥꾼은 마음속으로 생각했어요. '늙은 어머니는 눈이 좋지 않아. 어머니는 아침 일찍부터 밤까지 어떤 먹을 것도 보지 못하셨을 테니 드시지도 못했을 거야.' 사냥꾼은 개에게 말했습니다. '너는 여기에서 이 수레 주인이 올 때까지 지키고 있어라. 도적들에게 어떤 것도 빼앗겨서는 안 돼. 나는 돌아가서 어머니에게 음식을 만들어 드려야겠다.' 그렇게 말하고 사냥꾼은 집으로 돌아갔습니다. 개는 주인이 한 말을 충실하게 지켜, 수레와 연결된 암소를 훔쳐가지 않도록 빙빙 돌며 진정으로 훌륭한 보초처럼 수레 곁에 있었습니다. 그런데 밤이 깊어 수레 주인이 마을을 여기저기 돌아다닌 끝에 수레 목공을 찾아 돌아와 보니, 사냥꾼은 이미 그곳에 없고 개만이 충실하게 수레를 지키고 있었습니다. 그것을 본 수레 주인은 정말로 훌륭한 개라고 말하며, 사례금이라며 개의 입속에 은전을 하나 물려 돌려보냈습니다.

개는 문 앞에 서서 기다리고 있던 주인을 보자마자 입에 물고 있던 은화를 떨어뜨렸습니다. 그러자 사냥꾼은 화가 났습니다. 사냥꾼은 '내가 그 남자의 물건을 잘 지키라고 하지 않았던가. 그런데 개는 그 남자의 은을 훔쳐와 버렸어.'라고 말하며 곤봉을 들고 개를 때려죽였습니다."

일테겔 왕은 이 이야기를 듣고 있었다. "아, 그거 안됐군. 그런 착한 개를 잘못 죽이다니 무슨 일인가." 왕이 이렇게 슬퍼하자, 영리한 마법의 새는 말했다. "그렇습니다, 당신은 슬퍼하고 계십니다." 새는 그렇게 말하고 순식간에 날아가 버렸다.

그러자 일테겔 왕은 "난 대체 왜 슬퍼하지 않겠다는 약속을 어긴 것일까."라고 말했다. 왕은 그 일을 몹시 후회하고 나서, 다시 항가이로 돌아갔다. 그리고 나서 왕이 1만 년 전부터 바람에 나부끼고 있는 아름다운 적송으로부터 영리한 마법의 새를 붙잡아 아래로 내려오게 하면, 영리한 마법의 새는 "네, 제가 지금부터 이야기를 하나 들려드릴게요."라며 다음의 이야기를 시작했다.

"이 나라에 한 여자가 살고 있는데, 착한 고양이를 기르고 있었어요. 그런데 어느 날, 이 여자는 샘에 가면서 '요람 속에 있는 아기를 잘 봐줘.'라고 고양이에게 명령했어요. 여자가 물을 길러 가고 고양이가 요람 옆에 누워 아기로부터 파리를 쫓고 있는데, 갑자기 문 뒤에서 큰 쥐가 나타났어요. 쥐가 아기의 귀를 깨물려고 나타나자, 고양이는 몹시 화가 나 쥐를 쫓아버렸어요. 그런데 고양이가 밖으로 나간 틈에 또 한 마리의 뚱뚱한 쥐가 다가왔어요. 이 쥐가 아기의 한쪽 귀를 깨물자, 아기는 아파서 울기 시작했어요. 쥐를 쫓은 고양이는 매우 놀랐어요. 고양이는 돌아와 뚱뚱한 쥐를 문 뒤로 끌고 가 죽였습니다. 그런데 여자는 집으로 돌아와서 이를 보고, 매우 화가 났습니다.

　여자는 '아기를 돌보라고 했는데, 이 고양이는 나쁜 마음을 일으켜 내 아이의 귀를 먹어버렸어.'라고 말하며 고양이를 때려죽였습니다. 그리고 나서 여자가 주위를 둘러보는데 뚱뚱한 쥐가 아기의 귀를 입에 문 채 문 뒤에서 죽어 있는 것을 보자, 여자는 고양이를 실수로 죽였구나 하며 와앙 하고 눈물을 흘렸습니다."

　이를 들은 일테겔 왕은 "아아, 슬프구나."라고 말했다. 왕이 그렇게 감정을 겉으로 드러내자 영리한 마법의 새는 바로 날아가 버렸다.

　그 후로 일테겔 왕은 북쪽의 향가이에 세 번째로 찾아갔다. 왕이 영리한 마법의 새를 1만 년도 지난 적송에서 붙잡아 험난한 길을 돌아오는데, 영리한 마법의 새는 다시 한번 이야기를 했다.

　"어느 해, 비와 물이 부족해 토지가 말라버렸어요. 그리고 큰 재해의 전조가 늘어나자, 알바이라고 하는 이름의 사내가 재해를 피해 여행을 떠났어요. 알바이는 여행을 떠나면서 '이렇게 심하지 않은 땅을 찾아가 평화롭고 행복하게 살자.'고 말했습니다.

　이렇게 걷고 있는데, 알바이는 뜨거운 햇빛에 입과 목이 완전히 말라버려 더는 앞으로 나아갈 수가 없었습니다. 알바이가 이렇게 높은 바위에 앉아 죽음을 기다리고 있는데, 똑똑 하는 소리가 저쪽에서 들려왔습니다. 바위 끝에서 물이 한 방울, 또 한 방울 떨어지고 있었습니다. 그것을 본 알바이는 너무 기뻐서 작은 컵을 내밀어 물을 받으려 했고, 물은 컵에 거의 가득 채워졌습니다. 알바이가 '자, 마시자.'라고 하는데 갑자기 한 마리 까마귀가 날아와 알바이의 컵을 날개로 쳐, 컵 속에 들어 있던 물은 전부 사방으로 튀어버렸습니다.

　물이 없어지자, 알바이는 몹시 화가 났습니다. 알바이는 '하늘은 지금 나를 불쌍히 여겨 인자하게도 물을 베풀어 주셨어. 그런데 이 나쁜 동물은 목이 말라 죽어가는 인간을 구하지 않는구나.'라고 말하며, 큰 돌을 쥐고 까마귀를 쫓아가 돌을 던져 죽여버렸습니다. 알바이가 위쪽으로 올라가자 까마귀가 떨어진 장소가 멀지 않다는 것을 알았습니다. 그곳에 걸어가 보니 길과 가까운 바위의 갈라진 틈에서 시원한 물줄기가 샘솟고 있었습니다. 알바이는 물이 윗틈에서 나와 아래 구멍 속으로 사라지는 것을 보고 마음으로 기뻐했습니다. 알바이는 물을 배불리 마시고, 짐을 가지러 그때까지 앉아 있던 곳으로 돌아갔습니다. 알바이가 위를 올려다보자, 그곳의 바위의 끝에는 큰 뱀이 옆으로 누워 있었습니다. 큰 뱀이 숨을 쉬며 자고 있었습니다. 독이 든 혀가 밖으로 늘어져, 침방울이 아래로 떨어지고 있었습니다. 그것을 보고 알바이는 '아아, 아까 떨어지고 있던 물은 뱀의 침이었다는 걸 이제 알았다. 까마귀는 나의 생명을 구해주었구나.'라고 말하고, 까마귀를 죽인 것을 울며 후회했습니다."

그러자 일테겔 왕이 "오, 까마귀는 정말로 불쌍하구나. 까마귀는 자신의 호의를 몰라주는 인간을 도와 생명을 잃고 말았구나."라고 말했고 영리한 마법의 새는 "당신은 다시 감정을 겉으로 드러냈군요."라고 말하며 날아갔다.

그때, '영리한 마법의 새를 붙잡겠다고 한 사람들은 모두 그 험한 길을 떠났다'라고 했던 일테겔 왕도 이제야 이렇게 말하게 되었다.

왕은 "그래, 이런 일은 그만두자. 그 새를 붙잡아 돌아오는 건 나에겐 불가능한 일이야."라고 말하며 집으로 돌아갔다.

—고승원 번역

「마두금은 어떻게 만들어졌을까?」, 『世界の民話』 9권, ぎょうせい, 1976.

옛날 어느 날, 스호오라는 이름의 목동이 차하르 목장에 살고 있었다. 스호오는 고아로 할머니 밑에서 자랐다. 할머니는 양을 몇 마리 가지고 있었다. 스호오는 양을 목장에 데려가 먹을 것을 만들거나, 텐트를 정리하는 일을 도왔다. 스호오가 열일곱 살이 되니 그는 이제 인기 있는 가수였다. 근처에 있는 양치기나 가축 사육사들 모두 스호오의 노래를 좋아했다.

어느 날, 해가 지고 밤이 빨리 찾아 왔는데 스호오는 아직 집에 돌아오지 않았다. 할머니는 스호오를 걱정했다. 차츰 근처 사람들도 걱정하기 시작했다. 늦은 시간 겨우 스호오가 돌아왔다. 스호오는 팔에 하얀 솜 같은 것을 안고 있었다. 그것은 갓 태어난 망아지였다. 스호오는 주위 사람들의 놀란 얼굴을 보고, 웃으며 말했다. "오다가 이 작은 녀석이 땅에 쓰러져 있는 걸 봤어요, 어미는 전혀 보이지 않았어요. 망아지는 완전히 혼자였어요. 이리에게 잡아먹힐까봐 걱정이 되어서 이 텐트에 데려온 거예요."

시간이 흘렀다. 망아지는 스호오의 보살핌 덕분에 늠름한 말로 성장했다. 이 말은 눈처럼 하얗고, 튼튼하며 아름다웠다. 이 말을 본 사람들은 누구라도 좋아했지만 스호오는 다른 누구보다도 이 말을 사랑했다.

어느 날 밤 스호오는 흥분한 말 울음소리에 눈을 떴다. 스호오는 잠자리에서 일어나 급히 텐트를 나왔다. 그러자 이번에는 근처 울타리 안에서 양들의 거친 매매 하는 울음소리가 들렸다. 스호오가 그곳에 가보니 흰말은 커다란 회색 이리로부터 양들을 지키고 있었다. 스호오가 다가오자 나쁜 이리는 도망쳤다. 스호오는 말에 올라타 이리를 쫓아갔다. 스호오는 머지않아 이리를 앞지르고 올가미로 붙잡았다. 스호오는 죽은 회색 이리를 자랑스러운 듯이 텐트에 끌고 돌아왔다. 하얀 말은 몸이 땀으로 뒤덮여 있었다. 양들을 구해 준 일로 스호오는 말을 그때까지보다 더 좋아하게 되었다. 스호오는 땀으로 젖은 말의 몸을 어루만지며 예뻐했다. 그 이후로 스호오와 흰말은 가까운 친구가 되어, 조금이라도 떨어져 있으면 어느 쪽도 참지 못할 정도였다.

봄의 어느 날, 왕이 라마의 사원에서 경마를 개최하고, 이긴 자는 왕의 딸과 결혼할 수 있게 해준다고 하는 소식이 전해졌다. 스호오도 이 소식을 들었다. 친구들은 스호오에게 경마에 참가해 보라고 권유했다. 그래서 스호오도 애지중지하는 흰말을 데리고 경마에 나갔다. 가까운 사람들은 모두 스호오의 성공을 기도하고, 나아가 몇 명은 경마를 보러 스호오를 따라갔다.

경마가 시작됐다. 많은 용감하고 건장한 젊은이들이 경마에 참가했다. 그들은 말을 채찍질하며 가능한 한 빨리 달렸지만, 스호오와 흰말이 역시 제일 먼저 골에 들어왔다.

"흰말에 탄 기수를 여기로 불러라." 하고 왕은 관람석에서 말했다. 하지만 우승자가 소박한 목동에 지나지 않는다는 것을 알자, 왕은 딸과의 결혼에 대한 이야기는 전혀 하지 않고 "당신의 말에 대해 큰 금화를 세 닢 줄 수 있다. 너는 이걸로 말에서 내려가도 좋다."라고만 교활하게 말했다. 하지만 스호오는 화가 났다. "이게 무슨 말입니까."라고 스호오는 말했다. "영주님, 제가 소중한 흰말을 팔 거라고 생각하고 계신 겁니까." 그리고 이렇게 말했다. "나는 경마를 하러 왔지 말을 팔러 온 것은 아닙니다." 그러자 왕이 분노하여 스호오를 때리고 벌을 내리도록 부하들에게 고했다. 부하들은 사방에서 스호오에게 달려들어 스호오가 정신을 잃을 때까지 때렸다. 그리고 스호오는 왕좌의 계단에서 던져져 굴러떨어졌다.

할머니가 스호오를 정성스레 간호해 스호오는 얼마 후 회복했다. 그리고 어느 날 밤, 스호오가 잠자리에 들려고 할 때 텐트 입구를 두드리는 소리가 들려왔다. 스호오는 "누구야" 하고 외쳤다. 누구도 대답하지 않았지만 입구를 두드리는 소리는 계속됐다. 할머니가 가서 텐트 입구를 열었다. 할머니는 놀라 "어, 흰말이다!"라고 큰소리로 외쳤다. 스호오는 구르듯이 뛰어나갔다. 그곳에는 정말로 흰말이 서 있었다. 말의 몸에서는 큰 땀방울이 떨어지고 있었다. 화살 일고여덟 개가 몸에 박혀 있었다. 스호오는 이를 악물고 슬픔을 참았다. 말의 몸에서 화살을 뽑아내자, 상처 입은 자리에서 피가 흘렀다. 말은 중상을 입고 있었다. 말은 다음 날 죽었다. 대체 무슨 일이 일어났던 것일까.

　왕은 훌륭한 말을 손에 넣은 걸 매우 기뻐하며, 어느 날 친구들과 가족들을 초대해 이를 축하하려고 했다. 왕은 모두에게 보여주려고 말을 데리고 나갈 수 있도록 명령했다. 하지만 왕이 타려고 하자, 말은 앞발을 세워 곤추서서 왕을 떨어뜨렸다. 그러고 나서 말은 모여 있던 손님과 부하들 사이를 우당탕 뛰어다녔다. 왕은 다시 일어서서 "저 녀석을 붙잡아라. 붙잡아라."라며 소리쳤다. "붙잡지 못한다면 죽여라."라고 왕은 분노해 소리쳤다. 화살이 빗발치듯 말의 위로 떨어졌다. 하지만 말은 진짜 주인의 집에서 죽으려고 돌아갔던 것이다.

　스호오는 말의 일을 깊이 한탄하며 슬퍼했다. 스호오는 낮에도 밤에도 편안하지 못했다. 어느 잠 못 드는 밤, 또 몸을 뒤척이던 스호오는 말이 살아서 눈앞에 서있다고 느꼈다. 말은 바로 가까이에 다가왔다. 스호오는 말을 어루만졌다. 말은 말했다. "주인님, 제가 언제까지나 당신 곁에서 있을 수 있도록, 뭔가 고안해 주실 수 없을까요. 저의 뼈로 마두금을 만들어 보는 건 어떠세요."

　다음 날 아침 스호오는 말의 뼈를 파내 사랑하는 말의 머리를 만들고, 마두금 머리 부분의 실패 부분에 그것을 얹었다. 스호오는 말의 힘줄로 현을 만들고, 팔랑팔랑하는 꼬리털로 활을 만들었다. 그러고 나서 스호오는 이 말 머리가 붙은 마두금을 켤 때마다 말을 타고 달렸을 때의 멋진 기분을 느끼며 나쁜 왕에 대한 일을 잊지 못했다. 그리고 스호오는 이 기분을 자신의 음악에 표현했다. 이 마두금은 백성의 목소리가 되어, 모두들 밤에

일을 마치고 나서 스호오의 마두금 연주를 듣기 위해 모였다. 마두금은 이렇게 생겨났던 것이다.

―고승원 번역

19장 ——— 생태 에너지 순환과
윤회전생 사유의
유사성

서정주 문학에 나타나는 생태 에너지 순환과
윤회전생 사유의 유사성에 대한 고찰,
『문학과 환경』 17-3, 문학과환경학회, 2018.

01 ___ 서정주 문학에 나타나는 윤회전생 사유의 과학적 기원에 대한 시론試論

서정주 문학에 불교적 사유체계와 경험세계가 들어와 있음은 많이 논의되었다. 기존 연구들은 불교사상이나 교리의 문학적 형상화 측면,[1] 신라정신과의 관련성 논의를 통한 간접적 접근[2] 등으로 대별할 수 있겠다.

본고는 서정주 문학에 나타나는 윤회전생 사유의 생태 에너지 순환 측면을 조명해 보고자 한다. 이는 문학적 상상력과 과학적 경험의 만남에 대한 논의며 서정주 문학에 나타나는 윤회전생 사유의 과학적 기원에 대한 시론이기도 하다. 한편으로는 인문학적 상상력과 환경과학의 융합적 논의라는 점에서 환경인문학으로서의 생태문학이 나아가야 할 방향에 대한 탐색일 수도 있다.

---

1 구자성,「한국 현대시에 나타난 불교사상: 만해와 미당의 시를 중심으로」, 연세대학교 석사학위논문, 1984; 홍신선,「서정주 시의 불교적 상상력 연구: 시집 『신라초』, 『동천』을 중심으로」, 『동악어문학』 36, 동악어문학회, 2000; 김옥성,「서정주 시의 윤회론적 사유와 미학적 의미」, 『종교문화비평』 9, 한국종교문화연구소, 2006; 김지연,「서정주 시의 불교생태학적 존재관」, 『한국문학연구』 53, 동국대학교 한국문학연구소, 2007; 남정희,「불교의 연기론으로 본 서정주의 시」, 『우리문학연구』 29, 우리문학회, 2010; 문태준,「서정주 시의 불교적 상상력 연구」, 동국대학교 박사학위논문, 2011; 장영우,「서정주 시의 윤회연기와 영원주의」, 『한국문학연구』 58, 동국대학교 한국문학연구소, 2016.

2 진창영,「서정주 문집 신라연구의 문학적 성격 고찰」, 『동악어문학』 38, 동악어문학회, 2001; 최현식,「신라적 영원성의 의미: 서정주의 『신라초』에 나타난 '신라' 이미지를 중심으로」, 『현대문학의 연구』 19, 한국문학연구학회, 2002; 김정신,「서정주의 『신라연구』 고찰: 그의 시와의 관련성을 중심으로」, 『우리말글』 45, 우리말글학회, 2009; 이인영,「전통의 시적 전유: 서정주의 '신라정신'을 중심으로」, 『동방학지』 146, 연세대학교 국학연구원, 2009; 김익균,「서정주의 신라정신과 남한 문학장」, 동국대학교 박사학위논문, 2013.

지구에서의 생태 에너지³는 시공을 순환함으로써 에너지 보존 법칙에서 벗어나지 않는다. 물이 수증기가 되고 수증기가 구름이 되며 구름이 다시 비가 되어 물로 돌아오는 과정처럼 일상경험을 통해 쉽게 이해할 수도 있고 육도윤회처럼 과학의 이치로는 알기 어려운⁴ '생명의 순환'도 있다.

윤회가 에너지 보존 개념으로 설명 가능한 것인지 확실치 않다. 위치 에너지, 운동 에너지, 정지 에너지 들 사이의 변환이 시간에 따라 달라지지 않아야 하는 게 물리법칙이다. 윤회는 공간의 경계를 초월할 뿐만 아니라 시간의 지평도 초월한다. 닫힌 게 안에서 끝없이 순환한다는 특성 때문에 에너지 보존의 추정은 가능하다. 그 추정이 참이라면 윤회의 본질은 보존과 순환이다. 이 두 개념을 형이상학적으로 풀이하면 영생과 영겁회귀다.⁵

---

3 지수화풍 에너지의 물리적 변화 및 생명체의 생성과 소멸에 관계하는 모든 작용을 말한다.
4 윤회samsara는 불교의 중요한 근간이다. 불교의 최종 목표인 열반·해탈nirvana은 윤회를 전제하지 않으면 성립하지 않는다. 윤회를 벗어나는 것, 윤회를 끊어버리는 것이 곧 해탈이다. 윤회를 과학의 언어로 설명하는 데에는 아직 시간이 필요한 듯하다. 셈족의 종교(기독교, 이슬람교, 유대교)에 기반한 서구의 과학자들이 주도한 '현대불교학'에서는 '윤회'가 인정되지 않는다. 그들은 "합리적이고 철학적이고 논리적인 가르침만을 부처님의 근본 가르침으로 간주"하려 하며 "오관에 의해 감각되지 않거나 신비한 가르침, 자신들의 종교관과 부합되지 않는 가르침은 무시하거나 비판하며 폐기시킨다." 이상은 김성철, 「윤회의 공간적·시간적 조망」, 『불교평론』, 2004년 가을호, 253쪽 참조.
5 영생은 불교의 주요한 시간관이고 영겁회귀는 니체 사상의 근간이다. 서정주가 윤회 사유에 관심을 가졌다면 그것은 일단 불교 사상과 니체 사상에 대한 정도로 해석 가능하다. 그러나 니체의 영겁회귀 사상은 고대 그리스의 무한 지속되는 우주기宇宙期(금의 시대, 동의 시대, 철의 시대, 나무의 시대가 반복되는 기간) 속에서 모든 생명체들이 태어남과 죽음을 반복한다는 생각에서 유래한 것이고 보면 고대 그리스 문화에 윤회전생 사유가 보편화되었음을 알 수 있다. 이는 곧 젊은 날 서정주에게 드리운 세 분야의 주요한 철학적 배경─불교 문화, 고대 그리스 문화, 니체 사상의 공통 속성 가운데 윤회전생 사유가 있다는 추론을 가능하게 한다. 그런 점에서 서정주의 윤회전생 사유의 기원은 불교에만 국한된 것이 아니라는 점을 주목할 필요가 있다. 서정주의 영생관에 대해서는 「나의 시 60년」(『문학사상』, 1997.5.), 『미당 서정주 전집』 11(산문), 은행나무, 2017, 371~377쪽 참조. 니체 영향에 대해서는 「나의 방랑기」(『인문평론』, 1940.3.), 『미당 서정주 전집』 8(산문), 은행나무, 2017, 51~60쪽, 「나의 시인 생활 자서」(『백민』, 1948.1.), 『미당 서정주 전집』 11(산문), 은행나무, 2017, 24~27쪽, 「내 문학의 온상들」(『세대』, 1966.9.), 『미당 서정주 전집』 11(산문), 은행나무, 2017, 38~45쪽, 「내 시와 정신에 영향을 주신 이들」(『현대문학』, 1967.10.), 『미당 서정주 전집』 11(산문), 은행나무, 2017, 46~50쪽 참조. 고대 그리스의 영겁회귀 사상에 대해서는 미야모토 케이이치, 한상희 옮김, 『불교의 탄생』, 불광출판사, 2018, 31쪽 참조.

윤회의 법칙성을 과학으로 입증하기는 어렵지만 다양한 경로를 통해 그 사례가 보고되고 있기는 하다. 동서고금의 다양한 경험사례들,[6] 논리적 증명들[7]은 과학의 법칙으로 설명하기 어려운 훌륭한 예증들이다.

개체 생명의 기준으로 볼 때 윤회는 무한변신 반복의 개념이다. 생명은 현실의 에너지장 안에서 소멸하는 데 그치지 않는다. 소멸된 에너지는 다른 에너지로 전이되어 다시 생성된다. 눈사람은 녹아 없어지지만 눈사람을 구성했던 에너지는 액체와 기체 상태로 변해 다시 눈이 되는 이치다.

윤회는 자기-생명 시간을 초월한다. 그래서 윤회는 일반적인 의미의 변신과 다르다. 동서고금의 많은 변신담들이 동일한 시공에서의 개체변이 욕망을 반영한다면 윤회는 개체의 자기동일성이 현존의 법칙을 넘어서는 특성을 보여준다. 변신은 시공의 좁은 틀 안에서 일어나는 에너지 변화며,[8] 윤회는 시공의 넓은 틀 안에서 일어나는 에너지 순환이다.

---

6   윤회전생 또는 환생에 대한 사례들은 세계의 다양한 민담들 속에서 풍부하게 발견되며, 전생 투시를 통해 수많은 환자들의 치료에 도움을 준 미국의 영능력자 에드가 케이시(1877~1945)의 경우도 탁월한 자료기록들을 남기고 있다. 케이시는 최면상태에서 내방자의 전생을 읽는 특별한 능력의 소유자였는데 1901년 3월부터 1944년 9월까지 14,000건이 넘는 리딩(전생 읽기)을 속기로 남겨놓고 있다. 자세한 것은 다음 자료를 참조하라. 지나 서미나라 지음, 백련선서간행회 옮김, 『윤회의 비밀』, 장경각, 1988; 존 G. 풀러 엮음, 김수현 옮김, 『에드가 케이시의 삶의 열 가지 해답』, 초롱, 2001.
7   김성철, 앞의 글, 253~259쪽. 김성철은 논리적 증명을 통한 방법으로 윤회를 확신할 수 있다고 주장한다. 그 핵심은 '연기緣起의 자각'인데 세상만사가 얽혀서 발생한다는 것이다. 이는 '고기孤起하는 것은 없고 모든 것은 연기緣起한다'고 명제화된다. 그리하여 이 주장은 '우리가 평생 살아가며 지은 업들이, 우리의 죽음과 함께 사라지는 것이 아니라, 그 연기적 대립쌍인 과보를 받기 위해 또 다른 내생의 삶을 초래한다'로 귀결된다.
8   서정주 문학에 나타나는 변신 모티프는 수많은 '되기devenir'의 사례들에서 확인할 수 있다. 『동천』(1968) 속의 「내가 돌이 되면」에서 보는 것처럼 다른 개체로의 무한한 변이가 그의 시적 생애 내내 지속적으로 이루어진다. 그 절정은 『산시』(1991)다. 이 시집 속의 무수한 변신 모티프들은 인간과 동물과 자연계 사이의 장애 없는 변신 전이 현상인데, 여기에 대한 본격적인 연구는 전무한 상황이다. 이 시집의 '되기'의 특성을 들뢰즈-가타리의 논의와 연관하여 언급한 박옥순(2017)이 참고할 만하다. 박옥순, 「서정주의 '떠돌이 시'와 무등시학無等詩學 연구」, 동국대학교 박사학위논문, 2017, 135~142쪽.

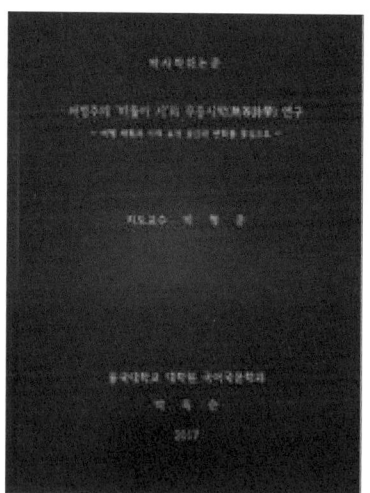

그림1 박옥순, 「서정주의 '떠돌이 시'와 무등시학無等詩學 연구」, 동국대학교 박사학위논문, 2017.

    세계의 흥미로운 윤회담과 변신담은 이 범주에서 벗어나지 않는다. 그리스 신화의 기초가 되는 오비디우스의 『변신 이야기』 속의 개체 생명의 속성은 작은 시공 속의 에너지 변환이고, 부처의 전생 이야기를 결집한 『자타카』는 보다 확장된 시공 속의 에너지 순환이다.

    공간분할은 윤회의 또 다른 속성이다. 삼계[9]와 육도[10]는 욕망과 육체와 정신의 영역으로 나뉜다. 또한 귀천과 선악의 가치를 가진다. 좋은 곳과 나쁜 곳, 예토와 정토, 차안과 피안 등으로 분할되는 이유는 공간 사이의 이동 가능성 때문이다. 불교에서는 이를 법칙으로 본다. 계절이 바뀌고 생태

---

9 욕계, 색계, 무색계로 구성된다. 물리적 공간이 아니라 형이상학적 공간이며 그 분할 기준은 욕망[욕], 육체[색], 정신[무색]이다. 욕망, 육체, 정신의 세 요소를 다 가지고 있는 곳은 욕계이고, 육체와 정신을 가진 곳은 색계이며, 정신만을 가진 곳을 무색계라고 한다. 삼계에 대한 설명은 김성철, 앞의 글, 261쪽 참조.

10 육도는 기본적으로 욕계에 속하며 여섯 가지 종류의 가치론적 공간 개념을 가진다. 하늘나라(여섯 종류가 있음), 인간계, 아수라, 축생, 아귀, 지옥의 여섯 공간은 위계성을 가지며 선과 악의 행위가 기준이라는 점에서 윤리적 속성을 가진다. 이 역시 삼차원의 물리적 공간은 아니다.

에너지가 순환하는 것처럼 이들과 유비적 동질성을 가지는 게 삼계육도를 오가는 생명체의 끝없는 윤회다.

시간은 목숨의 경계고 공간은 행위의 결과다. 한 생명이 태어나 죽음을 맞이하는 시간이 그 생명의 존재성을 규정한다. 그리고 그 규정의 이면에 작동하는 윤리적 행위들(업)이 다음 시간대와 공간을 결정한다. 시공의 결정은 연기緣起 프로그램의 절차일 뿐이다. '뿌린 대로 거둔다'야말로 윤회의 손쉬운 비유적 표현이다.

윤회는 불교의 전유물은 아니다. 과학과 문학, 일상생활에 다양하게 나타나고 활용된다. 경험세계에서 감각하고 지각하는 수많은 활동 속에 에너지 보존과 순환의 본성들이 가득 차 있다. 서정주의 문학에 이런 요소들이 복합적으로 작용하고 있다는 게 본고의 관점이다. 이는 서정주 문학의 윤회론을 다루는 대부분의 논의와 접근 방식이 다르다. 이 글은 불교의 윤회 개념을 서정주 텍스트에 적용해서 해석하는 방식을 지양한다. 그보다는 윤회에 대한 서정주의 다양한 사유체계가 그의 문학 전반에 어떤 양상으로 나타나는지를 살펴보는 데 목적이 있다.

02 ___ 셰익스피어의 시가 촉발한 윤회전생 사유

서정주 생애에서 윤회 사유가 최초로 싹트기 시작한 시기가 언제인지 확실하지 않다. 통상적으로는 『신라초』(1961)에 수록된 「인연설화조」를 대표적인 사례로 꼽는다. 전생에, 한 송이의 모란꽃과 그것을 바라보고 있는 처녀가 수많은 생을 거쳐 현생에서는 입장을 바꿔 태어나 서로 바라본다는 내용이다. 전형적인 윤회담이다. 신라정신 탐구의 결과인 이 시집에는 물질의 변환을 다루는 「여수」, 「바다」 등도 함께 수록되어 있어서 자연 생태

그림 2 『사해공론』(1937.4.)에 발표된 경주 기행시 연작 5편

에너지의 순환에 대한 시적 상상력도 찾아볼 수 있다. 그러므로 한국전쟁 직후 전주에서 공부하기 시작한 고전 탐독이 서정주의 윤회 사유의 형성기를 이루었다고 볼 수 있다.[11]

그러나 그의 산문을 참고하면 이미 10대 방랑기부터 윤회 문제에 대한

---

11 서정주의 여러 자료를 참고하면 '신라'에 대한 관심의 출발을 세 시기로 잡을 수 있다. 가장 이른 시기의 자료는 『사해공론』(1937.4.)에 발표된 경주 기행시 연작 5편이다. 그 다음은 『혜성』(1950.5.)에 발표된 「모윤숙 선생에게」다. 이 편지글은 은행나무본(2017) 『미당 서정주 전집』 9(산문) 90~95쪽에 「신라는 참 아직도 오리무중이군요」로 개제되어 수록되어 있다. 세 번째 시기의 자료는 1·4 후퇴 직후 전주·광주 등지로 내려가 『삼국유사』, 『삼국사기』 등을 읽으며 고전 탐독에 몰두하던 시기의 신라에 관한 목포일보 연재 기획물이었는데 이 연재물은 당시에 수록되지 못했고 후일 그의 교수자격인정 논문인 「신라연구」(1960)로 모습을 드러낸다.

남다른 직감과 통찰을 가지고 있음을 알 수 있다. 윤회에 대한 서정주의 직감과 통찰에 영감을 제공한 것은 셰익스피어의 어떤 시였다.

> 그 뒤 나는 문학청년이 되어서 셰익스피어의 시를 읽다가 '우리 방 벽의 흙은 선조의 살이 섞인 것이다'라는 뜻의 대문을 보고, 그럼 '냉수, 너는 우리 선조의 피가 섞인 것이다'라고 유추하며 기막혀 했었다. 양귀비나 클레오파트라나 우리 아버지 어머니나 애인의 피도 죽어서 증발하면 속절없는 구름이고, 그 구름이 비 되어 내린 것이 물이로구나, 그것을 우리는 우산 받고 가며 맞고 있구나—유추해 보곤 기막혀 했었다. 나는 이런 생각 저런 생각들을 불교의 윤회설에서 풀어 볼 수 있을 것만 같아 부모 몰래 절간으로 도망갔었다.[12]

인용문에 보이는 셰익스피어의 시는 『햄릿』 속의 운문 대사를 말한다. 5막 1장을 보자.

> 햄릿: 제왕 시저는 죽어서 흙이 되면
> 구멍 때워 바람막이 될 수도 있으렷다.
> 오, 일세를 풍미하던 그 흙덩이.
> 지금은 벽을 때워 찬바람을 막다니![13]

셰익스피어 원문과 미당의 산문을 비교해 보면 미당이 원문을 의역하고 있음을 알게 된다. 위대한 왕도 죽으면 한 줌 흙으로 돌아가 바람막이 흙벽

---

12 서정주, 「한 사발의 냉수」, 『여원』, 1965.9. 여기서는 『미당 서정주 전집』 8(산문), 은행나무, 2017, 170~171쪽.
13 셰익스피어, 김재남 옮김, 『셰익스피어 전집』, 을지서적, 1995, 838쪽.

이 된다는 덧없음, 즉 허무의식이 원래 뜻이다. 미당은 이것을 물질의 순환 개념으로 수용하면서, 선조의 살이 방 벽의 흙이 되고 냉수 속에 선조의 피가 섞여 있다는 유비추리를 작동시킨다. 물론 이때의 선조는 혈통 조상만이 아니라 전대의 생명체 일반으로 확장된다. 양귀비, 클레오파트라, 아버지, 어머니 같은 선대의 피들이 증발하여 구름 에너지의 일부가 된다는 생각. 그 구름이 비가 되어 내리면 선대 생명체를 다시 만나게 된다는 생각. 이런 생각으로 발전하게 되면 원문의 허무의식 대신 윤회전생에 대한 영감이 찾아오게 된다. 즉 생태 에너지 순환과 윤회전생 사유는 유추작용에 의해 등가화된다. 셰익스피어에게 '흙벽이 된 시저'는 생의 허무를 자각하는 방편이지만, 미당에게 '선조의 살이 섞인 방의 흙벽'은 윤회전생의 화두를 던져주는 과제로 탈바꿈하게 되는 것이다.

서정주가 남긴 기록들을 종합해 볼 때, 그에게 윤회전생의 사유를 본격적으로 촉발시킨 것은 셰익스피어의 시라고 정리해도 좋겠다. 서정주에게 독특한 방식으로 수용되었던 이 시는 『햄릿』의 맥락과 상관없이, 인간 생명의 소멸·재생과 자연 에너지 순환 사이의 유비 관계를 불어넣으며 홍안의 문학청년을 일깨운 것이다.

이 점은 서정주와 불교의 인연을 설명하는 데 있어서 중요한 계기를 제공한다. 서정주의 불교 사유는 소년 거사로 출가하여 맺은 절집 인연이 바탕이 됐지만, 시저 대왕이 바람벽으로 변한다는 시적 상상력으로부터 배운 제행무상諸行無常의 씨앗이 근본 바탕에 자리하고 있음을 생각해 볼 수 있다. 세상에 변하지 않는 게 어디 있으랴. 불경에도, 고대 그리스 철학에도 있는 만물유전萬物流轉의 보편담론을 셰익스피어 독서 체험을 통해 새롭게 자각한 경우로 볼 수 있을 것이다.

위의 인용문에서 부모 몰래 절간으로 도망갔었다는 진술은 1933년 늦가을의 개운사 방문을 말한다. 그의 나이 열아홉 살 때다. 중앙고보, 고창고

보 등지에서 퇴학을 맞고 방황을 거듭하던 서정주는 한국 근대불교의 석학이자 최고 어른인 석전 박한영 대종사의 부름을 받고 머리를 깎게 된다. 부모도 모르게 이루어진 일이었다. 그 무렵, 세계문학의 다양한 저작들을 읽으며 인생을 숨 가쁘게 고민하던 문학청년에게는 종교적 계행戒行이 필요했을 법했지만, 이 역시 마음 붙이지 못하고 반년 정도 머물다 속가로 나오게 된다. 딴에는 윤회전생의 문제를 풀어보려고 했는데 마음대로 잘 되지 않았다는 뜻이다.

서정주의 윤회전생 사유는 불교 교학이나 설화에서 배운 것이 아니라 시적 상상력과 일상경험으로부터 촉발되어 과학적 사유로 발전해 간다는 데 특징이 있다. 중년기의 어떤 산문에는 주목할 만한 논의가 즐비하다.

하늘을 나는 구름덩이들의 어디엔가는 그대의 돌아가신 아버지 어머니의 피였던 것이 틀림없이 끼어 있을 것을 그 구름을 볼 때마다 느끼고 기막혀 하는 것이 당연하지 않은가? 또 그대가 가장 그리워하던 사랑하는 사람을 여의었다면 그대의 우산이나 옷도 적시며 내리는, 하늘서 오는 비의 어느 것인가엔 빠짐없이 그대의 그 사랑하던 사람의 액체이었던 것도 섞어 있을 것을 비가 올 때마다 느끼고 가슴 벅차하는 것이 당연하지 않은가? (중략)

보게. 너무 붉어 못 견딜 빛과 물 두 가지가 한 가지로 결속했던 피가, 그대가 정신없이 시체만 되면, 꼭 이별하지 않을 수 없는 이별 자리에 선 부부와 같이 싸악 완연히 갈라져 버려야 하는 것을…… 못 견디게 붉던 색소는 육안으로 그 왕래가 잘 안 보이는 색소 왕래의 세계에, 그보다 멀리 갈 힘이 아무래도 좀 모자라는 순수액체는 그냥 고스란히 대기권 내의 구름 속에, 잘도 시원스리는 갈라지는 부부처럼 잘도 이별하는 것이다.

그래, 발이 재고 먼 여행에 소질이 있는 남편이나 아내처럼 핏속의 그 붉은빛의 색소는 대기권을 넘어서 멀리 여행 잘 가는 사람이 우리 눈에 잘 안 띄듯이 영 잘 안 띄게 멀리멀리 아마 태양계 전체의 순환노정을 순환하고 또 순환한다.

아마 이것도 태양광선이 있는 한계 안에설 테니까. 우선 태양에서 지구까지를 반경으로 하는 범위가 그 우리 피의 빛이 돌아다닐 수 있는 거리라는 것도 생각은 되지만, 몰라, 이보다 좀 더 멀리 여행 노정이 있는 것일는지도……

그리고 이른 봄엔 새로 피는 붉은 동백꽃에 물을 들이러 내려오고, 가을이면 또 대추열매에 물을 들이러 온다. (중략) 먼데 간 가족이 돌아오는 것이 반갑듯이 우리를 떠났다가 되돌아오는 이 색소가 대추나 맨드라미를 물들이러 또 찾아오는 것은 반갑지 않은가? 이것은 그것이 대기권보다도 훨씬 더 멀리 갔다가 다시 오는 것이기 때문에 더 반갑지 않은가? (중략)

나는 위에서 우리의 육신이 죽어서 분리되어 하늘과 땅에서 있을 범위와 한계를 말하려 했고, 그게 살아 있는 자에게 100퍼센트로 간절한 느낌을 일게 해야 할 일임을 말하고 싶었다.

하늘엔 빠져 도망갈 좁쌀알만 한 구멍 하나도 없으니 우리 육체가 분산되어 이루는 흙이나 수증기나 구름이나 비나 냇물이나 무지개 속에 끼우게 되는 색소도 영원히 아무 데로도 이 하늘땅 밖으론 갈 곳도 없다.

이런 하늘땅의 어디에 좁쌀알만 한 허무라도 있을 자리가 있는가?

이것은 허무보다도 훨씬 더 기막히는 일이다. 살아 있는 동안 살아 있는 자들에게 훨씬 더 다정하고 볼 일이다.[14]

---

14 서정주, 「하늘과 땅 사이의 사람들과 동물들의 시체 이야기」, '문치헌밀어', 『미당수상록』, 민음사, 1976, 117~125쪽.

이 산문에는 윤회에 관한 서정주 시적 사유의 주요한 특성인 물질의 분리와 결합 양상이 잘 드러난다. 생명체의 상징인 피는 빛과 물의 결합이라는 것. 한 생명이 끝나면 빛과 물이 이별한다는 것. 피의 붉은 색소는 빛의 세계로 나아가 태양계 전체의 순환노정을 돌다가 다시 동백꽃이나 맨드라미나 대추에게로 돌아오고, 물은 지구 대기권의 구름에게로 가서 지구 생태계의 물 순환 시스템 속에 편입된다는 것. 그 어떤 에너지도 이 닫힌 계 안에서 빠져나갈 수 없다는 것. 수도 없이 무한 반복 순환하기 때문에 허무라는 개념이 애당초 없다는 것이 그 특성들이다.

이런 사유는 전생, 현생, 내생의 삼생이라든지 욕계, 색계, 무색계의 삼계라는 불교문법에 의존하는 게 아니라 실생활의 경험과 과학 지식 그리고 시적 상상력이 결합해 만들어 낸 독특한 경우다. 위의 인용문에서 서정주는 '이런 하늘땅'의 공간 범주를 태양계로 한정했는데, 이는 욕계, 색계, 무색계의 물리적 공간 범주를 과학적으로 엄정하게 규정하기 어렵기 때문이었을 것이다. 불교의 삼계 공간은 형이상학과 물리학이 결합된 특성을 보여주기 때문에 일반 대중 독자들을 설득하기 위해서는 일단 태양계 내부로 한정했을 가능성이 높다.

서정주의 윤회는 물리적 범주가 어디인지도 모르는 삼계를 끝없이 돌고 도는 고통스러운 과정이라기보다, 물과 빛이 만나고 헤어지는 태양계 안에서의 에너지 교환과정이며, 지구 생태계의 모든 생명체들에 공통적으로 적용되는 법칙, 즉 개개의 사물들에서 색소와 물의 만남과 이별을 발견함으로써 입증할 수 있는 법칙으로 평가된다. 그래서 과학적 상상력과 만나는 그의 윤회전생의 사유는 환경인문학을 지향하는 오늘의 생태학이 진지하게 수용해야 할 흥미로운 과제가 되는 것이다. 이를테면, 생명의 윤회전생 문제를 지구 중력을 벗어나지 못하는 생태 에너지의 순환 과정과 비교해서 검토해 보는 작업이야말로 환경인문학의 새로운 영역이 될 수 있다는 뜻이다.

결국 생의 본질은 윤회전생이며 이 닫힌 계 안에서의 삶은 해탈할 수 없을 바에야 자기 아닌 이웃에게(이웃이 곧 언젠가는 자기이므로) 다정하게 대해 주는 게 최고의 선택이라고 시인은 주장한다. 문학과 불교와 생태학적 고찰이 결합된 현실적인 귀결이다. 그러므로 '살아 있는 동안 살아 있는 자들에게 훨씬 더 다정하고 볼 일'이라는 자기다짐은 불교 이타행利他行의 교리를 실감나게 드러내는 일상의 지혜로운 전언인 것이다.

03 ___ 삼계육도의 공간분할과
   문학적 형상화

　서정주 문학에서 물과 색소가 만나고 이별하는 과정을 상징적으로 나타내는 이미지는 피라고 할 수 있다.[15] 피는 들끓는 욕정의 표상으로서 초기 시부터 중요하게 다루어진다. 「자화상」 속의 '시의 이슬에 섞여 있는 몇 방울의 피'는 헐떡이는 욕망의 발현체를 암시한다. 시적 자아는 상상력을 통해 인간계와 축생계를 오간다. '병든 숫개마냥'의 직유법은 창작의 순간에 변신의 욕망이나 윤회의 기억이 투영된 경우다.

　실제의 윤회는 아니지만 시적 상상력은 종종 시적 주체를 이렇게 축생계로 윤회시키기도 한다. 『화사집』(1941) 속의 「웅계」 연작은 기독교적 원죄와 부활, 창세기의 새벽을 알리는 오만함과 피 흘리는 자기 살해의 이미지가 복합적으로 뒤섞인 축생윤회의 경우다. 이런 과정에 피의 이미지는 중요하게 작동한다.

　　어찌하야 나는 사랑하는 자의 피가 먹고 싶습니까.
　　"운모 석관 속에 막다아레에나!"

　　(중략)

　　해바래기 줄거리로 십자가를 엮어
　　죽이리로다. 고요히 침묵하는 내 닭을 죽여……

15　'피'의 해체와 순환 과정을 다룬 글로는 이어령, 「피의 순환 과정」, 『문학사상』, 문학사상사, 1987. 10; 정유화, 「윤회적 상상력의 시적 구조화: 서정주론」, 『우리문학연구』 18, 우리문학회, 2005 참조.

카인의 쌔빨간 수의囚衣를 입고

내 이제 호을로 열 손가락이 오도도 떤다.

애계愛鷄의 생간으로 매워 오는 두개골에

맨드래미만 한 벼슬이 하나 그윽히 솟아올라……

—「웅계 2」[16] 중에서

『신라초』(1961) 소재 「선덕여왕의 말씀」은 죽어서 도리천에 올라간 선덕여왕의 독백으로 이루어지는데 '피 예 있으니'가 반복됨으로써 자기의 사후 거처가 욕망으로부터 완전히 해방되지 않는 욕계의 하늘임을 표방한다. 지혜가 각별한 선덕여왕 역시 윤회의 법칙에서 벗어나지 못한 채 삼계 중의 욕계 공간을 돌고 돌 뿐이다.

짐의 무덤은 푸른 영嶺 위의 욕계 제2천.

피 예 있으니, 피 예 있으니, 어쩔 수 없이

구름 엉기고, 비 터 잡는 데— 그런 하늘 속.

피 예 있으니, 피 예 있으니,

너무들 인색치 말고

있는 사람은 병약자한테 시량도 더러 노느고

홀어미 홀아비들도 더러 찾아 위로코,

첨성대 위엔 첨성대 위엔 그중 실한 사내를 놔라.

—「선덕여왕의 말씀」[17] 중에서

---

16 서정주, 『미당 서정주 전집』 1(시), 은행나무, 2015, 57~58쪽.
17 서정주, 앞의 책, 159쪽.

윤회를 다루는 또 다른 차원의 작품은 색계와 무색계를 향한 여행인 「여수」다. 이 작품은 욕망의 초월 문제가 본격적으로 드러난다.

첫 창문 아래 와 섰을 때에는
피어린 모란의 꽃밭이었지만

둘째 창 아래 당도했을 땐
피가 아니라 피가 아니라
흘러내리는 물줄기더니,
바다가 되었다.

별아, 별아, 해, 달아, 별아, 별들아,
바다들이 닳아서 하늘 가면은
차돌같이 닳아서 하늘 가면은
해와 달이 되는가. 별이 되는가.

셋째 창문 영창에 어리는 것은
바닷물이 닳아서 하늘로 가는
차돌같이 닳는 소리, 자지른 소리.
셋째 창문 영창에 어리는 것은
가마솥이 끓어서 새로 솟구는
하이얀 김, 푸른 김, 사랑 김의 떼.

하지만 가기 싫네 또 몸 가지곤
가도 가도 안 끝나는 머나먼 여행.

뭉클리어 밀리는 머나먼 여행.

그리하여 사상思想만이 바람이 되어
흐르는 내 형제의 앞잡이로서
철 따라 꽃나무에 기별을 하고,
옛 애인의 창가에 기별을 하고,
날과 달을 에워싸고 돌아다닌다.
눈도 코도 김도 없는 바람이 되어
내 형제의 앞을 서서 돌아다닌다.

—「여수旅愁」[18]

「여수」는 우리 생이 본질적으로 떠돌이일 수밖에 없다는 자각이 그 바탕에 있다. 고향 그리는 마음인 '향수'와는 반대 의미다.[19] 춘향의 마음을 다루고 있는 「추천사」의 경우처럼 존재의 그네는 '산호도 섬도 없는 저 하늘로' 가고 싶지만 '서으로 가는 달같이는 나는 아무래도 갈 수가 없다'는 현실론으로 귀착된다. 지상으로부터 멀어졌다가 다시 돌아올 수밖에 없는 그네의 구조. 여수와 향수 사이를 오가는 생의 본질을 간파하는 것이다.

「여수」는 '안 끝나는 머나먼 여행'이다. 윤회의 문학적 형상화 과정을 반영한다. 첫째, 둘째, 셋째 창문은 욕계, 색계, 무색계가 시적으로 변형된 이미지다. 피가 색소와 이별하면[20] 색소는 증발하고 물만 남는다. 그 물의 대표

---

18 서정주, 앞의 책, 225~226쪽.
19 서정주 시의 주요한 본질은 그의 '시마음'이 '여수'와 '향수' 사이를 오간다는 데 있다. 이는 '탈향'과 '귀향'의 문법으로 치환 가능하기도 한데, 그의 시력詩歷 전반을 설명하는 유용한 방식이 될 수도 있다. '여수'는 떠돌이 의식을, '향수'는 되돌아가 머물고자 하는 의식을 나타낸다.
20 피의 이별이란 곧 개체 생명체의 죽음을 뜻한다.

적인 표상이 바다다. 바다는 '피의 전 집단의 구경究竟의 정화淨化인 물'[21]로서, 빛(색소)과 함께 생명의 기본 질료를 이룬다. 피 속의 붉은빛이 증발하고 남는 물기운. 서정주는 이것의 총화를 바다로 보았고, 그 바다들이 오랜 세월이 지나면 닳고 닳아 수증기가 되어 하늘로 간다고 보았다. '구름까지 갔다가 되돌아오는 노래'[22]가 아니라 김이 되어 하늘로 오른 다음 해와 별이 될 수도 있다는 상상을 해보기도 한다.

시인은 피가 변한 바다가 해와 달이 된다고 노래하는 것이 아니라 이렇게 장구한 시간 동안 되풀이되기만 하는 여행, 안 끝나는 삼계육도의 여행이 싫다고 토로한다. 윤회의 괴로움에 대한 자각이 비로소 싹트며 이를 해결하는 방안으로서 사상(마음)의 중요성을 갈파한다. 마음은 '눈도 코도 김도 없는 바람'으로서 '내 형제의 앞잡이'고 '날과 달을 에워싸고 돌아다니는' 주체다. 이 주체에 대한 인식이 보다 강화된 경우가 『동천』(1968) 속의 「무제(피여. 피여…)」다.

　　피여. 피여.
　　모든 이별 다 하였거든
　　박사博士가 된 피여.
　　인제는 산그늘 지는 어느 시골 네 갈림길
　　마지막 이별하는 내외같이
　　피여
　　홍역 같은 이 붉은 빛갈과
　　물의 연합에서도 헤어지자.

21　서정주, 앞의 책, 228쪽.
22　「꽃밭의 독백」의 서두를 참조하라. "노래가 낫기는 그중 나아도/구름까지 갔다간 되돌아오고,", 서정주, 앞의 책, 161쪽.

붉은 핏빛은 장독대 옆 맨드래미 새끼에게나

아니면 바윗속 굳은 어느 루비 새끼한테,

물기는 할 수 없이 그렇지

하늘에 날아올라 둥둥 뜨는 구름에……

그러고 마지막 남을 마음이여

너는 하여간 무슨 전화 같은 걸 하기는 하리라.

인제는 아조 영원뿐인 하늘에서

지정된 수신자도

소리도 이미 없이

하여간 무슨 전화 같은 걸 하기는 하리라.

—「무제(피여. 피여…)」[23]

  인용시에는 삼계를 문학적으로 표현하려는 고심의 흔적이 역력하다. '홍역 같은 이 붉은 빛갈과 물의 연합에서도 헤어지는 피'는 욕계에서의 한 생명의 소멸을 말하는 것이다. 색소와 헤어져 남은 물기는 할 수 없이 구름에 들어가므로 욕계의 경계 안에 있게 된다. 물기와 헤어져 하늘로 올라간 다음 '맨드래미 새끼'나 '루비 새끼'한테 되돌아오는 색소는 욕계를 초월하는 공간인 색계를 나타내며 색계마저 초월하는 무색계의 영원한 공간은 '마지막 남을 마음'만이 주인이 되어 수신자도 없고 소리도 없는 메시지를 보낸다고 상상한다.

  세 공간 사이에는 가치론적 위계질서가 있고 물질과 비물질의 결합과 분리 개념이 존재하며 공간의 물리적 확장성이 존재한다. 유물론자들에게 삼

---

23 서정주, 앞의 책, 316~317쪽.

계나 윤회가 부정되는 근본 원인은 삼계를 구성하는 비물질적 특성 때문이다. 장소도 방위도 없이 오직 마음만이 있는 세계인 무색계가 어찌 이 우주의 구성소가 되는지 유물론자들은 납득하지 못한다.

문학연구와 비평은 이런 사유가 언어의 심미적 질서 안에 얼마나 잘 구조화되고 있는가를 다루는 것이지, 사유 자체의 사실 부합성에 대한 시시비비를 다룰 필요는 없다. 그럼에도 불구하고 이런 사유를 보다 섬세하게 다루는 산문 자료를 검토해 보는 것은 그의 문학세계를 이해하는 데 많은 도움을 준다. 다음 자료를 하나 더 보자.

아시는 이는 잘 아시는 것처럼, 불교에서는 하늘이 그냥 통틀어서 하나로만 셈되는 게 아니라 삼계 즉 욕계와 색계와 무색계의 삼대별三大別로 맨 아래로부터 위로 구분되고 그 욕계의 여섯 개의 하늘, 그 위의 색계에 열여덟 개의 하늘, 또 그 위의 무색계에 네 개의 하늘을 배정하고 있는데 그 배정은 오늘날의 그 과학의 눈이라는 걸로 보기에도 합리적 가능성을 느끼게 한다는 말이다.

내 생각으론 불교의 하늘들 중의 욕계의 여섯 하늘은 대기권 내의 하늘에 해당되는 것 같은데, 여기에서 안개나 구름들이―우리 지상의 모든 수분들이 증발해서 형성하는 그 안개나 구름들이 유영해 다니고 있다. 물론 그 안개나 구름들 속엔 우리 사람들이나 동물들의 체내에 있던 혈액, 기타의 액체들도 증발해서 두루 끼어 있는 것으로 우리의 누구의 것도 거기서 제외될 수는 없다. (중략)

또 내 생각으론, 불교의 욕계의 하늘들 위의 색계의 열여덟 개 하늘들을 대기권에서 위의 태양계의 한계 안을 지칭하는 걸로 한다. 이운허李耘虛 스님이 엮으신『불교사전』에 보면, "……욕계와 같은 음욕, 식욕 등의 탐욕은 여의었으나 아직 무색계와 같이 완전히 물질을 여의어 순 정신적인 것은 되지 못한 중간의 물적인 세계……"라고 이 색계의 설명을 하고 있는데, 이 "중간의 물적"이라는 것은 아무리 생각해 봐도 그 태양계의 태양광선 뻗치는 한계 안의 그 색소순환의 하늘—땅에 사는 우리의 육안에는 무지개로나 어쩌다가 가끔 나타나 보일 뿐, 그 다니는 것이 그날은 보이지도 않는 그 색소순환의 하늘 그걸 말하고 있는 걸로 보인다. (중략)

불교는 욕계와 색계의 두 구분의 하늘의 층 위에 마지막으로 무색계의 네 하늘을 배정했는데, 이것은 무어냐 하면 우리 육신에 소속되는 것이나, 그 밖에 물질에 관계된 것은 아무래도 무거워서 갈 수가 없고 우리 마음만이 겨우 아주 가벼이 갈 수는 있는 그런 하늘들이라야 한다는 이해다.

그리고 내가 신바람 난다고 한 것은 이것이 지금으로부터 2천5백 년쯤이나 되는 옛날 인도의 석가모니라는 사람과 그로부터 과히 멀지 않은 동안의 그의 정신의 후속자들이 상상하고 유추하고 배정해 낸 이 합리적 가능성은 지금의 우리 같은 과학의 눈을 가진 사람이 그걸 배정하는 연습을 해본대도 거의 그대로일밖에 없는 일치에서 느끼는 신바람인 것이다.[24]

욕계를 지구 대기권, 색계를 태양계, 무색계를 그 너머의 범주로 나누는 서정주의 사유는 흥미롭다. 일상생활의 경험을 기초과학의 지식과 결합하여 탐구해 낸 산물이다. 특히 색소를 육신과 무관하지 않은 색계의 주요한 구성 성분으로 보는 점이 이채롭다. "욕계와 같은 음욕, 식욕 등의 탐욕은 여의었으나 아직 무색계와 같이 완전히 물질을 여의어 순 정신적인 것은 되지 못한 중간의 물적인 세계" 운운하는 『불교사전』식 서술에 비하면 그 예

---

24 서정주, 「내가 차지한 하늘」, 『미당수상록』, 민음사, 1976, 132~134쪽.

증을 통한 설명이 훨씬 실감난다. 시인에 의하면 피의 붉은빛이나 머리털의 검은빛, 대추의 붉은빛이나 바윗속 루비 새끼의 붉은빛 들은 물질 자체의 DNA나 원소의 특성 때문이 아니라 본래 생명체에 결합되어 있던 가벼운 요소들이 생명의 소멸 뒤에 떠나갔다가 다시 돌아오기 때문이다.

이런 발상은 빛의 특성에 대한 직감이 민감하게 발달했기 때문이다. 태양광선이 없으면 어차피 색깔은 존재하지 않는다. 그런 점에서 빛과 색깔은 연기 관계다. 색계의 색소는 욕계와 색계를 오가며 존재하는데 경우에 따라서는 무색계에 영향을 미치기도 한다. 즉 마음이 색깔을 만드는 경지도 있다. "저기 저기 저, 가을 꽃자리 초록이 지쳐 단풍 드는데"(「푸르른 날」)이라든지, "신부는 초록 저고리 다홍치마로 겨우 귀밑머리만 풀리운 채 신랑하고 첫날밤을 아직 앉아 있었는데, (중략) 안쓰러운 생각이 들어 그 어깨를 가서 어루만지니 그때서야 매운재가 되어 폭삭 내려앉아 버렸습니다. 초록 재와 다홍 재로 내려앉아 버렸습니다"(「신부」)와 같은 경우가 그것이다. 단풍 드는 이유가 초록이 지치기 때문인 것은 과학의 법칙이 아니라 식물의 잎사귀에 전이된 시인의 마음 때문이고, 첫날밤의 신부가 억울함을 참고 지내다가 재가 된 후, 신랑이 다가가 어루만지자 초록 재와 다홍 재로 내려앉았다는 진술 역시 시인의 마음이 만들어 낸 색소의 귀환인 것이다.

윤회는 삼계를 돌고 도는 것이다. 자연 상태에서 질량이 보존되는 것처럼 생명체들은 행위(업력)에 의해 삼계와 육도를 순환한다는 게 불교의 교리다. 삼계와 육도는 물리적 공간이라기보다 형이상학적 공간이고 서정주는 이를 물리적 공간 개념으로 이해하기 위해 과학 지식을 활용하려 노력한다. 그의 산문을 찬찬히 읽어야 할 이유가 여기에 있다.

04 ─ 십이연기설의 시간분할과 문학적 형상화

삼계육도가 공간을 분할한다면 십이연기는 시간을 분할한다. 앞 사건이 뒤 사건에 영향을 미친다는 점에서 선조적이다. 십이연기의 한 단위가 끝나면 다시 반복된다. 이 반복이 윤회고, 반복은 무한 지속된다는 점에서 결국은 순환적이다. 생태 에너지 순환 시스템과 비슷하다. 현생은 전생의 결과이고 내생의 조건이다. 한 생명체가 다른 시간, 다른 공간대로 이동한다. 이동의 조건은 행위(업)이다. 지금 이 순간의 행위가 다음 삶에 영향을 미친다. 이것이 연기론의 골간이다.

①무명無明 → ②의도적 행위[行] → ③알음알이[識] → ④정신·물질[名色] → ⑤여섯 감각장소[六入] → ⑥감각접촉[觸] → ⑦느낌[受] → ⑧갈애[愛] → ⑨취착[取] → ⑩존재[有] → ⑪태어남[生] → ⑫늙음·죽음[老死][25]

십이연기의 각 단계는 전생(①~②), 현생(③~⑩), 내생(⑪~⑫)의 구조로 나뉜다.

---

[25] 십이연기의 요약은 대림스님 옮김, 『맛지마 니까야』 1, 초기불전연구원, 2012, 323쪽 참조. 십이연기의 각 단계는 다음과 같이 요약된다. ①무명無明: 세상의 이치를 모르는 어리석음. ②의도적 행위[行]: 그 때문에 전생 동안 업을 지음. ③알음알이[識]: 업들이 응결되어 마음에 저장됨. ④정신·물질[名色]: 전생의 알음알이가 저장되어 있다가 현생의 모친 자궁에 착상되어 태아로 자람. ⑤여섯 감각 장소[六入]: 여섯 가지 지각기관이 형성됨. ⑥감각접촉[觸]: 어머니의 자궁 밖으로 나와 외부 대상들을 지각함. ⑦느낌[受]: 갖가지 괴로움과 즐거움을 느낌. ⑧갈애[愛]: 각종 욕망이 생김. ⑨취착[取]: 구체적인 세계관을 가짐. ⑩존재[有]: 욕망을 성취하며 살아감. ⑪태어남[生]: 욕망을 떠나지 못하므로 내생에서 다시 태어남. ⑫늙음·죽음[老死]: 또 다시 늙고 죽는 괴로움의 과정을 겪음.

욕망의 순환 구조다. 윤회의 근본 원인은 어리석음이지만 어리석음으로 인해 욕망이 생기고 그 욕망 때문에 다시 목숨 받아 태어나는 생로병사의 순환을 반복한다는 이야기다. 탄생에서 죽음까지의 시간, 그것이 생명이고 현생이다. 탄생 이전의 생도 있고 죽음 이후의 생도 있다는 게 십이연기설이 주장하는 생명현상이다.

『신라초』소재 「인연설화조」는 전생, 현생, 내생의 구조가 어떻게 이루어지는지를 잘 보여준다. 전생에 모란꽃이었던 내가 처녀와의 여러 가지 사건에 의해서 현생에는 사람이 되고 처녀는 모란꽃이 된다는 내용이다.

언제이든가 나는 한 송이의 모란꽃으로 피어 있었다.
한 예쁜 처녀가 옆에서 나와 마주 보고 살았다.

그 뒤 어느 날
모란꽃잎은 떨어져 누워
메말라서 재가 되었다가
곧 흙하고 한 세상이 되었다.
그래 이내 처녀도 죽어서
그 언저리의 흙 속에 묻혔다.

그것이 또 억수의 비가 와서
모란꽃이 사위어 된 흙 위의 재들을
강물로 쓸고 내려가던 때,
땅 속에 괴어 있던 처녀의 피도 따라서
강으로 흘렀다.

그래, 그 모란꽃 사원 재가 강물에서
어느 물고기의 배로 들어가
그 혈육에 자리했을 때,
처녀의 피가 흘러가서 된 물살은
그 고기 가까이서 출렁이게 되고,

그 고기를, ─그 좋아서 뛰던 고기를
어느 하늘가의 물새가 와 채어 먹은 뒤엔
처녀도 이내 햇볕을 따라 하늘로 날아올라서
그 새의 날개 곁을 스쳐 다니는 구름이 되었다.

그러나 그 새는 그 뒤 또 어느 날
사냥꾼이 쏜 화살에 맞아서,
구름이 아무리 하늘에 머물게 할래야
머물지 못하고 땅에 떨어지기에
어쩔 수 없이 구름은 또 쏘내기 마음을 내 쏘내기로 쏟아져서
그 죽은 샐 사 간 집 뜰에 퍼부었다.

그랬더니, 그 집 두 양주가 그 새고길 저녁상에서 먹어 소화하고,
이어 한 영아를 낳아 양육하고 있기에,
뜰에 내린 쏘내기도
거기 묻힌 모란씨를 불리어 움트게 하고
그 꽃대를 타고 또 올라오고 있었다.

> 그래 이 마당에
>
> 현생의 모란꽃이 제일 좋게 핀 날,
>
> 처녀와 모란꽃은 또 한 번 마주 보고 있다만,
>
> 허나 벌써 처녀는 모란꽃 속에 있고
>
> 전날의 모란꽃이 내가 되어 보고 있는 것이다.
>
> ―「인연설화조」[26]

인용시는 물질이 시공간을 자유자재로 이동하여 많은 변전을 거치는 내용을 다룬다. 존재의 양상을 바라보는 시각 자체가 크게 확장되었다는 점에서 문제적이다. 김종길이 이 작품을 두고 접신술 운운하면서 논쟁이 촉발되자, 서정주는 '신라적 정신태의 한 사례로서 삼세인연과 윤회전생'[27]을 언급함으로써 신라정신의 구성 요소를 시인 스스로 디자인하고 있음을 보여준다. 십이연기의 시간분할 관념에 매력을 느끼고 있음도 고백하며 이것이 불교의 전유물이 아니라 고대의 자연스러운 사고였음도 이야기한다. 예수의 부활과 이를 믿는 막달라 마리아, 불교의 육체 없는 현신現身, 우리의 민간설화인 죽통미인 사례 등은 현실의 시간을 초월하는 정신 경영 태도이자 역사 참여 태도라고 강조하면서 흐리멍덩한 현실주의보다 훨씬 더 밝고 간절하고 바닥에 닿는 일이라고 역설한다.[28]

삼세인연과 윤회전생은 불교의 독특한 시공관이다. 윤회가 삼계와 육도

---

26 서정주, 앞의 책, 231~233쪽.

27 "나는 내 스스로 현실에서 떠나는 접신술가를 자임한 일도 없고 또 샤머니스트인 일도 없고, 앞으로도 아마 그런 일은 없을 것이다. 나는 그냥 신라적인 정신태의 한 두어 가지가 근년(자세히 말하면 1951년 1·4 후퇴 이래) 매력이 있어서 시험 삼아 본떠 보고 있었을 뿐이다. 그것은 대별하자면 두 가지로서, 하나는 '영통靈通'이나 '혼교魂交'라는 말로써 전해져 오는 것이고 다른 하나는 불교의 삼세인연과 윤회전생이다. 이 두 가지는 내게는 지금도 참 매력이 있는데, 앞으로도 아마 생전 그럴 줄로 안다.", 서정주, 「내 마음의 현황」, 『미당 서정주 전집』 11(산문), 은행나무, 2017, 136쪽.

28 앞의 글, 138~139쪽.

를 순환하는 공간 개념이라면, 삼세는 현존 순간의 앞뒤에 펼쳐져 있는 시간 개념이다. 과거·현재·미래, 혹은 전생·금생·내생의 시간관은 직선적이고 선조적인 것처럼 보인다. 앞 사건으로 인해 뒤 사건이 일어나는 건 법칙이다. 그럼에도 불구하고 이 선조성은 윤회의 공간 순환성 속에 포섭된다. 존재의 시작과 끝은 무의미하다. 끝없이 돌고 돌 뿐이다. 지구의 생태 에너지가 순환하듯이 존재는 무한 변전하고 전생한다는 게 「인연설화조」의 전언이다.

  십이연기에 의한 삼세의 시간분할은 신라정신에 경도된 특정 시기에만 탐구된 것은 아니다. 『늙은 떠돌이의 시』(1993)에 나오는 「범어사의 새벽 종소리」는 70년 전 범어사의 애송이 중이 욕망을 이기지 못해 파계한 끝에 현생에 도둑고양이로 태어난다는 내용을 다룬다. 그 고양이가 범어사의 새벽 종소리를 듣고 내생에 다시 중이 되고 싶다는 소원을 애절하게 뇌까려 댄다고 시인은 말하는데, 이 바탕에 있는 논리가 바로 삼세의 시간분할이다. 전생의 악업으로 인해 현생에 고양이로 태어나는 과보와 내생에 다시 수행자가 되고 싶어 하는 고양이의 발원 사이에는 십이연기설, 즉 인연법이 작동한다. 범어사 가까운 동래구 낙민동의 어느 쓰레기통 옆에서 애절하게 우는 행위가 과연 더 나은 내생을 보장하는지 시인은 판단하지 않는다. 다만 고양이의 삼세를 보여줄 뿐이다. 삼세와 인연이 불가분리의 관계에 있다는 점이 자연스럽게 드러난다.

    70년 전이던가 어느 새벽에
    범어사의 새벽 종소리가 울려 퍼지고 있을 때
    스무 살 남짓한 애숭이 중 한 녀석이
    고기도 먹고 싶고
    여자도 하고 싶고

돈도 갖고 싶고

또 양껏 자유 지랄도 해보고 싶어

장거리로 도망쳐 나온 지

어언 50년이 됐는데 말야.

몇 해 전이던가

이 녀석은 그 한 많은 일생의 막을 닫어

죽어서는 그 팔자로

밤에도 살금살금 기어다니는

한 마리의 도둑고양이가 되어서 말야.

어젯밤 새벽 달빛엔

울려 퍼지는 범어사 새벽 종소리에

냐웅 냐웅 냐웅 냐웅 되게는 울어

다시 애숭이 중이 되고 싶은 소원을

애절하게는 뇌까려 대고 있더군.

범어사 가까운 동래구 낙민동의

어느 쓰레기통 옆에서 말야.

(1990. 2. 22. 부산 동래의 '우리들병원'에서)

―「범어사의 새벽 종소리」[29]

마지막 시집 『80소년 떠돌이의 시』(1997)에도 비슷한 작품이 있다. 전생의 죄로 인해 현생의 황소로 태어나 열심히 일해주고 도살장에 가서 죽은 '우리 집 큰 황소'에 대한 다정한 느낌의 토로다.

---

29 서정주, 『미당 서정주 전집』 5(시), 은행나무, 2015, 287~288쪽.

그 큰 황소가

언제부터 우리 집에 와서 살고 있었는지

그것까지는 모르지만,

내 어린 눈에 처음 뜨인 이 나그네는

아주 점잔하고 깨끗하고 믿음직해서

우리 집의 누구보다도 더 어른다워 보였다.

여름밤엔 마당가의 모깃불 옆에서

풀을 먹으며 새김질을 하다가는

한숨을 후우 내쉬었는데

이것도 할머니 껏보다도 훨씬 더 크고 높아서

우리 집 지붕에 가즈런하여

그가 사실은 우리 집 주인인 것만 같았다.

이 세상 사람들과 가축들 중에서

가장 구리지 않은 푸른 똥을 누던 소.

그 소에게 좋은 무엇을 줄까

나는 늘 망설이고만 있었는데,

어느 해 봄날 우리 집 머슴이

이쁘게 산에 핀 진달래 꽃다발을 만들어서

이 황소의 두 뿔 사이에다 걸어 준 건

아조 썩 잘한 일이라고 생각했었다.

이 착한 나그네 소는

여러 해 동안을 날이 날마닥

어른 몇 갑절의 일을 하고 지내더니,

어느 날엔 고삐에 끌려 나간 채

영영 돌아오지 않고 말었는데,

뒤에 알아보니

도살장이란 데 끌려 들어가서

도끼로 머리를 얻어맞고 죽어서

그 쇠고기라는 게 되었다나.

그러나 나는 지금 확실히 생각한다.

'그는 전생의 무슨 죄로

이렇게 살고 갔거나 간에

지금 저승에서는

한 신선의 자리로 되돌아가

제법 그럴싸한 관도 하나 쓰시고

어느 좋은 소나무 밑에쯤에

아조 점잖게 앉아 계실 거라'고……

―「우리 집의 큰 황소」[30]

시인은 우리 집 황소가 내생에는 신선으로 태어나는 것을 믿으며 황소의 노고에 대한 연민의 마음을 나타낸다. 십이연기로 인한 삼세의 여행에서 보다 좋은 공간에, 보다 좋은 생명체로 다시 태어난다는 믿음을 보여주는 것이다. 또한 영겁회귀의 윤회 속에서도 가치가 개입될 수 있음이 드러난다. 비유적으로 말하면 다음 생의 생명학교에서 상급반으로 월반하는 경우다. 그래서 행위(업)의 가치는 모든 현존의 주요 조건이 되는 것이다.

진달래 꽃다발을 황소에게 걸어주는 '나'의 행위는 소의 카르마와 직접적인 관계는 없지만 소가 쌓고 있는 현실의 공덕을 짐작게 하는 예증이다. 시간은 경과하여 소는 많은 공덕을 쌓았음에도 불구하고 도살장에 가서 죽

---

30 서정주, 앞의 책, 361~363쪽.

고 만다. 현실의 서사 문법으로는 비극적 결말이다. 이를 넘어서는 방법이 삼세인연설인데 내생에 신선으로 다시 태어난다는 믿음으로 귀착된다. 결과적으로 현생은 전생의 그림자이고 내생은 현생의 결과라는 인과응보가 삼세인연설의 근간이 되는 것이다.

05 ── 돌을 울리는 물의 상상력

　　삼계육도의 공간분할과 십이연기설의 시간분할이 서정주의 문학 안에 어떻게 형상화되는지를 대략 살펴보았다. 이러한 형이상학을 문학적 이미지로 구체화하는 과정에 가장 빈번하게 등장하는 이미지가 물과 색소의 순환 과정이다. 앞에서도 살펴보았지만 피의 순환과정에 대한 미당의 사유는 지구의 에너지 순환 시스템을 비유적으로 끌어들임으로써 감각화에 기여한다. 세계 전역을 방랑하는 가운데서도 이런 사유는 지속된다.

　　나이아가라 폭포를 보고 듣는 사람들은
　　그 넓이 750미터, 그 높이 48미터의 나이아가라 폭포가
　　그 넓이 750미터로, 그 높이 48미터로
　　한번 목청을 돋궈 통곡하고 있는 것을,
　　동시에 "아야야야야야야야야야!……"
　　아파서 아파서 못 견디어서
　　비명을 울리고 있는 걸 까마득히 모르고
　　"좋아서 그러는 거라"고
　　헛점을 치며 엉터리로 좋아들 한다.

　　그러나 사실 이것은
　　사실 그대로

넓이 750미터의, 높이 48미터의

아마도 몇억만 명은 좋이 넘는 사람들의

피의, 피의, 피의, 피의 합쳐진 폭류瀑流인 것이다.

그나마 피의 그 붉은빛마저

햇볕에 두루 증발당하고 만

너희들의 선인들의 빛바랜 피인 것이다!

—「나이아가라 폭포 옆에서」[31] 중에서

인용한 대목에서도 잘 드러난다. 시인은 나이아가라 폭포에서 장쾌한 아름다움을 느끼는 게 아니라 수많은 선조들의 빛바랜 피가 통절하게 아픔을 호소하면서 쏟아져 내리고 있음을 본다. 시의 배경이 지구촌 전역으로 확장됨으로써 지구 에너지의 순환작용과 윤회전생 사이의 상동적 관계를 보다 보편적으로 찾아내는 것이다.

그의 산문「돌을 울리는 물」은 셰익스피어로부터 촉발된 윤회전생의 영감이 어떻게 지구 에너지의 순환 시스템과 유비하는지를 좀 더 실감나게 보여준다는 점에서 주목할 만하다.

"근원은 알지도 못할 곳에서 나서, 돌부리를 울리고 가늘게 흐르는 적은 시내는 굽이굽이 누구의 노래입니까." 이것은 만해 한용운 스님의 시집 『님의 침묵』 속에 들어 있는 「알 수 없어요」라는 시의 한 구절이다. (중략) 시냇물도 비가 와야만 흐를 수 있으니 우선 시냇물의 근원은 비라고 해야겠다. 그러나 여기서 말씀하고 있는 근원은 맨 먼저 비롯한 근원임

---

31 서정주, 『미당 서정주 전집』 2(시), 은행나무, 2015, 202쪽.

에 틀림없는데 그렇다면 비도 맨 처음의 근원은 되지 못하는 걸 우리는 잘 안다. 왜냐면 비는 구름이 모여 내리고 또 구름은 땅 위에서 솟아오르는 수증기가 합해져서 만들어지고 또 수증기는 결국 땅 위에 있는 물에서 날아오르니 만해 스님 생각 그대로 그 어느 것이 근원인지도 따지지 못하게스리 뱅뱅뱅뱅 윤회전생만 하고 있으니 말이다. (중략)

물이란 시냇물이건 고인 물이건 두루 참 기가 막힌 것이다. 제군은 먼저 이 세상에서 가장 그리워하던 애인이나 부모 형제자매 자녀 누군가의 죽음을 생각해 보시기 바란다.

그리운 사람도 죽었다면 화장해서 한꺼번에건 흙에 묻어 천천히건 결국은 수증기 되어 하늘로 날아 올라야 할 액체의 소유자들이다. 그러니 하늘의 구름에는 제군의 그리운 사람의 몸에 담겼던 액체도 어디엔가 분명히 포함될 것인데, 비란 구름에서 내려오는 것이고 물이란 비가 와서 되는 것이다. 그대가 만일 그리운 이를 사별한 사람으로 여기에 마음이 쓰여 그런 비를 맞고 그런 물소리를 듣기라면 그것 참 사람 많이 울리는 일이 아니고 무엇인가? (중략) 어찌 돌인들 안 울리고 둘 일인가?

그래 만해 스님은 이런 걸 헤아려 아시고 느끼다가 '돌부리를 울리는 시냇물'이라는 구절을 만드신 것이다. 모든 것에 박정해서는 안 된다는 뼈에 저리는 자비의 교훈이 물론 그 속에는 그득히 들어 있다. 시냇물이 자기와 가까웠던 사람뿐이 아니라 남의 모든 그리웠던 사람들의 피였던 것도 합친 것이라면 어떤가?

그렇다면 기막힌 것이 안 되고 말 수나 있는가?[32]

이 산문은 서정주의 윤회전생에 관한 인식이 지구 생태 에너지 순환 현상

---

32 서정주, 「돌을 울리는 물」, 『미당 서정주 전집』 10(산문), 은행나무, 2017, 145~147쪽.

과 매우 유사한 방식으로 진행된다는 점을 설득력 있게 호소한다. 한용운 시의 해석 과정에서 촉발된 돌과 물 사이의 상관성에 공명의 개념이 들어 있음을 발견한 게 탁월하다. 「돌을 울리는 물」은 윤회전생의 서러움에 대한 자기토로이며 동시에 타인에 대한 연민의 전달로 볼 수 있다. '살아 있는 동안 살아 있는 자들에게 훨씬 더 다정하고 볼 일이다'라는 결론은 그래서 '모든 것에 박정해서는 안 된다는 뼈에 저리는 자비의 교훈'과 같은 목소리인 것이다.

서정주의 윤회전생 사유가 도달한 구체적인 태도, 삶의 궁극적 실현태는 무엇인가? 이 질문은 서정주 윤회전생의 문학적 형상화가 지향하는 궁극점이기도 하다. 그것은 그의 시를 통해서 구체적으로 드러나지는 않는 대신 그동안 주목받지 못했던 그의 산문 자료를 통해서 밝혀진다. 끝없이 윤회하는 생의 여행길에서 필요한 것은 무엇인가. 물이 돌을 울리듯이, 다정다감한 태도가 삶의 정답이라고 시인은 말한다.

06 ___ 인간 생명의 소멸·재생과 자연 생태 에너지 순환 사이의 유비 관계

　이 논문은 서정주 문학에 나타나는 생태 에너지 순환과 윤회전생 사유의 유사성에 대한 비교 검토다. 서정주 문학에 나타나는 윤회전생 사유에 대한 검토는 기존의 논의와 다른 방식으로 접근한다. 기존 논의가 윤회의 사유나 이미지가 드러나는 시 작품을 찾아내서 분석하는 방식이라면, 이 논문은 그의 전집에 내재해 있는 광범위한 자료를 수집하여 시간관, 공간관, 그리고 자연계의 생태 에너지 순환 측면을 분석한다.
　윤회전생의 공간적 특성은 삼계육도 이론으로, 시간적 특성은 십이연기설로 분석한다. 또한 그의 산문에 두드러지게 나타나는 생태 에너지 순환 문제를 이와 연관시켜 주목한다. 그 결과 서정주의 윤회전생 사유가 지구별을 비롯한 태양계의 생태 에너지 순환에 대한 서정주의 사유와 유사한 구조라는 것을 밝혀낸다.
　그의 시와 산문들, 특히 그동안 주목받지 않았던 새로운 산문들을 통해 몇 가지 새로운 사실들이 확인된다는 점도 가치 있다. 서정주의 윤회에 대한 사유는 젊은 시절에 읽은 셰익스피어의 『햄릿』에서 촉발되었다는 점, 그러므로 전적으로 불교의 영향만은 아니라는 점이 그중 하나다.
　그는 윤회를 창의적으로 생각하는데 그 핵심이 바로 인간 생명의 소멸·재생과 자연 생태 에너지 순환 사이의 유비 관계다. 서정주의 윤회론은 형이상학적 담론에 그치는 것이 아니라, 지구의 물 순환 생태계 혹은 빛과 색소의 결합·이별 같은 생태 에너지 변환계와 유사한 모습을 가짐으로써 물질적 상상력을 보여주기도 한다. 삼계육도 이론과 십이연기설은 서정주의 윤회전생 사유에 대한 유용한 분석 틀로서 각각 공간론과 시간론으로 규정할 수 있다. 이는 존재를 규정하는 관념의 폭, 즉 시인이 바라보는 현실을 대폭 확장하는 효과를 가져온다.

20장   윌리엄 포크너의
〈헨리〉에 헌정된
「동천」과 동아시아의 시

윌리엄 포크너의 〈헨리〉에 헌정된 동아시아 시의 형상화 양상:
서정주의 「동천」, 호앙 추옹의 「왕관」, 딘 훙의 「야만인의 노래」를 중심으로,
『문학과환경』 16-1, 문학과환경학회, 2017.

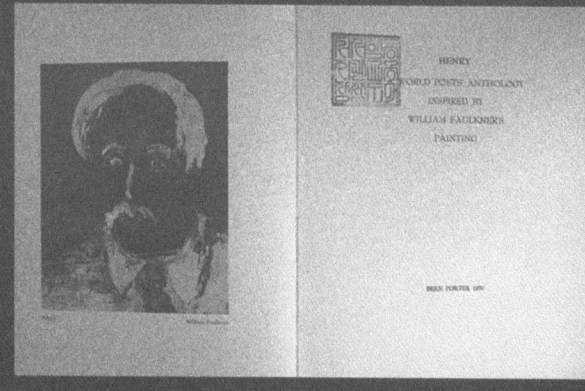

01 ___ 윌리엄 포크너와 '세계 시인 사화집'

본고는 미국의 소설가 윌리엄 포크너(1897~1962)가 작고 직전에 기획한 인류의 휴머니즘 고양을 위한 '세계 시인 사화집'의 간행 경위 및 의의를 간략하게 밝히고 거기에 참여한 동아시아 시인들의 작품을 비교 검토하는 데 목적이 있다. 미국에서 흑인인권운동이 활발하게 일어나던 1960년대 초반에 준비된 이 '휴머니즘 고양' 기획에 참여한 시인들은 66개국 69명에 이르며 대륙별로 고루 안배되어 있다. 그중에서 동아시아 시인들이 속한 국가는 한국, 베트남(2명), 중국(2명), 일본, 대만, 필리핀, 미얀마, 캄보디아 등이다.

본고는 이 글이 처음 발표된 국제학술회의 취지에 따라 한국과 베트남 시인에 대한 검토에 한정하며[1] 자연과 생태환경을 바라보는 한국과 베트남 시인들의 세계관, 표현 양식상의 특성 등을 중심으로 살펴보고자 한다. 대상은 서정주의 「동천」, 호앙 추옹의 「왕관」, 딘 훙의 「야만인의 노래」 등이다.

'세계 시인 사화집'의 원제는 『HENRY: AN ANTHOLOGY BY WORLD POETS』로서 책의 내지 'HENRY: A WORLD POETS' ANTHOLOGY INSPIRED BY WILLIAM FAULKNER'S PAINTING'[2] 표기로 보면 '포크너의

---

[1] 이 논문은 2017년 1월 6일 베트남 하노이 내무부에서 개최된 선문대학교 국어국문학과 BK21플러스 사업팀, 우리어문학회, 동악어문학회, 베트남 하노이 내무대학교 공동주최국제학술회의(아시아 문화 교류의 제 양상: 한국–베트남 문화 교류의 사적 의의)에서 발표한 원고를 수정·보완한 것이다.

[2] 이 책은 포크너 사후 1970년에 번 포터Bern Porter에 의해서 출간되었는데 이 글의 저본이 되는 텍스트는 초판 한정판으로서 서정주가 포크너로부터 받은 수증본이다. 서정주의 유품이 보관되어 있는 동국대학교 중앙도서관 소장본이기도 한데 이 글을 통해 학계에 최초로 공개된다는 의의가 있다. 책의 전반적인 성격에 대한 검토 및 주목할 만한 시편들에 대한 연구는 다음 기회로 미룬다.

그림에 헌정된 세계 시인 사화집'이란 의미가 명확히 드러나 있다. 자세한 서지 사항은 다른 기회에 밝히고 여기서는 이 사화집의 기획 의도를 검토하는 데 한정하기로 한다.

〈헨리〉는 포크너가 직접 그린 흑인 초상화다. 실존 인물은 아니다. 사화집 앞부분에 우편엽서 정도의 크기로 인쇄되어 있으며, 세계 시인들로부터 헌정시를 받기 위한 포크너의 기획 의도가 서문 형식으로 들어가 있다. 그림으로 재현된 '헨리'에 대한 묘사가 주된 내용을 이룬다. 헨리는 세상을 더 좋게 만드는 데 기여하는 '누군가'이며, 노 소설가 포크너가 꿈꾸는 '인류의 평화와 우애의 표상'으로 볼 법하다. 문학적 향기가 짙은 시적 필치가 이 서문의 특성이다.

포크너가 창조한 '헨리'는 세계 전역의 시인들에게 언어가 아닌 그림으로 전해져 그들의 영감을 촉발시키는 방식을 택했다.[3] 기획에 참여한 대부분의 시인들은 이 그림으로부터 촉발된 영감을 자신들의 모국어로 쓰고, 번역자를 통해 영어로 옮기는 방식을 취했다. 물론 영어권 시인들은 예외다.

그림 1 윌리엄 포크너가 그린 헨리

제목을 '헨리' 또는 '헨리'가 들어 있는 어구로 명명한 경우가 꽤 있다.[4] 하지만 기획 의도에 맞추어 신작을 쓰지 않고 기왕의 작품 중에 연관성이 있는 작품을 골라서 보낸 경우도 있다. 서정주가 바로 그런 사례다. 베트남의 두 시인의 경우는 확실치 않다.

---

3 서정주가 이 기획을 처음 제안받았을 때를 회고하는 글에 보면 포크너의 서문 없이 그림엽서 크기의 헨리 초상화만을 본 것으로 되어 있다. 자세한 내용은 서정주, 「내 연정의 시 「동천」과 윌리엄 포크너와의 인연」, 『미당 서정주 전집』 7(문학적 자서전), 은행나무, 2016, 374~375쪽 참조.

4 참여 시인들 중 24명의 시인들이 '헨리'를 직접 언급한다.

〈헨리〉가 분출시키고 있는 어둡고 서러운 이미지와 독특한 분위기를 시적 언어로 재현하는 일은 전적으로 시인들의 자유로운 선택이다. 하지만 이 사화집의 전체적인 내용으로 보면 '흑인인권운동'과 '휴머니즘의 고양'이라는 의도는 대체로 공유되지 않았나 싶다. 포크너의 서문은 그 공감의 화룡점정에 속한다. 헨리는 비록 늙고 지쳐 보이는 '흑인 영감'이지만 누구보다 순수하고 헌신적인, 인류의 보편정신 속에 언제나 살아 있는 캐릭터로 탄생된다. 그는 겸손한 영혼의 소유자로서, '크나큰 고결함'과 '인류를 향한 순종의 정신'으로 다른 사람들을 변화시킨다. 포크너는 이런 방식으로 자신의 문학적 생애 마지막 시기의 진술을 펼쳐 보임으로써 전 세계의 시인들을 연대시키는 데 기여했다. 서문을 보자.

헨리는 누구인가?

"헨리"는 작가 오 헨리도 아니고 과학자 헨리도 아니다. 그저 남자 이름이거나 기독교식 이름이다. 명문가 출신도 아니고 지식인도 아니며 정규교육은 거의 받지 못한 헨리. 그는 욕심도 없고 빈한한 사람이다. 명예를 추구하는 사람들은 헨리처럼 살지 않는다. 그는 새롭거나 깜짝 놀랄 만한 사회·종교·정치적 언설을 전하지도 않는다. 그를 위한 기념비는 세워지지 않을 것이며 역사학자들도 그의 이름을 남기지 않을 것이다. 헨리는 사실 우리가 흔히 말하는 **'아무도 아닐 뿐'**이다.

헨리는 그가 사회에 끼친 영향이라든가 더 나은 세상을 만드는 데 중요한 역할을 했다는 사실을 충분히 이해하는 사람도 없이 살았으며 죽었을 것이다. 헨리의 강점은 그의 영혼 안에 있다. **복잡하지 않은**, 즉 단순하고 관대하며 모든 인류를 깊이 이해하는 겸손한 영혼 말이다. 어른들은 의식적으로 그를 알지 못할 수도 있다. 하지만 아이들은 그를 좋아한다. 헨리와 만나는 모든 사람들은 부지불식중에 그에게 감동을 받으며, 그의 크나큰 고결함과 인류를 향한 순종의 정신에 의해 변해간다. 그는 성직자도 아니며 전도사도 아니다. 하지만 교황 요한 23세처럼 그의 인생은 더 나은 세상을 위한 근본 기틀이자 모든 종교의 살아 있는 최고 표본이다. 그는 교황 바오로 6세가 UN에서 한 것처럼 '형제애와 평화'를 위해 매일매일을 열정적으로 살아간다. 신은 몇몇 헨리들을 모든 나라에 흩뿌렸으며 이 흩뿌림이 궁극적으로 큰 수확을 가져올 것이다.

헨리를 **"아무도 아니야!"**라고 감히 불러보라. 그는 **'존재감이 있는 어떤 누군가'**이며, 더 나은 세상이 그의 기념비가 될 것이다.[5]

또 다른 특이점은 그림의 앞 페이지에 이 저작의 헌정 대상이 명기되어 있다는 것이다. 케네디 대통령, 마틴 루터 킹 목사, 케네디 대통령의 동생인 로버트 케네디 상원의원 등이 그들이다.

```
              This Volume
              inspired by
       William Faulkner's painting "HENRY"
                  is
               dedicated to
      PRESIDENT JOHN FITZGERALD KENNEDY
      THE REVEREND MARTIN LUTHER KING, JR.,
                  and
       SENATOR ROBERT FRANCIS KENNEDY
                  who
            gave their lives
              in the cause of
               humanity
```

그림 2 케네디 대통령, 마틴 루터 킹 목사, 로버트 케네디 상원의원 등에게 헌정되었다.

---

5 William Faulkner, "Who is HENRY?", *HENRY: AN ANTHOLOGY BY WORLD POETS*, 9쪽 참조.

인류의 우애와 평화를 기원하는 포크너의 출판 기획은 그의 생애 마지막 작업이었을 가능성이 높으며, 그 결실은 그의 사후에 세계 전역의 시인들의 헌시를 통해 이루어지게 된다. 그 사이 케네디 대통령(1963.11.22.)과 킹 목사(1968.4.4.)는 저격당한다. 하지만 이 특별한 사화집은 남아 '단순하고 천진한 인류의 본성'을 갈망하는 세계 시인들의 소망을 호소하고 있다.

02 ___ 서정주의 「동천」과 윌리엄 포크너의 <헨리>, 그 특별한 인연

1968년 11월 30일 서정주의 제5시집 『동천』이 민중서관에서 발간된다. 표제시 「동천」은 서정주의 대표시일 뿐만 아니라 한국시가 도달한 최고의 경지로 평가받는 작품이다. 「동천」은 1966년 『현대문학』 5월호에 처음 발표된다. 시인이 초고를 잡지에 먼저 발표하고 후에 발간되는 시집 속에 재수록하는 것은 관례다. 그런데 이 작품은 1963년경 미국을 대표하는 소설가인 윌리엄 포크너에게 먼저 건너간다. 사연인즉슨 이렇다.

당시 서울대에서 영문학을 가르치던 피천득(1910~2007) 교수가 하버드대 초청교수로 가 있는 동안 그림엽서 한 장을 받아 귀국해온다. '검푸른 잉크빛의 을씨년스런 하늘만을 배경으로 초라하게 앉아 있는 백발 흑인의 상반신' 그림인데 윌리엄 포크너 작품이었다는 것. 제목은 <헨리HENRY>다. 포크너는 젊었을 때부터 시와 드로잉과 스케치에 재능을 보였던 소설가. 만년에 흑인 인권 개선을 위한 '고결하고 겸손한 영혼'의 캐릭터를 손수 그린다. 그러고는 세계 전역의 시인들에게 '헨리'의 인상시印象詩를 요청한다. 피천득은 시인 섭외의 한국 측 담당자였다.[6]

피천득의 요청으로 서정주는 「동천」을 건네준다. 1966년에 처음 발표하

---

6 이상은 서정주, 앞의 글, 373~378쪽. 이 글은 원래 「속 천지유정」의 이름으로 『월간문학』(1974. 2.~11.)에 연재되었는데 '자서전' 성격이 강하여 전집 체계상 '문학적 자서전' 속에 편집하여 넣은 것이다.

긴 했지만 1962~1963년 무렵에 이미 써두었던 시다.[7] 「동천」은 피천득 번역으로 포크너의 기획출판물 속에 편집되어 세계 66개국 시인들의 시와 함께 출판된다. 이 출판물은 포크너 사후 8년 만인 1970년에 이루어지고 미당은 그걸 한국에서 국제우편으로 받게 된다. 흥미로운 것은 이 사화집의 수신인인 서정주에게 포크너가 친필로 감사의 인사를 적어 보냈다는 것이다.[8] 작고 전에 미리 써두었던 것인지, 다른 사람이 대서한 것인지는 확실치 않다.

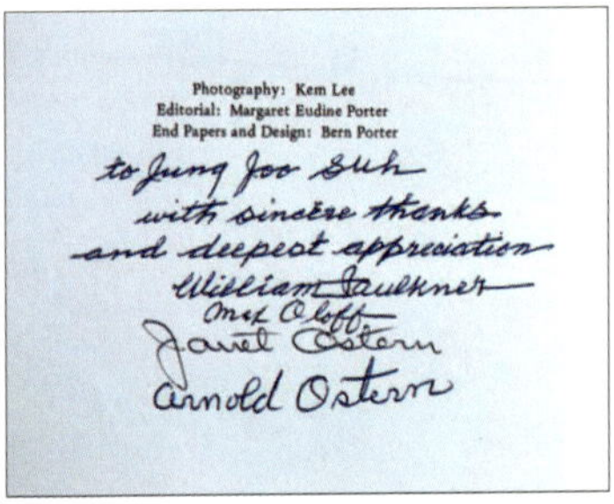

그림 3 서정주에게 감사의 편지를 보낸 윌리엄 포크너 시집 출판 관계자들

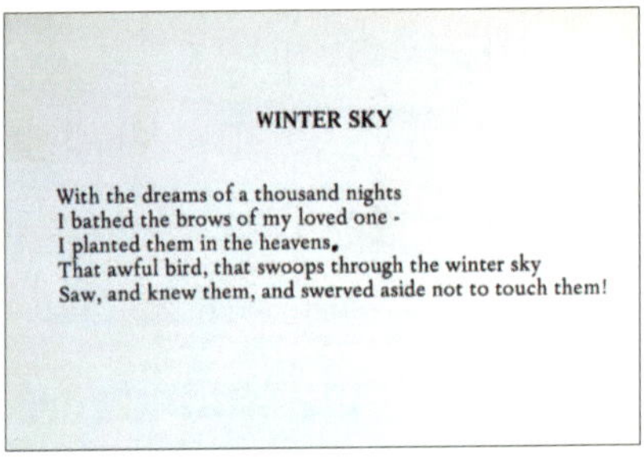

WINTER SKY

With the dreams of a thousand nights
I bathed the brows of my loved one -
I planted them in the heavens.
That awful bird, that swoops through the winter sky
Saw, and knew them, and swerved aside not to touch them!

그림 4 피천득 교수가 번역한 서정주의 「동천」

「동천」과 <헨리>의 만남은 동서 문화교류사에서 특별한 측면이 있다. 원래 이 기획은 '흑인 영감' 초상화를 보고 세계의 시인들이 그에 대한 헌정의 시를 새로 쓰는 것이었는데 서정주는 청탁을 수락해 놓고 그것이 마음대로 되지 않아 기존에 써 놓은 작품을 거기에 보냈으니 한국 속담에 '꿩 대신 닭' 격이었다. 그것도 '숭고한 휴머니즘의 발현' 계기를 제공하는 <헨리>에 비하

7 「동천」의 첫 탈고일은 1950년대 후반부터 1960년대 초반으로 추정된다. 당시 서정주는 한 여대생 제자를 짝사랑해서 「동천」을 비롯한 약 10편의 시를 창작한다. 시인의 고백에 따르면 서정주 최고의 작품이자 한국의 명시 가운데 하나인 「동천」은 '연정의 지랄병'의 산물인 셈인데 특별한 인연에 따라서 국내에 발표하기 전에 포크너의 사화집 기획에 먼저 참여하게 된다. 자세한 내용은 서정주, 앞의 책, 359~378쪽.

8 'to jung joo Suh with sincere thanks and deepest appreciation'(서정주 시인께 깊은 감사를 드립니다.)

자면 「동천」은 '연정의 지랄병'이라는 불온한 사랑의 산물이어서 성스러움과 속스러움이 기묘하게 결합하는 양상을 보여준다. 서정주의 술회를 살펴보자. 포크너 기획에 대한 피천득의 제안을 듣고 난 반응이다.

> 그래 반은 호기심으로 반은 피천득 그의 실력과 사람됨을 좋아하는 내 신뢰감으로 그걸 맡아 받아 오긴 받아 왔는데, 이 깜둥이의 설움 비슷한 것은 내게도 오래 함유량이 많은 것이라 곧잘 써질 줄만 여겼더니 막상 그 그림엽서를 꼬치꼬치 뜯어보며 시마음을 꾸며 보자니 그것도 쉽게 되지는 않았다. 나는 누가 주제를 주며 쓰라는 글이니, 남이 꾸며서 일석 끼워 주는 주석 같은 데에선 촌닭 관청에 잡아다가 놓은 것만 같이 되는 사람이어서, 그게 어느 경우에도 잘 길들지 않는다. 원고료를 제아무리 많이 줄 테니 쓰라고 해도, 그 주는 주제가 평소에 내가 잘 길들어 있던 무엇이 아니면 그저 촌닭 관청에 잡아다 놓은 것처럼 그저 푸덕거리고 푸덕거리다가 말기가 고작인 것이다.
>
> 아마 좋이 한 반년쯤 나마 나는 그것을 쓰지 못하고, 피 교수는 또 가끔 아직도 안 되었느냐고 전화로 조르고 하는 동안에 내 슬기구멍은 불가불 한 개의 젓길을 뚫을 밖에 별수가 없었다. 별것이 아니라 새로 만드는 것이 잘 안 되는 경우, 그전에 써 놓은 것 중에서라도 귀걸이를 갖다가 코에 걸면 코걸이도 되는 것을 골라 보는 그 면책의 길 말이다. 그래 나는 내 구작들을 두루두루 물색해 본 끝에 내 어줍지 못한 불혹 사련邪戀의 감정이 빚은 시 「동천」을 골라내서 그 윌리엄 포크너의 깜둥이의 슬픔의 그림에 갖다 대고 걸어 보니 어쩌면 거기에도 걸리기는 걸리는 것 같아 할 수 없이 그걸 베껴다가 피에게 주었다. 이렇게 해서 내 어줍잖은 사십 대 연정의 한 증발의 시는 우연이자 또 필연히 서방의 한 좋은 소설가의 그림에 가서 묘하게는 그 많은 거미줄 속의 한 개의 거미줄

같은 결합을 빚기도 한 것이다.[9]

서정주 자서전의 중요한 특징인 '무서울 정도의 솔직 정직함'이 고스란히 보인다. 한 여대생 제자를 짝사랑하면서 전전긍긍한 사연을 자기 최고의 대표작의 창작 계기로 고백하는 것은 '하늘 아래 부끄럽지 않으려는 자기와의 약속' 아니고서는 생각하기 쉽지 않다. '나의 작품은 철저하게 나의 체험'[10]이라는 창작 원칙에서 벗어나지 않는다는 점에서 이 고백은 중요하다.

아무튼 '시 창작의 속된 계기'와 '초상화의 숭고한 계기'가 만나게 된 것은 '성속聖俗의 진정한 조화'에 대한 탐구심을 발동시킨다. 「동천」 창작의 계기가 시인의 고백대로 비록 속스럽다 하더라도 실제로 이 작품이 세속의 속됨을 형상화하는 게 아니라 고도로 절제된 '한국인의 마음 세계'를 자연 대상물에 빗대어 표현하고 있다는 점은 그간 많이 논의되어 왔다. 「동천」은 한국어의 아름다움과 한국적 미학의 높은 경지를 탁월하게 형상화했다는 점에서 한국 최고의 서정시로 평가받는다.[11]

이제 〈헨리〉와 연관된 각 시인의 작품들이 어떤 맥락에서 해석될 수 있는지 살펴보기로 하자.

---

9 서정주, 앞의 책, 375~376쪽.
10 서정주 문학의 창작 원리 중 가장 중요한 부분이 바로 '자기체험의 시적 형상화'다. 서정주는 시 창작의 주요 요소를 '감각과 정서와 예지'의 단계적인 순서로 존중했으며(서정주, 「시의 표정과 그 기술技術: 감각과 정서와 입법의 단계」, 조선일보, 1946. 1. 20.~1. 24.) 어떤 식으로든 자기체험을 반영하여 시를 쓰는 데 주력했다. 이 원칙은 그의 스승인 석전 박한영의 시 창작 방법과 유사하고 릴케의 창작방법론과도 맥을 같이 한다. 창작방법론에 대한 세 사람 사이의 관련성에 대한 연구는 달리 검토하고자 한다.
11 대표적인 논의들을 보면 다음과 같다. 천이두, 「지옥과 열반」, 『미당 연구』, 민음사, 1994, 98~100쪽; 김재홍, 「미당 서정주: 대지적 삶과 생명에의 비상」, 『미당 연구』, 민음사, 1994, 193~196쪽; 김화영, 『미당 서정주의 시에 대하여』, 민음사, 1984, 136~141쪽.

03 ___ 서정주, 「동천」

내 마음속 우리 님의 고은 눈썹을
즈믄 밤의 꿈으로 맑게 씻어서
하늘에다 옮기어 심어 놨더니
동지섣달 날으는 매서운 새가
그걸 알고 시늉하며 비끼어 가네

— 「동천冬天」[12]

여기에서 님은 이미 인간적 속성을 벗어나 지상과 천상을 연결시키는 조화된 세계의 미적 이상理想으로 작동하며, 그것은 동양의 전통 가치로 보면 세계 구성의 주요한 세 요소인 '천지인天地人'이 결합하는 양상을 보여준다.[13] 사람의 눈썹을 하늘에 심어 놓는다는 발상이 이를 뒷받침한다. 심는 상상력은 대지의 표상이며, 님의 눈썹은 서정주에겐 사람—여성의 가장 아름다운 상징이기도 하다. 더구나 그 눈썹은 '맑게 씻은' 눈썹이다. '씻음'은

---

12   서정주, 『미당 서정주 전집』 1(시), 은행나무, 2015, 241쪽.
13   이 작품은 다양하게 분석할 수 있지만 여기서는 베트남 시인들과의 비교 연구를 위한 맥락을 존중하여 친자연적이고 생태론적인 관점을 도입하기로 한다. '천지인' 개념은 동양의 전통적인 자연론에서 발아한 것이며 한국의 건국신화와 관련해서 집중적으로 다루어지기도 한다. 「동천」을 '천지인' 사상이나 이미지로 분석하는 작업은 좀 더 정밀한 연구 과제이므로 후일로 미룬다. 다만 여기서는 자연과 인간 사이의 조화를 중시하는 맥락 차원에서 다루고자 한다. 서정주 생애의 거의 마지막 대중 강연(1997.4.11. 서울대학교 강연)에서 언급한 "인간은 누구에게나 자연에 대한 향수가 있습니다. 인간은 원래 자연을 모태로 태어났기 때문에 하늘과 땅의 정기를 크게 호흡하고 살아야 합니다." 할 때의 그 '정기 호흡'의 생태론적 상상력이 표방하는 조화와 회통의 맥락을 말한다. 서정주, 「나의 시 60년」, 『미당 서정주 전집』 11(산문), 은행나무, 2017, 372쪽 참조.

한국어 용례에서 불순하거나 더러운 것을 깨끗하게 하는 '정화'의 의미가 있고, 억울한 원한을 풀어주는 망자를 위한 '해원解寃'의 맥락도 있다.[14] 기독교의 '세례'처럼 종교적 세계로의 새로운 '입사의례入社儀禮, initiation' 뜻도 어느 정도는 있다.

'씻음'은 차원을 변화시키는 기능을 한다. 그것은 물리적 현상이라기보다 '마음, 정신, 영혼' 등의 변화를 통한 '삶의 질적 도약'의 중요한 계기다.[15] 그래서 '씻음'의 행위는 '님의 눈썹'이라는 대상만이 아니라 주체인 내 마음에 해당되기도 한다. 즉 그것은 미적 이상을 향하는 '일상적 수행'을 의미하는 '세심洗心'의 맥락이 강하다.

세심은 『주역』 「계사 상전」에 따르면 '재계齋戒', '고무鼓舞'와 함께 신명神明을 발현시키는 구체적 방식이다.[16] 여기서 신명은 '인간 개개인이 추구하는 최고의 가치'다. 신神은 '실재하는 창조주'가 아니라 인간의 마음이 감응하여 추구하는 가장 이상적인 경지이므로 신의 주체는 인간 그 자신이며 덕성론적 성향을 지님으로써 명明의 특성을 가진다. 즉 좋은 행위의 지속적 반복을 통해 본래의 밝은 심성을 밝게 드러내게 하는 게 신명의 발현인 것

---

14 죽은 이의 영혼을 씻어주는 호남지방의 '씻김굿'이 대표적이다.

15 씻김굿의 주요한 속성이 바로 이것이다. 비록 망자가 대상이지만 단순한 '부정不淨 씻기'가 아니라 죽음을 극복하려는 믿음이 강하게 깔려 있다. "사람이 죽어서 얼마간은 부정不淨하다고 믿으며, 이러한 부정은 씻어야 한다고 믿는다. 그 부정이란 단순한 물리적인 때[滅]를 의미하는 것만 아니고 종교적인 의미까지 포함한다. 물론 시체를 물로 씻는 의식이 있어서 물리적인 의미가 강하고, 또 단오 때 사람들이 물맞이를 한다든지 물리적인 의미가 그대로 종교적인 의미를 가지는 경우도 있으나, 죽은 이가 가진 때는 그런 물리적 부정과 죽음이라는 불행한 상태를 포괄적으로 상징하기도 한다고 할 수 있다. 그래서 이러한 상태를 벗어나서 해탈하여 새로운 신격으로 승화된다는 뜻에서 부정을 씻는 의미가 있기도 하다.", 한국정신문화연구원, 『민족문화대백과사전』 14, 한국학중앙연구원, 1991, 281쪽 참조. '씻음'을 통한 삶의 질적 도약의 대표적인 의례는 기독교의 세례고, 주역에서는 곧 세심이다.

16 "성인이 이로써 마음을 닦아서(聖人以此洗心) … 성인이 이로써 마음 씻고 근심을 방비하여(聖人以此齋戒) … 고무시켜 신묘함을 다하도록 하니라(鼓之舞之以盡神)", 보경문화사 편집부, 「계사 상전」 11~12장, 『주역』, 보경문화사, 1983, 592~599쪽 참조. '세심, 재계, 고무'에 대한 보다 자세한 풀이에 대해서는 곽신환, 『주역의 이해』, 서광사, 1990, 164~169쪽 참조.

이다.[17] '재계'는 의식을 거행하기 직전에 성誠·경敬을 확보하기 위한 예비단계를 가리키고, 세심은 일상적인 수양을, 고무는 신명에 이르는 가장 직접적인 방편으로서의 연행을 가리킨다. 이 세 가지 방식들이 바로 '신명에 이르는 과정'이다.

그러므로 '맑게 씻어서'는 님을 위한 헌신만이 아니라 자신을 위한 일상의 덕성론적 수행이기도 하다. 이런 과정을 거쳐서 천天과 지地와 인人은 상호회통하게 된다. 시인은 마침내 하늘에 걸린 아름다운 눈썹달에서 지상적 가치와 인간의 아름다움을 함께 보는 것이다. 이것이 「동천」이 보여주는 시적 공간의 매혹적인 비밀이며, 인간 내면에 구현되는 생태론적 구경究竟으로서의 심미적·도덕적 이상이다. 그리하여 심미적 이상을 향한 주체의 도덕적 성실함은 주체와 대상(님)이 자연 속에 함께 동화하는 완결과 통합의 세계관을 보여주게 된다.

시간 또한 신비롭다. '즈믄 밤'은 '천일千日의 밤'이지만 사실은 '많은 시간' 혹은 '길고 오랜 시간'의 뜻이다. 님을 향한 내 사랑의 항구 지속성을 표상하는 '변치 않는 감정[恒情]'을 나타내는데, 시인은 이 '변치 않는 감정'이 한국인의 독특한 마음 세계라고 믿는다.[18] 조변석개하고 좌고우면하며 시시

---

17 유교 실천철학의 방법서이자 덕치주의의 개론서인 『대학』의 첫 구절이 바로 '大學之道는 在明明德하며, 在新民하며 止於至善이니라'다. 학문의 완성을 위해 몸소 실천하며 쌓아가야 할 도리란 것은 '타고난 밝은 품성[明德]'을 '밝게 드러내야 한다[明]'는 뜻이다. 레게James Legge 영역본에는 'to illustrate illustrious virtue'로 되어 있다. 즉 신명은 형이상학적 관념론이 아니라 일상 삶에서의 구체적 실천이라는 특성을 갖기 때문에 유교의 특성이 가장 강하게 구현되는 일종의 강령이 된다. 주희가 '明明德(타고난 밝은 품성을 밝게 드러나게 해야 한다)', '新民(사람을 사랑해야 한다)', '止於至善(사리 당연함의 가치에 내 마음이 온전하게 일치해야 한다)'를 삼대강령으로 정한 것도 유교철학의 실천적 가치를 무엇보다 중시했기 때문이다. 왕부지는 주희의 '타고난 밝은 품성' 즉 '마음'의 개념을 존중하기는 하지만 '마음을 바르게 한다[正心]'는 뜻의 대상적 의미가 아니라 행위를 바르게 하는 실천적 의미를 중시한다. 여기에 대해서는 왕부지 지음, 왕부지사상연구회 옮김, 『왕부지, 대학을 논하다』, 소나무, 2005, 43~47쪽 참조.

18 "이 항정을 갖기 위해서는 거듭거듭 생각하고 또 늘 우리의 그 감정이라는 걸 다독거려 나가는 데서 될 일이지만 첫째 우리는 우리가 사랑하는 사람들에 대한 사랑에서는 절대로 변덕꾸러기가 되지 않고 그 사랑의 지조와 의리를 이어서 지켜 나가야만 한 항정인恒情人의 자격은 비로소 이루어지기 시작할 것이라고 생각된다.", 서정주, 「두 번째 집어든 사과는 배고파도 맛이 없다」, 『세계의성』, 1991.8., 63쪽 참조.

때때로 변덕스럽게 돌변하는 마음을 경계하면서 올바른 기준으로 한 번 먹은 마음을 오래 이어나가는 것. 세심의 일상수행을 끊이지 않고 지속해 나가는 것. 이런 지극정성의 세계가 「동천」의 세계인 것이다.

『중용』이 표방하는 '지성무식至誠無息'[19]의 세계, 그걸 알고 시늉하며 비끼어 가는 '매서운 새'는 '천'과 교감하는 '지성감천至誠感天'의 징표로 손색이 없다. 하늘의 사신使臣. 천상과 지상을 이어주는 헤르메스의 눈짓. 이런 '감천'의 세계는 〈헨리〉 앞에 「동천」으로 마주 선 서정주 시인의 '자기완결의 세계'에 가깝다.

서정주에게 〈헨리〉는 '깜둥이의 슬픔의 그림'이었다. 그러나 그 슬픔은 슬픔으로 그치지 않고 언제나 초월과 역설의 논리를 예비하는 성향을 가진다. 적어도 서정주 시의 문법에 있어서 슬픔, 좌절, 침몰, 실패 등과 같은 개념은 상반된 속성을 함께 지니는 특성을 보이곤 한다.

'짐승스런 웃음은 달더라 달더라 울음같이 달더라.'(「입맞춤」), '길은 항시 어데나 있고, 길은 결국 아무 데도 없다'(「바다」), '하늘의 어름짱 가슴으로 깨치며/내 한평생을 울고 가려 했더니//무어라 강물은 다시 풀리어/이 햇빛이 물결을 내게 주는가'(「풀리는 한강가에서」), '벼락과 해일만이 길일지라도/문 열어라 꽃아. 문 열어라 꽃아.'(「꽃밭의 독백」) 등이 보여주는 것은 상반된 가치가 공존하는 특이한 세계관이다.

그것은 가장 험하고 척박한 땅 수미산에서 나리꽃을 한번 피우고야 말겠다는 자존심으로 표현되기도 하며,[20] '우리 정신에 가장 근본적으로 필요한 영원성을 곧장 보는 시력'[21]으로 나타나기도 한다. 가장 끝자리인 오메가

---

19 『중용』 제4편 「성론誠論」 제7장 참조. "그러므로 지극한 정성은 그침이 없도다. 그치지 않으면 영원하고, 영원하면 징험으로 드러나도다. 징험으로 드러나면 오래 가게 되고, 오래 가게 되면 넓고 두터워지며, 넓고 두터워지면 높고 밝아지도다. 故至誠無息, 不息則久, 久則徵, 徵則悠遠, 悠遠則博厚, 博厚則高明."

20 서정주, 「내 정신에 마지막 남은 것들」, 앞의 책, 63~64쪽.

21 서정주, 「명당에 태어난 걸 축하합시다」, 『미당 서정주 전집』 9(산문), 은행나무, 2017, 131쪽.

자리에서 알파의 싹을 피우겠다는 결심이야말로 '영원성을 곧장 보는 시력'이라는 자각은 곧 양극단을 무화시키는 인식론이다. 이는 곧 마음을 다스려 자연과 조화하고자 하는 유심론의 태도에 가깝다.

지옥과 열반, 극미와 극대가 공존한다는 이런 '불이론不二論'의 세계관은 '깜둥이의 슬픔의 그림'을 대상 그 자체에 대한 느낌으로 고정시키지는 않는다. 그 슬픔 속에는 고양된 삶의 기쁨이 언제나 내재해 있으며 역동적 움직임으로 대상이나 자연과 조화하려는 주체의 자기완결적 각성이 동반되는 것이다.

「동천」이 도달한 심미적·도덕적 경지의 한 완결의 세계는 '헨리'를 바라보는 포크너의 낙관론과 상동 관계에 있는지 모른다. 그것은 어쩌면 '묘하게는 그 많은 거미줄 속의 한 개의 거미줄 같은 결합'의 중요한 의미 영역 가운데 하나일 것이다. 헨리는 누구인가? 그는 **'아무도 아닐 뿐'**인 동시에 **존재감이 있는 어떤 누군가**다.

또한 이 시는 짧은 단형시로서 정형성을 지향한다. 3음보의 리듬을 근간으로 하는 형식미가 돋보인다. 자연과 인간, 생태환경과 사람 사이의 조화를 노래의 차원으로 끌어올린다. 산문의 본질처럼, 의미를 전달하는 데 복무하지 않고 언어 그 자체의 아름다움을 빛내기 위해 사랑하는 사람의 눈썹을 하늘에 심어 달로 바꾼다. 고전주의적 조화와 균형미가 주체와 대상, 인간과 자연 사이에 함께 깃든다.

이로 보면 1960년대의 한국은 서정주의 시적 생애에서는 조화와 화해의 시대였다. 그러나 이것은 현실적 평화 속의 온존이 아니라 시인이 꿈꾸는 한 심미적 이상향에 불과한 것이기도 했다. 베트남 시인들의 시편들과 대비해 보면 그 특성이 더욱 두드러지게 드러난다.

04 ___ 호앙 추옹, 「왕관」

　　호앙 추옹Hoang—Chuong(1916~1976)은 8권의 시집과 운문 시극 두 편, 그리고 프랑스어 명시선 등의 저작의 주인공으로 소개되어 있다. 「왕관」이 어떤 계기로 헨리 사화집에 수록되었는지는 자세치 않다. 다만 작품 수록 당시가 베트남 전쟁 기간이었다는 점, 전쟁의 폭력과 현대 문명에 대한 강렬한 비판 정신이 돋보인다는 점에서 서정주의 친자연주의적 세계관과 비교된다.

> 　　잔인한 폭력이 깔깔 웃는다, 일련의 단검들이 내던져진다,
> 　　별이 총총한 창공에, 단검들이 만들어내는 빛나는 왕관
> 　　어느 날 이 지구가 갈가리 찢겨진다면,
> 　　지구를 둘러싼 방사성 반지 때문에 그런 것일까!
> 　　　　　　　　　　　　　　　　　　　　　—「왕관」

　　상징성이 높은 작품이다. 반어와 역설의 기법도 두드러진다. '깔깔 웃는 잔인한 폭력', '날카로운 단검들이 하늘에 내던져져 이룬 왕관 모양의 별들'은 <헨리>가 직면하고 있는 미국을 비롯한 지구촌의 구체적 현실(전쟁, 폭력, 광기, 차별, 환경오염)의 표상으로 읽을 수 있다. 시인은 고차원적이고 세련된 방식으로 현실의 모순과 부조리를 고발한다. '깔깔 웃는 폭력', '단검들로 만드는 빛나는 왕관'의 모순 형용은 단순한 재치나 기지가 아니라 형형한 풍자

에 가깝다. 깔깔 웃는 폭력은 결국 지구를 갈가리 찢는 주체가 되고, 별이 총총한 창공의 빛나는 왕관은 알고 보니 지구 생태계 전체를 옥죄는 방사성 반지가 된다. 짧은 시 형식 안에서 일어나는 내용상의 놀라운 반전이다.

호앙 추옹은 '헨리'의 이미지 위에 새겨진 흑인 인권 침해와 수탈의 역사 현장을 우주 차원으로 확대시켜 전 지구의 위기로 묘파하는 비판적 지성의 힘을 잘 보여준다. 인종차별주의는 곧 '잔인한 폭력, 단검, 빛나는 왕관, 지구를 갈가리 찢는 방사성 반지'의 이미지로 확산되면서 원작 〈헨리〉의 검은색과 노란색 색조의 대비 상황을 반영한다. 특별히, 헨리의 구부러진 원호圓弧형 노란 머리털이 'ROYAL CROWN'처럼 연상됨 직하다. 그런 점에서 이 시의 발상 원리는 회화적이다.

헨리는 마치 가시나무관을 쓴 '수난의 예수'처럼 보인다. 헨리가 단순히 '깜둥이의 슬픔'만을 대변하지 않는 것처럼, 수난의 예수가 오직 유대인들의 아픔만을 대변하지 않는 것처럼, '지구를 둘러싼 방사성 반지' 이미지는 헨리 문제가 미국 흑인들만의 인권 현안이 아니라 전 지구적 과제라는 걸 강력하게 암시해준다. 같은 동아시아 시인이지만 서정주에게서는 볼 수 없는 날카로운 비판 정신이 예리하다.

「동천」과 유사한 점들도 몇 가지 보인다. 하늘의 천체를 다루고 있다는 점, 그 이미지를 비유적으로 다루고 있다는 점을 주목할 만하다. 「동천」의 '사랑하는 님의 눈썹 같은 아름다운 달'은 「왕관」에서 '여러 개의 단검들로 이루어진, 지구를 둘러싸고 있는 반지 모양의 왕관' 별자리로 대체된다. 짧은 형식 속에 강렬한 회화적 이미지를 다루는 두 시인은 비슷한 방식으로 은유를 작동시키는 것이다.

포크너의 형상력도 유사한 면이 있다. 헨리의 '구부러진' 노란 머리는 아시아의 시인들에게 '왕관 별자리'의 영감을 주거나 '눈썹 같은 달'의 이미지를 자연스럽게 유도한다. 이것이 어쩌면 서정주가 말하는 '묘하게는 그 많은 거미줄 속의 한 개의 거미줄 같은 결합'일 수도 있겠다.

세상을 향한 두 시인의 태도가 사뭇 다르다는 점은 특별히 주목해야 한다. 사랑하는 님의 고운 눈썹은 폭력과 단검과 지구를 갈가리 찢는 방사성 반지 등과 대별된다. 서정주의 「동천」이 세계와의 갈등이 제거된 심미적 이상을 향한 동경의 세계라면, 호앙 추옹의 「왕관」은 세계의 모순과 부조리에 정면으로 투쟁하고자 하는 지사적 결기가 돋보인다. 서정주가 동양의 전통적인 천지인 조화론에 입각한 심미적 덕성주의를 추구한다면, 호앙 추옹은 근대 자연과학적 세계 발견의 토대 위에 문명비판적인 태도를 취함으로써 반—동양전통적 사고를 보여주고 있다.

'방사성 반지'는 현대 문명이 내재하고 있는 위험한 폭력의 극적인 상징으로서 전 지구를 둘러싸고 있다. 호앙 추옹은 그 야만적 폭력이 지구를 갈가리 찢을 수 있다는 경고를 포크너의 〈헨리〉에서 읽었을지 모르겠다.

똑같은 그림을 놓고 해석하는 두 시인의 판이한 태도가 흥미롭다. 적어도 이 사화집의 맥락에서 보면, 서정주와 호앙 추옹의 세계관은 매우 이질적이다. 그 무렵, 베트남은 미국과 전쟁을 치르고 있었다. 현실 문제에 기초한 창작 방법, 개인의 이상화된 심미적 경지의 추구보다는 삶의 구체적 현실을 반영하는 시정신의 추구가 훨씬 더 잘 받아들여지고 있다.

시의 형식은 「동천」과 같이 짧은 단형시다. 강렬한 회화적 이미지와 비유의 방법을 통해 현실을 통렬하게 비판하고 풍자한다. 4행에 불과하지만 메시지는 강하게 다가온다. 같은 베트남 시인이지만 딘 흥은 또 다른 세계를 보여준다.

05 ── 딘 훙,
「야만인의 노래」

    딘 훙Dinh Hung(1920~1967)은 작가이면서 동시에 신문과 잡지에 삽화를 그리는 화가이기도 했다. 그의 시는 호흡이 긴 서사에 의해 구축된다. 서정주나 호앙 추옹과 또 다른 면모다. 〈헨리〉의 표상은 '야만'의 이미지로 혼란스럽게 뒤엉킨다.

> 마음이 바뀌어, 나는 도시를 떠났네.
> 내 옛 영역인 신비한 자연을 포기하고서.
> 내 그림자는 인적 없는 길을 덮었지,
> 언덕과 넘나드는 길은 내 언덕 아래서 몸서리쳤네.
> 내 머리칼은 죽은 나뭇잎과 풀로 엉켰고,
> 나는 숲의 향기로 그득 찬 코트를 입었고
> 출발했고, 산 공기를 내쉬었네,
> 충혈된 눈으로 이상한 모습을 하고서.
> 내 존재는 전 우주를 두려움에 떨게 했고,
> 조그마한 시내는 언덕에 더 가까이 다가섰고,
> 도시는 내 발 아래서 꿈틀거렸네.
> 정원과 초원은 두려움에 벌벌 떨었네.
> 사람, 동물, 모든 창조물은 말문이 막혔거나,
> 공포로 가득 찬 눈으로 살금살금 도망쳤네.

깜짝 놀란, 나는 도망치는 그 그림자들을

응시할 수밖에 없었네, 아무도 남아 있지 않을 때까지.

그리고 나서 난 숲의 혼령과 얼굴을 마주 대했네

세계가 피 같은 일몰로 물들어 있을 바로 그때.

연민으로, 고통으로, 광기로 가득 찬

난 전 우주를 폭파시킬 고함을 질러댔고

그리고 야만인처럼 다시 한번 떠났네.

난 지나가는 여행자의 두 어깨를 움켜쥐었고

그에게서 진정한 모습, 진정한 향기를 찾고 싶었지만

그의 혼란스런 옷 색깔을 보았을 뿐이었네.

그의 이마는 아주 납작했는데, 그의 자존심은 어디에 있었는가?

자연스러움은 그의 이마와 얼굴 생김새에서 사라져 있었네.

내가 포옹을 할 때 내 팔로 그를 숨 막히게 했네

내가 그에게 소리치면서, 너 내 친구지?

오 문화적으로 뿌리 뽑힌 어중이떠중이의 초췌한 모습

오래전부터 자신들의 영혼을 상실한 채 있네!

나는 돌아왔지만, 너희 모두에게 소외되고,

너희 감정에 낯설고, 너희 방식에 낯설고,

내 쓸쓸한 희망을 품고―난 여전히 약간은 몽상가였기에―

내가 알고 있던 소녀를 찾아 나섰네.

그녀는 나를 보고 싶어 하지 않았고, 잠깐 동안

난 그녀의 두 눈에서 진실을 들을 수 있었네.

난 웃었지만, 그녀는 얼굴을 가렸네,

난 두 팔을 뻗었지만, 겁에 질린 그녀는 뒷걸음쳤네.

타는 듯한 고통과 자기연민으로, 포기한 채

난 사랑마저 더 이상 존재하지 않음을 깨달았네.

철주먹을 쥔 채, 두 손으로 소녀를 붙잡았네.

그리고 바라보았지, 내가 그녀를 정말로 꿰뚫어 보았음에 틀림없었네!

넌 악마 아니면, 유령이나, 요정이었니?

넌 영혼을 몇 개나 가졌니? 꿈은 몇 개나?

넌 여전히 감동할 수 있는 마음을 가졌니?

네 몸에는 꽃처럼 필 수 있는 것이 아무것도 없었니?

모든 것은 자연스러움을 잃어버렸고,

세상에서 가장 자연스러운 축복인 아름다움을 지닌 여자들마저.

불확실한 두 발로, 난 점프를 하고 웃고 웃었네,

내 사랑을 껴안고서 그녀가 열정 속에서 죽었을 때까지.

난 그러고 나서 자연, 언덕, 시내, 도시 모든 곳을 짓밟았고

내 파괴적인 본능을 실컷 발산했네.

여러 궁전과 부속건물의 파괴적인 혼란 속을,

나는 그저 계속 걸어 숲으로 되돌아왔네,

내 뒤에서 이글거리는 피처럼 붉은 태양과 함께.

―「야만인의 노래」[22]

전체 55행에 이르는 이 작품은 후앙 추옹의 상징성 높은 짧은 서정시와는 형식상으로 또 다른 세계를 재현한다. 고도의 함축미나 상징성 대신 내러티브를 도입하여 시간 추이에 따른 우여곡절을 보여주고 있다.

그의 이야기는 길을 떠나 다시 돌아오는 구조 속에 있는데 화자의 독백체는 기본적으로 문명의 야만성, 인간 본연의 야만성을 부각시키는 데 주

---

22 번역: 이광임(동국대학교 번역학연구소)

력하고 있다. 그런 점에서 보면 세계를 향한 태도는 후앙 추옹과 유사한 편이다.

두려움에 벌벌 떠는 정원과 초원, 공포로 가득 찬 눈으로 도망치는 창조물들, 피 같은 일몰로 물들어 있는 세계, 연민과 고통과 광기로 가득 찬 우주의 이미지들은 실제 세계라기보다 〈헨리〉에서 연상되는 모든 야만성의 포괄적 상징으로 읽힌다. 호앙 추옹이 보여주는 직관적 이미지의 강렬한 충격 대신 비정하고 참담한 '시간의 지속'이 둔중하게 흘러간다. 세계는 비관적이요 비극적이다. 사랑하는 소녀마저 그 몸에 꽃처럼 필 수 있는 것을 아무것도 가지지 못한다. 자연스러움을 잃어버린 세계. 천지인의 조화로운 관계가 와해된 공간. 생태계의 죽음의 그림자가 시 전체를 휩쓸고 지나간다.

> 네 몸에는 꽃처럼 필 수 있는 것이 아무것도 없었니?
> 모든 것은 자연스러움을 잃어버렸고,
> 세상에서 가장 자연스러운 축복인 아름다움을 지닌 여자들마저.
> 불확실한 두 발로, 난 점프를 하고 웃고 웃었네,
> 내 사랑을 껴안고서 그녀가 열정 속에서 죽었을 때까지.
> 난 그리고 나서 자연, 언덕, 시내, 도시 모든 곳을 짓밟았고
> 내 파괴적인 본능을 실컷 발산했네.

베트남 전쟁(1955~1975) 기간을 감안해 볼 때 이는 전쟁의 폭력성과 야만성이 내재화된 결과로 해석할 수 있으며 〈헨리〉 역시 그런 야만성에 짓밟힌 '문화적으로 뿌리 뽑힌 어중이떠중이의 초췌한 모습'으로 다가온다. 딘 홍에게 '헨리'는 '지나가는 여행자'였으며 '오래전부터 자신들의 영혼을 상실한 채 있'는 모습으로 형상화된다.

특이한 것은 야만적 폭력성의 주체를 특정 인종이나 국가 권력으로 묘파

하는 게 아니라 자기 내면으로 상정한다는 점이다. 즉 모든 종류의 야만성이 인간 본성으로부터 비롯된다는 것을 통렬하게 고발하고 있는 것이다. 이런 점들은 호앙 추옹과 같으면서도 다른 특성들이다. 호앙 추옹이 서정의 순간을 중시하는 직감의 세계를 보여준다면 딘 홍은 도시와 숲과 자연과 괴리된 개인 내면의 야만성을 형상화한다. 즉 '사건의 서술'을 중시한다. 하지만 베트남의 두 시인들은 〈헨리〉의 헌정시에서 폭력, 전쟁, 광기, 인종차별, 환경오염 등과 같은 현대세계의 문제점들을 날카롭게 비판하고 있다. 한국의 시인 서정주와 매우 다르다.

06 ── 서정주와 베트남 시인들의 차이

    이상의 논의는 우리 학계에 처음으로 공개되는 『HENRY: AN ANTHOLOGY BY WORLD POETS』 속 윌리엄 포크너의 초상화 〈헨리〉와 그 책의 서문인 「Who is HENRY?」의 맥락을 염두에 두면서, 한국의 시인 서정주의 「동천」과 베트남 시인 호앙 추옹의 「왕관」과 딘 홍의 「야만인의 노래」를 각각 어떻게 읽을 수 있는지 비교 검토해 본 것이다. 정리하면 다음과 같다.
    윌리엄 포크너의 초상화 〈헨리〉와 인연을 맺게 되는 세 시인, 서정주, 호앙 추옹, 딘 홍의 작품들을 비교해 본 결과 한국과 베트남 시인들 사이의 차이점이 명확하게 구별되었다.
    한국의 시인 서정주가 '깜둥이의 슬픔'을 극복하기 위한 방안으로서 천상과 지상과 인간의 가치를 조화롭게 결합시키는 심미적 이상의 경지를 제공했다면 베트남의 시인들은 주로 야만적 폭력성을 집중적으로 노출시키는 데 주력했다. 호앙 추옹은 짧은 서정시의 형식 속에 함축미와 상징미 그리고 반어와 역설의 기법을 동원하고 있으며 딘 홍은 이야기시 형식을 통해 인간 내면의 보편적 야만성을 부각시키는 데 애쓰고 있다.
    서정주가 동양의 전통적인 세계관, 즉 자연과 인간의 조화로운 관계를 온존시켜 그의 작품 속에서 활용하고 있다면, 베트남의 시인들은 현대사회가 직면한 훨씬 더 실전적인 문제들인 전쟁의 광기와 문명의 폐해들을 고발하는 태도를 보인다는 점에서 뚜렷하게 대별된다.

■ 부록 1: 윌리엄 포크너 서문

Who is HENRY?

"HENRY" is not O. Henry the writer or Henry the scientist. It is just a man's first or Christian name. He can lay no claim to an illustrious family, he is not of the intelligentsia, he has had little or no formal education. His wants are few, his possessions meager. No honors have come his way. He has enunciated no new or startling social, religious or political doctrine. No monuments will be erected to him and no historian will record his name. HENRY is, in fact, what the world would call "a nobody".

He will have lived and died without anyone fully realizing he had an influence on society and played an important part in the making of a better world. Henry's strength is in his soul — uncomplicated — simple, kindly and humble with a deep understanding and love of all mankind. He is never too busy to help or console anyone. Adults may not be too consciously aware of him, but children adore him, and everyone who comes in contact with him is, knowingly or unknowingly, touched and changed by the tremendous nobility and godliness of the man. HENRY is no clergyman or preacher, but, like Pope John XXIII, his life is a living example of the best of all religious and the laying of the groundwork for a better world. His daily life calls out with as much zeal for 'brotherhood and peace' as did Pope Paul VI at the United Nations. God has sprinkled a few HENRY in every country on earth and from these plantings my ultimately come the harvest.

I therefore challenge anyone who says Henry is "a nobody!" Henry is a SOMEBODY and the better world that comes will be his monument.

William Faulkner

■ 부록 2: 사화집 수록 영어 원문

WINTER SKY

With the dreams of a thousand nights

I bathed the brows of my loved one—

I planted them in the heavens.

That awful bird, that swoops through the winter sky

Saw, and knew them, and swerved aside not to touch them!

Poet *Jung Joo Suh* of **KOREA**. Suh is the author of *Poem of Flower, No Returning Bird, Shilla* and others. He was awarded the May Literary Prize.

ROYAL CROWN

Brutal Force guffaws, a chain of poniards is cast out,

In the starry firmament, they form a glittering CROWN

Should one day this Glove be broken and disintegrated,

Is it just so by a radio—active ring that surrounds!

Poet *Vu—Hoang—Chuong* of **VIETNAM**. Translation: Nguyen—Khang. Hoang—Chuong is the author of eight collections of poems, two plays in verse and several works for anthologies in french.

THE SAVAGE SONG

By a change of heart, I left for the city

Abandoning my ancient realm, Mysterious Nature.

My shadow blanketed the untrodden paths,

The hills and trans shuddered under my hills.

My hair entangled with dead leaves and glass,

I put on a coat fill with forest scent

And started out, exhaling mountain air,

With blood-shot eyes and wearing a strange form.

My presence terrified the entire universe,

The little stream snuggled closer to the hills

And the city roads wriggled under my feet.

Gardens and meadows were all shaken with fright.

Men, animals, every creature was struck dumb

Or slunk away with terror-filled eyes.

Taken aback, I could only gaze after

The fleeing shadows till no one was left.

Then I came face to face with the soul of the woods

Just as the world became dyed with the blood of the sunset.

Filled with pity, with wrath, with madness,

I burst into shout blasting the entire universe

And like a savage man, I left once again.

I grabbed a passing traveller by the shoulders,

Hoping to find in him a true image, a true scent,

But I only saw the confused colors of his dress.

Flat was his forehead: Where was all his pride?

The natural was gone from his brows and features.

My embrace stifled him in my arms

As I yelled at him: Are you my friend?

O the haggard look of a rabble culturally uprooted

Who long since have forfeited their souls!

I was back, but alienated from you all,

Alien to your feelings, alien to your ways,

In my forlorn hope—for I remained a bit of a dreamer—

I went in search of the girl I knew.

She did not expect to see me, and for a second

I could sound the truth in her eyes.

I smiled, but she covered her face,

I spread my arms, but terrified she fell back.

In my searing pain and self—pity, forsaken

I realized that even Love was no longer.

With iron fists I grasped her in my hands

And looked: How I must have seen through her!

Were you a demon, a ghost or a fairy?

How many souls did you have? How many dreams?

Did you still have a heart that could be moved?

Did your body contain nothing that could bloom like a flower?

Everything had lost its natural, even the women

With their beauty, the most natural blessing in the world.

With uncertain feet, I jumped up and laughed and laughed,

Hugging my love till she died in the midst of passion.

I then stamped on all of Nature, hills, streams, cities

And gave fill vent to my destructive instincts.

In the ravaged confusion of palaces and pavilions,

I just walked on and returned to the woods,

With a blood—red sun glowing behind me.

Poet *Dinh Hung* of **VIETNAM**. Translation: Nguyen Ngoc Bich. Hung is the author of Enchantment and The Road to Love. Besides writing poetry, he illustrates magazines and book jackets.

21장 에코뮤지엄으로서의 미당시문학관의 발전 가능성

에코뮤지엄으로서의 미당시문학관의 발전 가능성에 대한 고찰,
『한국문학연구』 36, 동국대학교 한국문학연구소, 2009.

01 ── 문학 유통 환경의 변화

문학의 생산과 향유의 방식이 달라지고 있다. 마샬 맥루한의 신조어이자 멋진 은유인 '구텐베르크 은하계'로부터 불과 한 세기도 지나지 않아 '문자라는 구텐베르크적 세계로부터의 이별'[1]을 경쟁적으로 천명하는 상황이 되었다. 인터넷의 발달과 영상 및 디지털 미디어가 가져온 변화는 문학의 성채인 '책'의 몰락에 대한 확인과 그에 따르는 발 빠른 문화적 적응이라고 보아도 무방하다.

문학은 이제 단순히 '읽는 대상'이 아니라 '소통하고 향유하는 대상'으로 발전해 가고 있다. '소통과 향유'의 가장 극적인 방식은 리터러시 주체들이 책—제국의 신민이라는 직분으로부터 해방되는 것이다. 문자와 기호들은 음성이나 영상으로 훌륭하게 대체되며, 3차원 펄프 위에 고착되는 것이 아니라 전자기 신호로 변신해 시간과 공간을 자유롭게 넘나들며 존재한다. 그리하여 모든 학습 교양인들은 이제 '문자의 집'을 수고롭게 왕래하는 천직으로부터 벗어나는 게 가능해졌다. 이들은 더 이상 책이라는 절대군주의 신민이 아니다. 군주들의 결집체인 도서관도 이제 곧 몇 대의 검색기만 갖춘 최소한의 물리적 공간으로 대체될 것이다. 문자를 '읽는 기능' 못지않게 '듣는 기능'이 중요해지며 문자의 내용을 영상으로 바꿔서 전달하는 일이 빈번해짐에 따라 '보는 기능'도 강화될 수 있다. 즉 '읽기 리터러시'에서 '보기

---

[1] 노르베르트 볼츠, 윤종석 옮김, 『구텐베르크-은하계의 끝에서: 새로운 커뮤니케이션 상황들』, 문학과지성사, 2000 참조.

리터러시'로, '지각의 대상'에서 '감각의 대상'으로, '문자 텍스트'에서 '다양한 컨버전스의 복합 텍스트'로 힘의 균형이 이동하게 될 것이다. 이것이 소통과 향유의 대상으로서 문학 텍스트가 미구에 맞이하게 되는 운명이다.

문학이 '펄프 위에 정묘하게 아로새겨진 문자들의 결합체'라는 굴레를 벗어난다면 교실에서의 문학교육의 향방도 미디어의 변화가 초래한 '운명의 나침반'의 영향을 받게 된다. 읽기를 통한 감상과 이해만이 능사가 아닌 것이다. 특정 텍스트로 학습 수용자에게 만족할 만큼의 내면화 및 맥락의 교섭을 통한 사회화를 이루기 위해서는 현 상황의 문화적 맥락을 고려해야만 하며 이때의 맥락은 거시적으로는 사회문화적 환경이 될 터이고 미시적으로는 개인의 수용 역량의 특성이 될 것이다. 요컨대 문학 텍스트의 생산과 유통의 방식은 절대상수가 아니며 다양한 변인에 의하여 조정되는 상대변수다.

극단적인 사례를 가정해보자. 이육사의 「광야」를 교수-학습할 때, 미래의 교사(또는 교사 아바타)는 3차원 공간상에 이육사 홀로그램을 초대해서 학생들과 인터뷰를 할 수 있도록 하는 프로그램을 익혀야 할지도 모른다. 정보의 수집과 선택, 여기에 창의적인 사고와 상상력이 개입하면 나머지는 테크놀로지가 해결할 과제들이다. 즉 문학이 읽기 텍스트라는 고정관념은 날아가 버리게 된다. 문학은 흥미롭고 기상천외하며 가슴 설레는 방식으로, 학습자들의 다양한 감각에 호소하면서 집중적이고 효율적으로 스며들게 될 것이다. 그 근본적인 변화의 한 모습이 바로 '문자 텍스트에서 다양한 컨버전스의 복합 텍스트로'다.

이 같은 진단이 가능한 또 다른 측면은 '문학과 삶'의 문제다. 문학적 삶은 '학교 안에서'만 이루어지지 않는다. 텍스트는 수용자와 늘 함께한다. 그런데 수용자의 삶의 경험은 대부분이 텍스트 밖에서 이루어진다. 그의 삶에서 문학 텍스트와 만나는 순간은 잠깐이지만 텍스트의 내면화 정도에 따라 만남의 질과 양도 영향받는다. 이런 상상을 해보자. 몽골을 여행하는 중에 이마로 쏟아질 듯한 밤하늘의 별들을 바라본 사람에게 문학 텍스트는 불현듯 다가온다. 윤동주의 「별 헤는 밤」이라든지, 김광섭의 「저녁에」라든지, 칸트의 묘비명 등이 찾아오는 순간 그의 삶은 텍스트와 교류한다. 밤하늘의 별들 전체를 텍스트화하는 것이다. '읽기 리터러시'가 '보기 리터러시'로 바뀌는 순간이다. 더 간명하게 말하면 '지각'에서 '감각'으로, '정신'에서 '물질'로, '텍스트 안의 경험'이 '텍스트 밖의 체험'으로 변하는 순간이다. 요컨대 문학은 적어도 삶과의 관계에 있어서만큼은 '고정된 텍스트'가 아니라 '삶과의 교류를 통한 새롭고 활동적인 체험'으로 변화해 가야만 한다.

보다 현실적인 문제도 있다. 우리가 지금 말하고자 하는 문학관의 문제가 그것이다. 문학관은 '텍스트 바깥의 또 다른 텍스트'로서 손색이 없다. 문학관은 텍스트와 관련한 자료들을 3차원 공간 속에 또 다른 텍스트로서 구현시킨, '보기 리터러시'의 핵심적인 문화 프로젝트다. 말 그대로 문학을 '볼 수 있는 곳'이다. 김유정 문학촌에 가면 김유정 텍스트의 또 다른 변이체들이 연중 내내 생성된다. 연극 공연, 농요 부르기, 김유정 소설 속의 1930년대 삶의 모습 현장 체험 등 텍스트 환경을 감각적으로 경험하는 다양한 이벤트들이 준비되어 있다. 이런 이벤트에 참여함으로써 '문학과 삶'의 교류가 내재적으로 심화되며 문학교육의 지평 또한 한층 확장된다.

심화와 확장의 구체적 사례는 문화소비자들의 욕구 변화를 잘 따라가는 것으로서 지역 홍보와 관광, 주민 소득 증대 사업의 일환으로 문학관이 운영되는 경우다. 주5일제 근무환경의 변화와 가족 단위의 여행이 활성화되면서 단순한 볼거리나 먹거리에 주목하는 방식은 쇠퇴하고 생태와 문화에 대한 능동적 체험과 지적 욕구를 충족시키려는 방식이 주목받는다. 이는 관광의 대상이 되는 각 지자체 및 지역주민들이 관광의 개념 변화를 잘 파악함으로써 가능해진 점이 있다. 봉평의 메밀꽃 축제, 함평의 나비 축제 등으로 대표되는 생태문화관광은 지역 경제의 활성화를 열망하는 주민들에게 매우 모범적인 선례를 제공하고 있으며, 문화소비자들에게도 역시 새로운 체험을 제공해줌으로써 문화 생산과 소비 사이의 상생관계를 만들어 나가는 것이다. 우리 문학관 중에는 이런 문화 프로그램을 가동할 수 있는 곳이 많다는 점에서 매우 희망적이다. 물론 미당시문학관도 경쟁력의 측면에서 밝은 전망이 보인다.

02 ___ 미당시문학관의 건축 미학과
에코뮤지엄의 실현

    미당시문학관은 그 주변 환경부터 독특하다. 시인의 생가, 유년을 보낸 마을, 텍스트(『질마재 신화』, 1975)의 현장, 텍스트의 2차 생산품으로서의 생태문화 환경, 기념관, 묘지 등이 함께 모여 있는 문화집약형 공간이라는 점에서 단연 발군이다.

    이 일대는 풍광이 아름답고 천혜의 자연환경에 대한 훼손이 거의 되지 않은 청정 공간이라는 점에서 생태관광의 최적지 가운데 하나로 손꼽힌다. 주변에 호남의 명찰 선운사가 있고, 천연 갯벌과 해수욕장 등이 많으며, 세계문화유산인 고인돌 군락, 고창읍성(모양성) 등이 자리하고 있다. 이들을 편의상 '고정형 텍스트'라 부른다. 지역 경제가 만약 관광산업의 활성화를 통해서 성장하는 쪽으로 방향을 잡는다면 이런 '고정형 텍스트'는 단순한 볼거리 기능만 제공하게 되므로 부가가치가 높은 관광기능을 새롭게 모색하는 게 바람직하다. 그 성공적인 사례가 문화적 체험을 강조하는 봉평의 메밀꽃 축제와 함평의 나비 축제 등이다. 이를 '활동형 텍스트' 혹은 '생성형 텍스트'라 부른다.[2]

---

2 이 용어가 적절한지에 대해서는 아직 조심스럽다. 그러나 공간을 텍스트의 개념으로 본다면 기존의 관광 공간은 단순한 볼거리의 성격이 강한 편이어서 새로운 기능을 생성시키기 어려운 고정형 혹은 고착형 텍스트이다. 이에 반해 다양한 문화 텍스트의 공간 이동을 통한 새로운 경험의 생성은 공간을 재탄생시킨다는 점에서 기존 공간 텍스트의 성격을 변화시킨다. 그 변화의 속성은 공간 텍스트 향유자의 활동과 체험, 그리고 문학을 비롯한 문화 텍스트와의 관계망 형성이라는 점에서 '활동성'과 '생성성'을 가진다.

문화체험으로서의 관광지의 개념을 적용하면 시인의 고향 마을이야말로 '활동형 텍스트'로서 최적지다. 이곳은 시인의 생가와 묘지와 기념관이 한데 어우러져 있는 국내 유일의 공간이다. 게다가 한국문화의 주요한 원형을 다루고 있는 『질마재 신화』의 실제 무대라는 점에서 풍성한 제2, 제3의 콘텐츠를 개발할 수 있는 곳이기도 하다. 이 문제는 다음 장에서 상술하기로 한다.

2004년부터 묘역 주변 5천 평에 국화를 심기 시작하여 국화 축제가 이어지고 있다. 이 축제는 미당을 문화브랜드로 인식하고, 그 브랜드의 최고 정점에 있는 국화를 실제 삶의 현장에 결합시키고자 하는 창의적인 아이디어에서 비롯되었다. 처음 5천 평이 5만 평으로 확장되었다가 아예 장소를 고창의 석정 온천지구로 옮겨 공간이 30만 평으로 대폭 늘어나기는 했으나 여러 가지 문제로 인해 행사의 지속적 개최가 불안정한 상황이다. 바람직한 방안은 질마재 공간 일대를 꽃밭으로 가꾸면서 공간을 점차 확장해가고 여기에 다양한 문화행사를 기획하여 세계적 수준의 문화축제를 만들어나가는 것이다.

미당시문학관은 이런 축제 공간의 가장 중심부에 자리하고 있다는 점에서 그 활용 방안에 대해서 심사숙고해야 한다. 가능성이 큰 만큼 섣부르게 결정해서는 안 될 사안들이 있다. 2001년 건립 당시에 불거졌던 예산 부족, 설계와 시공의 불일치, 감리 불이행 등의 문제들이 원천적으로 개선되지 않은데다가, 지속적인 예산 지원이 부족하여 '작가의 집'[5]으로서의 품위마저 유지하지 못하고 있는 형편이다. 조만간 개보수를 한다면, 건축의 철학과 미학이 무시된 채 실용적 기능을 강화하는 방식으로 가지 않기를 바란다.

이 건축 공간은 기본적으로 친환경적이다.[4] 주변 자연경관을 억압하지 않는 건축, 자연과 하나 되고자 하는 소박한 미학을 지향하고 있다. 게다가 원래가 학교 부지였으므로 마을의 중심부를 확보할 수 있다는 장점이 있고, 단아한 교사동과 넓은 운동장을 겸비한 학교공간의 원형을 유지하고 있다는 점에서 시인의 기념관 이미지에 잘 어울린다. 언제라도 시골마을 운동회가 열릴 것 같은 느낌을 주는 그런 소박한 공간이라는 뜻이다.

　공간 지리의 측면에서 보면 뒤로는 웅장한 소요산이 병풍처럼 둘러쳐 있고 앞에는 바다(곰소만) 건너 변산반도가 멋지게 누워 있는 형국이다. 생가는 기념관의 바로 왼쪽에, 묘소는 오른편 산언덕에 있다. 시문학관은 바로 이 사방의 한복판에―산과 바다 사이, 그리고 태어남과 죽음 사이에―꽃봉오리처럼 자리하고 있다. 건물 주위로 아주 오래된 질마재 마을이 그대로 있다. 외관이 크게 바뀌지 않은 채 잘 보존되어 있다는 점이 매력이다. 이것은 이 기념관이 장차 미당 문화콘텐츠 재생산 공정의 중심부 기능을 자연스럽게 담당할 수 있다는 전망을 가능하게 한다.

　건축은 단층 교사동을 그대로 유지하는 기본 이념을 고수한다. 시골학교의 원형을 보존하자는 뜻이다. 이는 앞바다의 수평선을 닮았으며 음양적

3　이 개념의 기원은 프랑스다. 프랑스에서는 '문학관'이라는 명칭보다 '작가의 집'을 선호하는데, 이는 특정한 예술적 개성을 존중하는 문화 전통을 반영한 때문인 듯하다. 게다가 이 개념은 문학관의 활용 가능성을 높이는 데 기여하고 있는 것으로 평가된다. 미셸 플로는 1996년에 문화부에 제출한 「작가의 집에 대한 성찰과 제안」이라는 제목의 보고서에서 다음과 같은 견해를 밝히고 있다. "작가의 집은 역사적 건물이나 박물관일 수도 있고 도서관의 한 부분일 수도 있다. 동시에 이 모든 것들일 수도 있고 그중 아무것에도 해당하지 않을 수도 있다."(윤학로·김점석, 「프랑스 문학관의 운영현황과 전망」, 『한국프랑스학논집』 51, 한국프랑스학회, 2005, 415쪽.) 이 개념을 원용하면 '미당의 집'은 프랑스 유명 문인들의 경우처럼 여러 곳에 존재하게 된다. 그의 생가, 기념관, 1만 점 이상의 유품이 보관되어 있는 동국대학교 도서관, 그리고 생애 마지막 30년을 보낸 남현동 자택 등이 여기에 해당한다. 이런 상황에서는 모든 '미당의 집'들의 네트워킹이 제일 중요하다. 각 지자체나 주관기관들이 개별적으로 '미당의 집'의 주인 행세를 하며 운영하는 것이 아니라 '미당의 집'이라는 문화브랜드의 일원으로서 공동으로 노력하는 의무를 가지는 것이 바람직하다.

4　여기에 대해서는 윤재웅, 「시와 건축의 서정성: 미당시문학관」, 『플러스』 200, 2003년 12월호 참조.

으로 보면 음의 원리를 따른다. 가운데 5층 전시동은 건축가의 철학이 반영된 경우다. 원형을 변형시켰는데 그곳의 자연을 모방하는 방식을 취했다. 즉 소요산을 닮았으며 양의 원리를 따른다. 전시 기능과 함께 자연 풍광 전망 기능을 아울러 가지고 있다.

그림1 봉암초등학교 선운 분교를 개조한 미당시문학관 전경. 뒤가 소요산이다.

그림2 미당시문학관 후면부. 전방의 산줄기는 곰소만 건너에 있는 변산반도.

이런 맥락에서 보면 이곳 생태환경에서 가장 중요한 산과 바다의 형상을 단순한 기호로 재탄생시킨 산물이 바로 미당시문학관인 셈이다. 단순 소박함 속에 자연에 순응하고자 하는 겸손한 건축물, 전시와 전망을 함께 제공함으로써 유품으로서의 텍스트들과 자연 텍스트를 조화롭게 결합시키는 건축물이다.

문학기념관의 건축 미학이 기본적으로 이런 배경 위에서 구체화되었을 때 생태문화 체험 공간으로서의 에코뮤지엄의 기능은 한층 탄력을 받는다. 자연을 존중하고 자연과 하나 되고자 하는 이 정신이 바로 향후 모든 문화 활동의 기본이자 핵심이 되기 때문이다. 그러므로 미당시문학관의 활성화 방안은 가장 한국적인 동시에 개성이 강한 미학을 반영하고, 미당 텍스트가 감각적 체험으로 환원되어 향유되어야 하며, 지역의 생태환경을 최적화할 수 있는 에코뮤지엄으로서의 기능 실현에 목표를 두어야 한다.

에코뮤지엄은 프랑스어 '에코뮈제'의 영어번역어로서 실체 개념이 아니라 관계의 개념이다. '생태박물관' 정도로 번역이 되겠지만 아직 그리 자연스럽지는 않다. 실체가 아니므로 그 기능이 매우 다양하고 정의하기가 쉽지 않다. 최소한의 기본 원칙에 대한 논의를 살펴보면 다음과 같다.

에코뮈제의 주요 이념은 '지역', '주민', '환경' 등의 단어로 요약될 수 있다. '지역'이 중요한 것은 에코뮈제가 기존의 박물관과는 달리 모든 대상을 "있는 그 자리에 그 상태대로" 보존하기 때문이다. 그리하여 '소장품'이라는 말보다는 '대상'이라는 말이 사용된다. '주민'은 에코뮈제의 설립과 운영에 가장 직접적으로 참여하는 주체이다. 지역 정체성의 보존을 궁극적인 목표로 하는 에코뮈제에서 지역 주민의 참여는 가장 중요한 관건이라 할 수 있다. '환경'은 해당 지역의 자연적, 문화적, 사회적 환경을 모두 포함한다. 따라서 에코뮈제는 단일한 특정 문화시설을 가리키기보다는 인접 지역의 여러 문화시설과 연구시설, 자연환경, 주민단체를 결합시킨 연합체를 일컫는다.[5]

일본의 에코뮤지엄 연구가인 오하라 가즈오키의 경우도 이와 유사한 개념을 설정하고 있다.

에코뮤지엄의 이념에서 우선 중요한 특징은 어느 특정의 '영역territory =지역'을 중요한 대상으로 삼고 있다는 점이다. 이 특징에서 두 가지 측면을 생각할 수 있다. 하나는 지역사회 주민과의 일체화를 위한 '수단적 특징', 즉 '주민의 주체적 참가'이며, 다른 하나는 지역 내의 각종 유산 보전을 위한 '형태적 특징', 즉 '유산의 현지 보전'이다. '영역'이라는 기본 개념 아래에 양자를 겸비하고 통합화한 존재가 에코뮤지엄이라고 할 수 있다.

---

5 윤학로·김점석, 「프랑스 문학관의 설립배경과 발전과정」, 『프랑스문화예술연구』 14, 프랑스문화예술학회, 2005, 176쪽 참조.

- H(heritage): 지역의 자연환경, 문화유산, 산업유산 등을 현지 보존하는 것
- P(participation): 주민의 미래를 위해서 주민 자신의 참가에 의한 관리운영
- M(museum): 박물관 활동

위 세 가지 요소가 균형이 잘 맞고, 일체적으로 밀접한 네트워크가 짜여 있는 것이 가장 이상적인 모습이다.[6]

'지역, 주민, 환경' 혹은 '유산보전, 주민참여, 박물관 활동' 등으로 요약되는 에코뮤지엄의 기본 개념은 문화 활동의 영역이 매우 다양하고 변화가 가능하기 때문에 외연이 확장되는 것은 당연하다. 예컨대 '박물관 활동'의 경우도 단순한 건축공간의 기능을 넘어서는 게 예사다. '지역 전체가 박물관'이라든가, '문화재 보호지역'이라든가, '지붕 없는 박물관' 등의 개념이 이런 경우에 해당한다. 봉평의 에코뮤지엄은 '이효석 문학관'에 국한되는 것이 아니라 메밀꽃 흐드러지게 피어 있는 봉평장터 근처 모두가 해당되는 것이다. 그리하여 이효석 문학 텍스트 「메밀꽃 필 무렵」은 텍스트 바깥으로 튀어나가 '보여주는 문학관' 혹은 '느끼는 문학관'으로 탈바꿈함으로써 향유자들에게 구체적이고 감각적인 체험을 제공하게 된다. 이것은 문학 유통 과정에서 생성되는 차세대 에코뮤지엄의 매우 중요한 기능이다. 교실 내에서만 배우고 마는 문학이 텍스트에 갇혀서 어느 틈엔가 독자들의 삶에서 떠나게 된다면 이는 문학의 장래를 위해서도 바람직하지 않을 것이다. 다매체 시대, 변화의 속도가 너무도 빠른 뉴미디어 시대의 환경에서 문학 리터러시가 스스로 생존 경쟁력을 강화하는 방편을 모색한다면 에코뮤지엄은 그 좋은 사례가 될 것이다.

---

6 오하라 가즈오키, 김현정 옮김, 『마을은 보물로 가득 차 있다』, 아르케, 2008, 31쪽 참조.

다음으로 중요한 것은 주민들의 직접적인 참여의 질적 성취도다. 한국형 에코뮤지엄의 기원을 '이효석 문학관'과 '함평 나비 축제'로 볼 수 있다면, 이 양자는 뛰어난 사회적 성취에도 불구하고 '관 주도형' 문화행사라는 한계를 가지고 있다는 점에서 '문화의 지방화'는 이루었을지라도 '문화의 민주화'는 요원한 상태다. 그러므로 어느 정도 성취 단계에 올라서면 주민들의 자치 역량에 의해 움직일 수 있도록 배려하는 방안을 적극적으로 검토할 필요가 있다. 그래야 '문화 민주주의'의 적극적인 실현이 현실화된다.

생태환경은 물론 에코뮤지엄에서 가장 기본이 되는 요소다. 이는 지역의 특성을 가장 잘 살릴 수 있는 환경을 보전하는 것에서부터, 문화콘텐츠를 활용한 생태관광으로 연결시킬 수 있는 환경의 조성, 혹은 함평 나비 축제의 경우처럼 그 창의성과 희소성으로 인해 경쟁력을 확보하는 경우 등으로 분류할 수 있다.

이 모든 사례의 공통점은 '공간 텍스트가 문화적 향유의 대상'이라는 점이다. 즉 지리적 공간으로서의 '지역'이 단순한 볼거리 제공지의 차원에서 지적, 감성적 욕구를 충족시켜주는 공간으로 재탄생하는 것이다. 이 개념을 가장 단순하게 표현하면 '마을 만들기'다. 마을 만들기는 주민 자치에 의한 문화 민주주의의 생성과 그 확장의 성격을 가지며 지역의 생태환경 요소를 최대한 존중해야 한다. 아니면 그 지역과 관계되는 문화콘텐츠를 흡수 활용함으로써 '향유'의 본질을 유지해야 한다. 지역의 문화산업이 주민들의 소득 증대로 이어진다는 막연한 믿음 아래 각종 축제 경연대회를 여는 지자체들의 움직임이 최근에 제동 걸리는 이유도 이런 '향유'의 본질을 간과했기 때문으로 진단할 수 있다. 특별한 개성도 없이 지역의 특성도 반영되지 않은 축제들이 난무하다가 소멸하고 마는 것은 관련 문화콘텐츠나 생태환경의 중요성에 대한 기본 인식의 결여라고밖에 볼 수 없는 것이다.

이런 맥락들을 종합해서 보면 미당시문학관은 에코뮤지엄으로서의 발전 가능성이 매우 높다고 평가할 수 있다. 이 '향유의 공간'이 생태문화관광의 명소가 되기 위해서는 주변의 자연경관을 활용하여 국화 꽃밭을 매력적으로 조성하고 텍스트의 구체적 현장인 질마재 마을 전체를 제2차 3차 문화 생산품으로 변환시키는 노력이 필요하다. 이런 기초 투자는 물론 1차적으로 주민들을 위해서다. 주민들이 아직 문화 민주주의에 익숙하지 않으므로 초기 단계에서는 기반을 조성하는 것이 어느 정도 불가피하다. 지자체, 나아가 국가 차원의 문화 기획이 필요한 시점이다.[7]

에코뮤지엄의 성공적인 조건은 명백하다. 기본적으로 주민생활과 연계되어야 하며, 그들의 소득을 향상시킬 수 있어야 하고, 각종 프로그램을 개발하고 운영하여 지역의 문화수준을 끌어올릴 수 있어야 하며, 이에 따라 자연스럽게 지역 홍보가 가능해져서 사람을 더 불러들일 수 있는 선순환 구조를 구축해야 하는 것이다.

이렇게 되기 위해서는 기본적으로 지역의 특성과 장점이 발굴되고 소통되고 향유되는 과정을 거쳐야 한다. 또한 이 특성과 장점은 독보적인 경쟁력이 있어야 하며 인근의 생태문화 조건과 상승작용을 일킬수록 좋다. 예컨대 미당시문학관은 선운사, 고인돌 군락 등과 연계하여 '가장 한국적인 내러티브'를 생성시킬 수 있는 최상의 문화콘텐츠로서 손색이 없다. 여기에 대한 전망은 주민들 스스로 참여해서 혹은 민관합동으로, 또는 여기에 전문 연구기관으로서의 대학이 가세하여 모색하는 방안이 있다. 어느 방향을 선택한다 하더라도 지역의 소득 증대와 문화수준 제고에 도움이 되고 우리 사회의 삶의 질을 높이는 데 기여하리라는 점은 의심의 여지가 없다.

---

[7] 오늘날 우리 사회가 당면하고 있는 주요한 어젠다 중의 하나인 국가의 균형 발전은 개발 낙후 지역에 관공서를 옮긴다거나 기업을 옮기는 단순한 발상으로부터 벗어나서 그 지역의 특성에 맞는 산업을 기획함으로써 새롭게 모색할 수 있다. 농어촌의 1차산업 재료들이 단순 소비재가 아닌 고부가가치의 서비스산업 대상으로 발전할 수 있다는 사례는 그 좋은 증거들이다. 함평의 나비 축제, 봉평의 메밀꽃 축제, 고창의 청보리 축제 등은 '그린 투어리즘'이라는 새로운 가능성을 산업화 낙후 지역에 성공적으로 정착시킨 사례로 평가할 수 있다.

03 ___ 질마재 문화콘텐츠의 개발[8]

질마재 마을은 『질마재 신화』(1975) 텍스트의 현장공간이다. 그러나 순수하게 텍스트의 현장공간이라는 점 때문에서가 아니라 그 텍스트가 가지고 있는 독특한 문화적 성격 때문에 주목해야만 하는 공간이기도 하다.

이 공간 성격의 중요한 첫 번째 요소는 역사성이다. 『삼국유사』 속의 내용과 형식을 현대적으로 활용하고 있다는 점에서, 그 역사적 정체성의 기원을 천 년 이상 끌고 올라가는 특징을 보여준다.

일연 스님이 정사에 기록하기 어려운 이야기(신기하고 이상한 이야기)를 일컬어 '유사遺事'라 하여 채집하고 기록했듯이, 미당 역시 자기 고향 마을의 신기하고 재미있는 이야기를 '신화神話'라는 이름으로 재현하고 있다.[9] 특이하

---

[8] 이 주제에 관한 최초의 논의는 2005년도 미당문학제의 학술회의에서 제기되었다. 『질마재 신화』 출간 30주년을 기념하여 기획된 일련의 학술논문 발표 자리에서 당시 동국대학교 홍기삼 총장은 세미나의 전체 성격을 이끌어 가는 기조강연을 한 바 있다. 이 원고는 여러 가지 뛰어난 시사점을 제공한다는 점에서 주목을 받았으나 이후 학술지에 게재되지 않고 묻혀 있어서 이 기회를 통해 주요 내용을 간략히 소개하고자 한다. 질마재 텍스트에 대한 문학적 해석의 골간은 윤재웅의 『미당 서정주』(태학사, 1998);「『질마재 신화』의 내러티브 연구」(『내러티브』 8, 한국서사학회, 2004.2.);「심미적 인간과 제의적 인간」(『내러티브』 9, 한국서사학회, 2004.10.) 등에 기초하고 있으며, 이런 바탕 위에서 문화콘텐츠로서의 질마재 개발에 최초로 주목한 기획이라는 점에서 기억할 만하다.

[9] 이야기로서의 신화는 서정주 특유의 맥락에서 보면 청중들이 재미있어 하는 '묘한 이야기'(이 용어는 서정주의 용어로서 시집 간행 직후 김주연과의 인터뷰에서 나온 것이다. 자세한 것은 김주연,「이야기를 가진 시」,『나의 칼은 나의 작품』, 민음사, 1975, 11쪽 참조)를 가리킨다. 이런 특성은 서정주 시의 역사에서 중요한 변화를 이끌어 내게 된다. 문학의 소통 방식에 대한 각성이 본격적으로 제기되었다는 점에서 중요하다. 즉 이 텍스트는 독자와 보다 친밀하게 소통하기 위해서 구연과 연행의 방식을 추구한 결과 경험세계의 재현이라는 서사의 본질에 충실한 담론으로 발전하게 된다. 이런 점은 2차, 3차 혹은 그 이상의 다양한 예술 장르 및 미디어 장르로의 발전 가능성을 열어두고 있으며, 텍스트에 내재되어 있는 사건성 때문에 수용자들이 직접 역할놀이를 하기에도 쉽다는 장점이 있다. 이는 에코뮤지엄으로서의 '미당시문학관'이 '활동형 텍스트'로 진화할 수 있는 중대한 조건을 제공한다.

고 이상한 사람들이 등장하긴 하지만 대개의 경우 이들은 현실초월적인 캐릭터라기보다는 건강한 육체의 소유자거나 심미적인 인간형들이다. 그리고 이들은 '유사' 속의 인물인 동시에 '신화' 속의 인물들로서 초역사적 연관을 가진다. 말하자면 이런 식이다.

> 소자小者 이 생원네 무우밭은요. 질마재 마을에서도 제일로 무성하고 밑둥거리가 굵다고 소문이 났었는데요. 그건 이 소자 이 생원네 집 식구들 가운데서도 이 집 마누라님의 오줌 기운이 아주 센 때문이라고 모두들 말했습니다.
>
> 옛날에 신라 적에 지도로대왕은 연장이 너무 커서 짝이 없다가 겨울 늙은 나무 밑에 장고만 한 똥을 눈 색시를 만나서 같이 살았는데, 여기 이 마누라님의 오줌 속에도 장고만큼 무우밭까지 고무시키는 무슨 그런 신바람도 있었는지 모르지. 마을의 아이들이 길을 빨리 가려고 이 댁 무우밭을 밟아 질러가다가 이 댁 마누라님한테 들키는 때는 그 오줌의 힘이 얼마나 센가를 아이들도 할 수 없이 알게 되었습니다. "네 이놈 게 있거라. 저놈을 사타구니에 집어넣고 더운 오줌을 대가리에다 몽땅 깔기어 놀라!" 그러면 아이들은 꿩 새끼들같이 풍기어 달아나면서 그 오줌의 힘이 얼마나 더울까를 똑똑히 잘 알밖에 없었습니다.
>
> ─「소자 이 생원네 마누라님의 오줌 기운」[10]

품위 있는 음담이자 생명과 건강과 풍요를 예찬하는 세속담의 일종인 이 시는 전통 농경사회에서는 어디에서나 일어날 법한 사건의 세계를 보여주고 있으며 유머를 중요한 속성으로 가지고 있다. 그런데 시인은 이 세계에

---

10 서정주, 『미당 서정주 전집』 2(시), 은행나무, 2015, 30쪽.

서 『삼국유사』의 모습을 겹쳐놓고 본다. 두 세계를 상동구조 속에 놓고 이해하려는 것이다. 시인의 관심은 가난에 쪼들린 볼품없는 촌사람들에 있는 것이 아니라 활력이 넘치는 초역사적 인간 본성에 있다. 게다가 신라와 현대, 경주 모량牟梁과 고창 질마재가 '욕망·건강·풍요' 등의 정체성으로 결합함으로써 시간과 공간이 시인의 상상력에 의해 보편적 민중 속에서 합쳐지는 특수한 사례를 보여준다.

일상의 비근한 풍경들에서 한국적 정체성의 주요한 한 실체를 파악하고 거기에 영속성을 부여하는 문학적 작업은 적어도 『질마재 신화』 이전에는 찾아보기 어렵다. 그런 점에서 이 시집은 '시인의 창의적 해석 능력이 일상의 세계를 압도하는 일종의 문화적 도전'으로 평가할 만하다. 그리고 또한 질마재 농경사회의 전근대적 풍경들은 도시에 비해 상대적으로 버림받은 농촌의 모순과 피폐한 삶을 고발하는 데 있지 않고, 역사를 재현하여 한국적 정체성을 확인하는 도구로서 주로 기능한다. 서정주에게 질마재의 풍경들은 현실이 아니라 미학의 원천이었던 것이다. 이런 것들은 『질마재 신화』가 가지는 중요한 문화사적 의의임에 분명하다.

또 다른 요소는 이 공간이 심미적 인간의 마을이라는 점에 있다. 이 시집을 통해 미당이 현실을 이해하는 방식은 이채로운 점이 많다. 심미적 가치가 구성되지 않는 현실은 어떤 경우에도 텍스트 속에 재현되지 않는다는 점이 가장 두드러진다. 33편 어느 하나 예외가 없다. 현실에 아름다움의 의미를 부여하는 일이 예술가의 창의라면 『질마재 신화』는 이런 맥락에서 창의적이다. 짐승을 수간했다고 오인받아 마을을 떠난 총각을 성인聖人이라 조용히 불러보는 화자(「소×한 놈」), 앉은뱅이 사내를 '신선 재곤이'라고 부르는 마을 사람들의 역설(「신선 재곤이」), 해일 밀려든 외가댁 풍경 묘사를 통해 젊은 날 바다에 나가 돌아오지 않는 남편을 맞이하는 할머니의 모습을 그리는 장면(「해일」) 등등이 대표적이다. 더 적극적이고 역설적인 경우도 있다.

질마재 상가수의 노랫소리는 답답하면 열두 발 상무를 젓고, 따분하면 어깨에 고깔 쓴 중을 세우고, 또 상여면 상여머리에 뙤약볕 같은 놋쇠 요령 흔들며, 이승과 저승에 뻗쳤습니다.

그렇지만, 그 소리를 안 하는 어느 아침에 보니까 상가수는 뒷간 똥오줌 항아리에서 똥오줌 거름을 옮겨 내고 있었는데요. 왜, 거, 있지 않아, 하늘의 별과 달도 언제나 잘 비치는 우리네 똥오줌 항아리, 비가 오나 눈이 오나 지붕도 앗세 작파해 버린 우리네 그 참 재미있는 똥오줌 항아리, 거길 명경明鏡으로 해 망건 밑에 염발질을 열심히 하고 서 있었습니다. 망건 밑으로 흘러내린 머리털들을 망건 속으로 보기 좋게 밀어 넣어 올리는 쇠뿔 염발질을 점잖하게 하고 있어요.

명경도 이만큼은 특별나고 기름져서 이승 저승에 두루 무성하던 그 노랫소리는 나온 것 아닐까요?

─「상가수의 소리」[11]

상가수의 신원은 예술가다. 그는 이승과 저승을 잇는 특별한 노래꾼이므로 아마도 질마재 최고의 가수일 것이다. 그런데 이 최고의 가수가 갑자기 세속적 인간으로 확인된다. 알고 보니 그는 뒷간 똥오줌 항아리를 옮겨내는 평범한 시골 남정네였던 것이다. 수사학적으로 보면 반전의 묘미가 있다. 그리고 이것은 다시 역설의 미학으로 발전한다. 항아리 속의 똥오줌은 단순한 배설물이나 거름이 아니라 미적 상징인 거울로 바뀐다. 게다가 그 거울은 특별나고 기름지다. 그런 이유 때문에 평범한 시골 남정네가 이승과 저승을 잇는 최고의 가수가 된 것이라고 시인은 능청을 떤다.

속됨과 성스러움, 추함과 아름다움의 경계는 이 시에 없다. 마치「선운사

---

11 서정주, 앞의 책, 29쪽.

동구」라는 시에서 신성한 사찰공간인 '선운사'와 세속의 표상인 '막걸릿집 여자의 육자배기 가락'이 함께하는 모습과 비슷하다.

배설물이 아름다울 수 있다는 발상을 괴이한 시적 변용쯤으로 이해할 수도 있다. 그러나 배설물이 심미적 기능을 가지는 경우를 우리는 서정주 텍스트 이외의 20세기 텍스트에서는 좀처럼 볼 수 없다는 사실을 진지하게 생각해 볼 필요가 있다. 앞의 인용시에서도 비슷한 경우를 볼 수 있지만, '하늘의 별과 달도 잘 비친다는 소망(똥깐) 항아리'의 경우도 마찬가지다. 마을의 무지렁이 농군들마저 시인에게는 심미적 인간이었던 것이다.

> 이것에다가는 지붕도 휴지도 두지 않는 것이 좋네. 여름 폭주하는 햇빛에 일사병이 몇천 개 들어 있거나 말거나, 내리는 쏘내기에 벼락이 몇만 개 들어 있거나 말거나, 비 오면 머리에 삿갓 하나로 웅뎅이 드러내고 앉아 하는, 휴지 대신으로 손에 닿는 곳의 홍부 박잎사귀로나 밑 닦아 간추리는—이 한국 '소망'의 이 마지막 용변 달갑지 않나?
> '하늘에 별과 달은
> 소망에도 비친답네.'
> 가람 이병기가 술만 거나하면 가끔 읊조려 찬양해 왔던, 그 별과 달이 늘 두루 잘 내리비치는 화장실— 그런 데에 우리의 똥오줌을 마지막 잘 누며 지내는 것이 역시 아무래도 좋은 것 아니겠나? 마지막 것일라면야 이게 역시 좋은 것 아니겠나?
> —「소망(똥깐)」[12] 중에서

이것은 '혼교魂交'와 '영통靈通' 등의 개념으로 초월적 형이상학을 추구했던

---

12 서정주, 앞의 책, 52쪽.

서정주의 또 다른 일면이다. 인간의 몸에 주목하는 모습을 이 시집 전반에 걸쳐 확인할 수 있다. 결국『질마재 신화』의 중요한 화두 중 하나는 육체며, 그것도 저 고대 선조들의 쾌활하고 씩씩한 욕망의 역사적 재현체로서의 육체다. 미당은 이 육체에 성적 보편성, 역사성, 그리고 심미성을 부여하는 데 주력한다.

그리하여 번민과 방황의 젊은 시절 그가 꿈꾸었던 강건하고 유쾌한 생명의 모습이 30여 년을 지나 마침내 특이하게 드러난다. 질마재라는 한국의 전형적인 전통마을에서 미당이 발견한 것은 건강한 육체적 인간인 동시에 심미적 인간이다. 그들은 민주사회의 시민으로서의 근대인이 아닌 초월적 본성을 지닌 신화시대의 인간이며 동시에 기호로서의 인간이 아닌 신비한 육체를 가진 존재들이다. 이 또한『질마재 신화』가 지니는 중요한 문화사적 의의다.

그 신화적 이야기의 흔적들은 실제로 존재한다. 생가, 외가, 간통사건이 일어난 우물, 소자 이 생원네 무우밭, 눈들 영감 집터, 단골무당네 집터, 알뫗집터, 한물댁 집터……

마을의 모습이 서정주가 술회한 기점 이래, 즉 지난 100년간 크게 변형되지 않은 채 그대로 보존되고 있다는 점이 기적이다. 따라서 이 공간들을 문학적 공간으로 복원하는 일이 필요하다. 그것은 질마재 문화콘텐츠의 개발과 긴밀한 관계가 있다.

질마재 문화콘텐츠는 서정주의 삶과 예술을 고급한 문화유산으로 만들어 많은 사람들이 그 문화유산을 향유하도록 하는 21세기의 새로운 문화개념이다. 지역성, 향토성, 독립성, 역사성, 보편성, 심미성 등등의 여러 분야에서 이 콘텐츠는 경쟁력이 월등하다. 지역사회에서는 문화관광 자원 개발을 통한 소득 증대 사업으로 연결할 수 있고, 일반인들에게는 예술과 현실 삶의 관계를 확인해 보는 새로운 경험을 제공하게 될 것이다.

질마재 문화콘텐츠는 한국문화의 원형과 정체성을 재미있는 방식으로 형상화한 미당의 자산이자 후대인들을 위한 그의 귀한 선물이다. 그러므로 콘텐츠 개발과 그 활용은 이제 지역민들과 문화를 사랑하는 모든 이들의 흥미롭고 유익한 당면과제가 될 것이다.

그림 3 미당 외가터 근처에 세워진 조형물

그림 4 「상가수의 소리」의 주인공 형상물

그림 5 「눈들 영감의 마른 명태」의 주인공 형상물

그림 6 「소자 이 생원네 마누라님의 오줌 기운」의 주인공 형상물

04 ___ 공간 기능의 새로운 변혁

　미당시문학관은 이 공간의 중심에 있다. 이곳이야말로 시인의 집이다. 텍스트의 수집과 선별, 그리고 연중 전시기획이 이 공간을 중심으로 생성되어야 하며 문화의 재생산 프로그램을 여기에서 준비해야 한다. 그러기 위해서는 고급한 인력과 풍부한 재정이 확보되어야 하고 콘텐츠의 창의적인 활용이 뒤따라 주어야 한다.

　국화 꽃밭을 지속적으로 조성하고 그 규모를 확장해 나가는 것은 생태문화관광이라는 측면에서도 충분히 매력적이다. 고창의 석정 지구에서 열린 2008년 국화 축제에 120만 명 이상이 다녀갔다는 통계는 참고할 만하다. 질마재와 안현 마을(돋음볕 마을) 일대를 최고의 국화 꽃밭으로 조성하고 관련된 문화콘텐츠를 활성화하는 방안을 공론화할 필요가 있다. 전국 규모의 시 낭송 대회, 미당 시 암송 대회, 국화 누님 선발 대회, 창작 가곡 경연 대회, 시화 그리기 대회 등을 기획할 수 있다.

　질마재 마을 자체도 새로운 콘텐츠의 개발을 통해 면모를 바꿀 수 있다. 현재 텍스트의 구체적 현장들에 대한 지정 복원 작업이 이루어지고 있다. 생가, 외가, 「간통사건과 우물」 현장인 우물터, 도깨비집 등이 지정되거나 복원되어 가는 중이다. 그러나 이보다 더 부가가치가 높은 생산물은 1차 텍스트를 가공해서 또 다른 예술 텍스트로 발전시키는 것이다. 예컨대 『질마재 신화』 속의 텍스트들을 기초로 인형 제작 전시, 연극 및 뮤지컬 공연, 창작 판소리, 영화 제작, 관광객이 직접 참여하는 역할극 놀이 등을 기획할 수 있다. 인형 제작 전시는 시문학관 전시 공간을 활용하면 되고, 각종 공연은 운동장에서 이루어질 수 있다. 밀양연극제의 경우처럼 연극 축제를 하되 꽃 피기 전인 여름철을 활용하는 방안도 있고, 뮤지컬 제작 및 공연의 경우는 고창군이나 전라북도 차원에서 작품 제작을 전문가에게 의뢰하는 방안이 있다. 이 모든 문화콘텐츠들은 친환경생태, 육체의 건강한 아름다움, 한국의 정체성에 대한 탐구 등을 공유한다는 점에서 그 가치가 크다.

또한 가장 한국적인 콘텐츠를 보여줄 수 있다는 점에서 미당시문학관의 에코뮤지엄으로서의 가능성은 점차 세계적 규모를 지향할 수도 있다. 한국의 해학과 슬픔, 능청과 여유, 한과 신명 등의 다양한 미적 범주들이 복합적으로 재생산되고 소비될 수 있는데 이는 문화생산품의 새로운 가능성에 대한 주민들의 의욕과 열정, 그리고 지자체나 국가의 미래지향적 정책 결정력이 관건이 된다. 이렇게 되기 위해서는 무엇보다도 텍스트에 대한 섬세한 내면화 과정이 필요하고 문화콘텐츠의 활용 가능성에 대한 믿음이 있어야 한다. 지금으로서는 대학 차원에서 종합 보고서를 만들어 주민들과 지자체 혹은 국가의 동의를 얻는 방법이 효율적이 아닐까 한다. 질마재 공간의 새로운 탄생이 이제 바로 우리 앞에 있다.

참고문헌

12장 바람과 풍류

김용옥, 『나는 불교를 이렇게 본다』, 통나무, 1989.
김우창, 「한국시와 형이상」, 『궁핍한 시대의 시인』, 민음사, 1977.
김윤식, 「역사의 예술화」, 『현대문학』, 현대문학사, 1963.
김인환, 「서정주의 시적 여정」, 『문학과 지성』, 문학과지성사, 1972.
서정주, 「현대조선시약사」, 『현대조선명시선』, 온문사, 1950.
_____, 『서정주문학전집』 2·4, 일지사, 1972.
오세영, 「생명파와 그 시 세계」, 『20세기 한국시 연구』, 새문사, 1991.
유종호, 「소리 지향과 산문 지향」, 『작가세계』, 세계사, 1994.
천이두, 「지옥과 열반」, 『서정주 연구』, 동화출판공사, 1975.
황종연, 「신들린 시, 떠도는 삶」, 『작가세계』, 세계사, 1994.

13장 지방색 문제

김명인, 「비단옷을 입은 노예」, 동아일보, 2001.5.30.
김윤식, 『영랑시선』, 정음사, 1956.
김지하, 「대립을 넘어, 생성生成의 문화로」, 『실천문학』, 실천문학사, 2001.
김학동 편, 『백석전집』, 새문사, 1990.
김환희, 『국화꽃의 비밀』, 도서출판 새움, 2001.
서정주, 『화사집』, 남만서고, 1941.

_____, 『신라초』, 정음사, 1961.

_____, 『동천』, 민중서관, 1968.

_____, 『질마재 신화』, 일지사, 1975.

_____, 『떠돌이의 시』, 민음사, 1976.

_____, 『서정주문학전집』3, 일지사, 1972.

오규원, 「대가의 멋과 한계」, 『문학과 지성』, 문학과지성사, 1976.

오영수, 「특질고」, 『문학사상』, 문학사상사, 1979.

윤재웅, 『미당 서정주』, 태학사, 1998.

_____, 「화사집 자세히 읽기 1」, 『한국문학연구』22, 동국대학교 한국문학연구소, 2000.

_____, 「미당 미수록시 연구 1」, 『동악어문학』37, 동악어문학회, 2001.

윤영천 편, 『이용악시전집』, 창작과비평사, 1988.

이문구, 「장평리 찔레나무」, 『내 몸은 너무 오래 서 있거나 걸어왔다』, 문학동네, 2000.

이중환, 이익성 역, 『택리지』, 을유문화사, 1993.

최남선, 「팔도인정풍토」, 「조선상식 지리편」, 『육당 최남선 전집』3, 현암사, 1973.

14장 삶과 죽음의 문제

김영하, 「문제적 아버지가 죽었다」, 『씨네 21』, 2001.

서대석, 『한국의 신화』, 집문당, 1997.

서정주, 『화사집』, 남만서고, 1941.

_____, 『귀촉도』, 선문사, 1948.

_____, 『서정주시선』, 정음사, 1956.

_____, 『신라초』, 정음사, 1961.

_____, 『동천』, 민중서관, 1968.

_____, 『서정주문학전집』, 일지사, 1972.

유종호, 「유나와 수나와 김동석」, 조선일보, 2003.2.22.

이남호, 『서정주의 「화사집」을 읽는다』, 열림원, 2003.

조철수, 『한국신화의 비밀』, 김영사, 2004.

조흥윤, 『무巫, 한국무의 역사와 현상』, 민족사, 1997.

최현식, 『서정주 시의 근대와 반근대』, 소명출판, 2003.

허윤회, 「서정주 시 연구」, 성균관대학교 박사학위논문, 2000.

홍태한, 『서사무가 바리공주 연구』, 민속원, 1998.

황동규, 「탈의 완성과 해체」, 『현대문학』, 현대문학사, 1981.

황현산, 「서정주, 농경사회의 모더니즘」, 『한국문학연구』 17, 동국대학교 한국문학연구소, 1995.

15장 『질마재 신화』에 나타나는 액션의 미학

곽재구, 「『질마재 신화』의 서사구조 연구」, 숭실대학교 석사학위논문, 1999.

김남시, 「트위터와 새로운 문자소통의 가능성: 발터 벤야민의 '이야기'의 개념을 중심으로」, 『기호학연구』 30, 한국기호학회, 2011.

김동일, 「서정주 시 연구: 화자를 중심으로」, 성균관대학교 석사학위논문, 1989.

김열규, 「속신과 신화의 서정주론」, 『미당 연구』, 민음사, 1994.

김윤식, 「역사의 예술화: 신라정신이란 괴물을 폭로한다」, 『현대문학』, 현대문학사, 1963.

_____, 「문학에 있어 전통계승의 문제」, 『세대』, 세대사, 1973.

_____, 「문협 정통파의 정신사적 소묘」, 『펜문학』, 국제펜클럽 한국본부, 1993.

김점용, 「서정주 시의 미의식 연구: '죽음 환상'과 '모성 환상'을 중심으로」, 서울시 립대학교 박사학위논문, 2003.

김주연, 「이야기를 가진 시」, 『나의 칼은 나의 작품』, 민음사, 1975.

나희덕, 「서정주의 『질마재 신화』 연구: 서술시적 특성을 중심으로」, 연세대학교 석사학위논문, 1999.

레비스트로스, 김진욱 역, 『구조인류학』, 종로서적, 1989.

발터 벤야민, 「이야기꾼과 소설가」, 『발터 벤야민의 문예이론』, 민음사, 1983.

서정주, 『서정주문학전집』, 일지사, 1972.

_____, 『질마재 신화』, 일지사, 1975.

손진태, 『한국민족사개론』 상, 을유문화사, 1948.

송승환, 「『질마재 신화』의 시간의식 연구」, 중앙대학교 석사학위논문, 2000.

심혜련, 「서정주 시의 화자 청자 연구」, 이화여자대학교 석사학위논문, 1992.

애드워드 랠프, 김덕현 외 역, 『장소와 장소 상실』, 논형, 2005.

오규원, 「대가의 멋과 한계」, 『문학과 지성』, 문학과지성사, 1976.

유종호, 「소리 지향과 산문 지향」, 『문학의 즐거움』(유종호 전집5), 민음사, 1995.

_____, 『나의 해방 전후 1940~1949』, 민음사, 2004.

윤재웅, 「『질마재 신화』의 내러티브 연구」, 『내러티브』 8, 한국서사학회, 2004.

_____, 「에코뮤지엄으로서의 미당시문학관의 발전 가능성에 대한 고찰」, 『한국 문학연구』 36, 동국대학교 한국문학연구소, 2009.

이계윤, 「서정주의 『질마재 신화』 연구: 구연의 방식과 구연의 태도를 중심으로」, 고려대학교 석사학위논문, 2002.

이푸 투안, 구동회·심승희 역, 『공간과 장소』, 대윤, 2007.

이혜원, 「1970년대 서술시의 양식적 특성」, 『상허학보』 10, 상허학회, 2003.

인선민, 「서정주의 『질마재 신화』에 대한 연구」, 건국대학교 석사학위논문, 1999.

정형근, 「서정주 시 연구: 판타지와 이데올로기의 문제를 중심으로」, 서강대학교 박사학위논문, 2004.

정효구, 「서정주 시에 나타난 신화성의 양상과 그 의미」, 『20세기 한국시와 비평정신』, 새미, 1997.

조은정, 「『삼국유사』의 시적 수용과 '미당 유사遺事'의 창조」, 연세대학교 석사학위논문, 2006.

최현식, 「타락한 역사의 구원과 '질마재'」, 『한국언어문학』 41, 한국언어문학회, 1998.

허병식, 「식민지 조선과 '신라'의 심상지리」, 『비교문학』 41, 한국비교문학회, 2007.

황숙희, 「서정주의 『질마재 신화』 연구: 패러디 양상을 중심으로」, 강원대학교 석사학위논문, 2001.

황종연 엮음, 『신라의 발견』, 동국대학교 출판부, 2008.

Carol Gluck, "The invention of Edo", Stephen Vlastos, ed., *Mirror of Modernity: Invented Traditions of Modern Japan*, Berkely : University of California Press, 1998.

Jennifer Robertson, "It Takes a Village: Internationalization and Nostaligiain Postwar Japan", Stephen Vlastos, ed., *Mirror of Modernity: Invented Traditions of Modern Japan*, Berkely: University of California Press, 1998.

16장 「해동사화초」 교감

『삼국사기』

『삼국유사』

김장호, 『한국백명산기』, 평화출판사, 2009.

김정신, 「서정주의 「신라연구」 고찰」, 『우리말글』 45, 우리말글학회, 2009.

서정주, 「모윤숙 선생에게」, 『혜성』, 1950. 5.

_____, 「신라인의 천지」, 『협동』, 1955. 5.

_____, 「신라인의 영적 성격」, 『교통』, 1957. 1.

_____, 「신라인의 애정」, 『교통』, 1957. 4.

_____, 「신라의 해·달·별·구름」, 『교통』, 1957. 8.

_____, 「신라인의 지성」, 『현대문학』, 1958. 1.

_____, 「신라연구」, 문교부 교수자격인정 논문, 1960.

_____, 「한국의 미」, 『현대문학』, 1969. 3.~1970. 2.

_____, 「한국의 여인상」, 『주부생활』, 1970. 8.~1971. 1.

_____, 『서정주문학전집』 4·5, 일지사, 1972.

_____, 「신라의 부모와 자녀들」, 『교통』, 1977. 7.

_____, 『미당 서정주 전집』, 1-20, 은행나무, 2015~2017.

_____, 「해동사화초」, 유품.

_____, 「신라의 영원인」, 유품.

양주동, 『고가연구』, 동국대학교 출판부, 1995.

유종호, 『나의 해방 전후 1940~1949』, 민음사, 2004.

이유미, 「풍류로서의 신라, 다시 쓰기로서의 신라」, 『우리문학연구』 57, 우리문학회, 2018.

진창영, 「미당 서정주 미공개자료 『신라연구』」, 『우리 시의 신라정신과 노장의 생태주의』, 국학자료원, 2007.

황종연 엮음, 『신라의 발견』, 동국대학교 출판부, 2008.

17장 『미당 서정주 전집』 정본 확정의 원칙과 과정

고 은, 「미당 담론」, 『창작과 비평』, 2001년 여름호.
고형진, 『정본 백석 시집』, 문학동네, 2007.
김화영, 『미당 서정주의 시에 대하여』, 민음사, 1984.
서정주, 『화사집』, 남만서고, 1941.
____, 『귀촉도』, 선문사, 1948.
____, 『서정주시선』, 정음사, 1956.
____, 「민족어의 진생맥을 찾자」, 『신문예』, 1959.5.
____, 『신라초』, 정음사, 1961.
____, 『동천』, 민중서관, 1968.
____, 『서정주문학전집』, 일지사, 1972.
____, 『질마재 신화』, 일지사, 1975.
____, 『떠돌이의 시』, 민음사, 1976.
____, 『서으로 가는 달처럼…』, 문학사상사, 1980.
____, 『학이 울고 간 날들의 시』, 소설문학사, 1982.
____, 『안 잊히는 일들』, 현대문학사, 1983.
____, 『미당 서정주 시전집』, 민음사, 1983·1991.
____, 『노래』, 정음문화사, 1984.
____, 『팔할이 바람』, 혜원출판사, 1988.
____, 『산시』, 민음사, 1991.
____, 『늙은 떠돌이의 시』, 민음사, 1993.
____, 『미당 시전집』, 민음사, 1994.
____, 『80소년 떠돌이의 시』, 시와시학사, 1997.
안재원, 「왜 '정본'인가」, 『정신문화연구』 35-3, 한국학중앙연구원, 2012.

이숭원, 『미당과의 만남』, 태학사, 2013.

18장 『세계민화집』에 나타난 몽골 민화의 각색 양상

교육부, 국어과 교육과정 2015-74호[별책5]
발터 벤야민, 반성완 역, 『발터 벤야민의 문예이론』, 민음사, 1983.
서정주, 「나의 방랑기」, 『인문평론』, 1940.3.
_____, 「질마재 근동 야화」, 매일신보, 1942.5.13.~21.
_____, 「향토산화」, 『신시대』, 1942.7.
_____, 「고향 이야기」, 『신시대』, 1942.8.
_____, 「머언 추억: 소의 이야기」, 『연합신문』, 1949.6.23.
_____, 「시의 지성」, 『문학춘추』, 1964.12.
_____, 『서정주문학전집』 1~5, 일지사, 1972.
_____, 『만해 한용운 한시선역』, 예지각, 1983.
_____, 『세계민화집』 1~5, 민음사, 1991.
_____, 「두 번째 집어든 사과는 배고파도 맛이 없다」, 『세계여성』, 1991.8.
_____, 『우리나라 신선 선녀 이야기』 1~5, 민음사, 1993.
_____, 『석전 박한영 한시집』, 동국역경원, 2006.
_____, 『미당 서정주 전집』 17, 은행나무, 2017.
안동림 역주, 『신역 장자(상)』(내편), 현암사, 1973.
주채혁 역주, 『몽골 구비 설화』, 백산자료원, 1999.
Edith Hamilton, *MYTHOLOGY*, LITTLE, BROWN AND COMPANY· BOSTON, 1942.
Peter Christen Asbjornsen and Jorgen Moe, *Norwegian Folktales*, Pan-

theon Books, New York, 1982.

Richard Erdoes and Alfonso Ortiz, *American Indian Myths and Legends*, Pantheon Books, New York, 1984.

Richard M. Dorson, *Folktales Told around the World*, The University of Chicago Press, 1975.

Roger D. Abrahams, *African Folktales*, Pantheon Books, New York, 1983.

Translated by Norbert Guterman from the collections of Aleksandr Afanas'ev, *Russian Fairy Tales*, Pantheon Books, New York, 1945.

小澤俊夫 編, 笹谷 雅 譯, 「世界の民話」, ぎよらせい, 1976.

19장 생태 에너지 순환과 윤회전생 사유의 유사성

구자성, 「한국 현대시에 나타난 불교사상: 만해와 미당의 시를 중심으로」, 연세대학교 석사학위논문, 1984.

김성철, 「윤회의 공간적·시간적 조망」, 『불교평론』, 2004년 가을호.

김옥성, 「서정주 시의 윤회론적 사유와 미학적 의미」, 『종교문화비평』 9, 한국종교문화연구소, 2006.

김익균, 「서정주의 신라정신과 남한 문학장」, 동국대학교 박사학위논문, 2013.

김정신, 「서정주의 『신라연구』 고찰: 그의 시와의 관련성을 중심으로」, 『우리말글』 45, 우리말글학회, 2009.

김지연, 「서정주 시의 불교생태학적 존재관」, 『한국문학연구』 53, 동국대학교 한국문학연구소, 2007.

남정희, 「불교의 연기론으로 본 서정주의 시」, 『우리문학연구』 29, 우리문학회, 2010.

대림스님 옮김, 『맛지마 니까야』 1, 초기불전연구원, 2012.

미야모토 케이이치, 한상희 옮김, 『불교의 탄생』, 불광출판사, 2018.

문태준, 「서정주 시의 불교적 상상력 연구」, 동국대학교 박사학위논문, 2011.

박옥순, 「서정주의 '떠돌이 시'와 무등시학無等詩學 연구」, 동국대학교 박사학위
    논문, 2017.

서정주, 「나의 방랑기」, 『인문평론』, 1940.3.

_____, 「나의 시인 생활 자서」, 『백민』, 1948.1.

_____, 「한 사발의 냉수」, 『여원』, 1965.9.

_____, 「내 문학의 온상들」, 『세대』, 1966.9.

_____, 「내 시와 정신에 영향을 주신 이들」, 『현대문학』, 1967.10.

_____, 「돌을 울리는 물」, 『불광』, 1976.5.

_____, 『미당수상록』, 민음사, 1976.

_____, 「나의 시 60년」, 『문학사상』, 1997.5.

_____, 『미당 서정주 전집』 1~11, 은행나무, 2015~2017.

셰익스피어, 김재남 옮김, 『셰익스피어 전집』, 을지서적, 1995.

이어령, 「피의 순환 과정」, 『문학사상』, 1987.10.

이인영, 「전통의 시적 전유: 서정주의 '신라정신'을 중심으로」, 『동방학지』 146, 연
    세대학교 국학연구원, 2009.

장영우, 「서정주 시의 윤회연기와 영원주의」, 『한국문학연구』 58, 동국대학교 한
    국문학연구소, 2016.

정유화, 「윤회적 상상력의 시적 구조화: 서정주론」, 『우리문학연구』 18, 우리문학
    회, 2005.

존 G. 풀러 엮음, 김수현 옮김, 『에드가 케이시의 삶의 열 가지 해답』, 초롱,
    2001.

지나 서미나라, 백련선서간행회 옮김, 『윤회의 비밀』, 장경각, 1988.

진창영, 「서정주 문집 『신라연구』의 문학적 성격 고찰」, 『동악어문학』 38, 동악어
    문학회, 2001.
최현식, 「신라적 영원성의 의미: 서정주의 『신라초』에 나타난 '신라'의 이미지를 중
    심으로」, 『현대문학의 연구』 19, 한국문학연구학회, 2002.
홍신선, 「서정주 시의 불교적 상상력 연구: 시집 『신라초』, 『동천』을 중심으로」,
    『동악어문학』 36, 동악어문학회, 2000.

20장 윌리엄 포크너의 〈헨리〉에 헌정된 「동천」과 동아시아의 시

『중용』 제4편 「성론誠論」 제7장.
곽신환, 『주역의 이해』, 서광사, 1990.
김재홍, 「미당 서정주: 대지적 삶과 생명에의 비상」, 『미당 연구』, 민음사, 1994.
김학주 역주, 『대학·중용』, 서울대학교 출판부, 1995.
김화영, 『미당 서정주의 시에 대하여』, 민음사, 1984.
문기수 역주, 『대학·중용·장구章句』, 도서출판 동연, 2014.
보경문화사 편집부, 『주역』, 보경문화사, 1983.
서정주, 「시의 표정과 그 기술技術: 감각과 정서와 입법의 단계」, 조선일보,
    1946.1.20.~1.24.
_____, 「두 번째 집어든 사과는 배고파도 맛이 없다」, 『세계여성』, 1991.8.
_____, 「나의 시 60년」, 『문학사상』, 1997.5.
_____, 『미당 서정주 전집』 1(시)·7(문학적 자서전)·9·11(산문), 은행나무, 2015~2017.
왕부지 지음, 왕부지사상연구회 옮김, 『왕부지, 대학을 논하다』, 소나무, 2005.
왕필, 임채우 역, 『주역 왕필 주』, 도서출판 길, 2008(전면 개정판).
천이두, 「지옥과 열반」, 『미당 연구』, 민음사, 1994.

한국정신문화연구원, 『민족문화대백과사전』 14, 한국학중앙연구원, 1991.

Bern Porter, *HENRY: A World Poets' Anthology Inspired by William Faulkner's Painting*, 1970.

21장 에코뮤지엄으로서의 미당시문학관의 발전 가능성

김주연, 「이야기를 가진 시」, 『나의 칼은 나의 작품』, 민음사, 1975.

노르베르트 볼츠, 윤종석 옮김, 『구텐베르크-은하계의 끝에서: 새로운 커뮤니케이션 상황들』, 문학과지성사, 2000.

서정주, 『질마재 신화』, 일지사, 1975.

오하라 가즈오키, 김현정 옮김, 『마을은 보물로 가득 차 있다』, 아르케, 2008.

윤재웅, 『미당 서정주』, 태학사, 1998.

_____, 「시와 건축의 서정성: 미당시문학관」, 『플러스』 200, 2003.

_____, 「『질마재 신화』의 내러티브 연구」, 『내러티브』 8, 한국서사학회, 2004.

_____, 「심미적 인간과 제의적 인간」, 『내러티브』 9, 한국서사학회, 2004.

윤학로·김점석, 「프랑스문학관의 운영현황과 전망」, 『한국프랑스학논집』 51, 한국프랑스학회 2005.

_____, 「프랑스 문학관의 설립 배경과 발전 과정」, 『프랑스문화예술연구』 14, 프랑스문화예술학회, 2005.

이원복, 『나는 공부하러 박물관 간다』, 효형출판, 2007.

최수웅, 『문학의 공간』, 공간의 스토리텔링, 2006.

서정주학파 2

2024년 10월 7일 초판 인쇄
2024년 10월 15일 초판 발행

지 은 이	윤재웅
펴 낸 이	박기련
펴 낸 곳	동국대학교출판부
출 판 등 록	제1973-000004호
주 소	04626 서울시 중구 퇴계로36길2 신관1층 105호
전 화	02-2264-4714
팩 스	02-2268-7851
Homepage	http://dgpress.dongguk.edu
E - m a i l	abook@jeongjincorp.com
책 임 교 정	노홍주
디 자 인	더블디앤스튜디오
인 쇄	신도인쇄

ISBN 978-89-7801-236-2 (04810)
　　　978-89-7801-811-1 (세트)

값 20,000원

이 책의 무단 전재나 복제 행위는 저작권법 제98조에 따라 처벌받게 됩니다.